ein Ullstein Buch

ÜBER DAS BUCH:

Liebe und Erotik – ein schier unerschöpfliches Thema, das nie seinen Reiz verliert. Joachim Fernau hat das Liebesleben der Deutschen über zwei Jahrtausende hinweg unter die Lupe genommen und stellt hier das Ergebnis seiner Nachforschungen, ein buntes fröhliches Sittengemälde, vor.
»Amüsiert, interessiert, erschüttert folgt der Leser der fesselnden Reportage Fernaus, die ihn oft vergessen läßt, daß ein solides Quellenstudium diese abenteuerlichen Geschichten untermauert.« (Rheinische Post, Düsseldorf)

FERNAU ÜBER FERNAU:

»Ich bin 1909 geboren, in Bromberg, falls Ihnen dieser Name noch etwas sagt. Und in Hirschberg im Riesengebirge, sofern Sie wissen, wo das liegt, habe ich das Humanistische Gymnasium absolviert. In Berlin habe ich an der Universität genascht, ohne Abschluß, und Malunterricht genommen und, noch schwankend, ob ich das Schreiben oder das Malen zu meinem Beruf machen sollte, mir als Journalist meinen Unterhalt verdient, bis der Staat mir diese Sorge abnahm und mich von 1939 bis 1945 als Soldat in ›Vollpension‹ nahm. Inzwischen habe ich eine Reihe von Büchern veröffentlicht, die hübsche Auflagen haben. Man nennt mich (richtiger: schimpft mich) konservativ. Das stimmt, wenn man darunter einen Mann versteht, dem das Bewahren des Vernünftigen und Guten im Geistigen ebenso wie im Alltäglichen wichtiger ist als das Ändern um des Änderns und das Verwerfen um des ›Fortschritts‹ willen, und der nicht um jeden Preis ›in‹ sein will, wie man heute so abscheulich zu sagen pflegt. In allen Büchern habe ich mich bemüht, wahrhaftig und unabhängig im Denken zu sein, vor allem in den geschichtlichen Werken... Meinen Wohnsitz habe ich in München. Manchmal, wenn ich eine andere Luft zum Atmen brauche, weiche ich nach Florenz aus. Wenn mich das Schreiben traurig macht, und das tut es oft, und um so öfter, je älter ich werde, verlege ich mich aufs Malen.«

Joachim Fernau starb am 24. November 1988.

Joachim Fernau

Und sie schämeten sich nicht

Ein Zweitausendjahr-Bericht

ein Ullstein Buch

ein Ullstein Buch
Nr. 20983
im Verlag Ullstein GmbH,
Frankfurt/M – Berlin

Ungekürzte Ausgabe

Umschlagentwurf:
Hansbernd Lindemann
Unter Verwendung eines Gemäldes
von François Boucher
»Ruhendes Mädchen«
Bildarchiv Preußischer
Kulturbesitz, Berlin

Printed in Germany 1990
Druck und Verarbeitung:
Ebner Ulm
ISBN 3 548 20983 1

2. Auflage April 1990

Vom selben Autor
in der Reihe
der Ullstein Bücher:

Die treue Dakerin (20813)
Hauptmann Pax (20816)
Ein Frühling in Florenz (20896)
Caesar läßt grüßen (20859)
Die Genies der Deutschen (20833)
Die Gretchenfrage (22157)
Brötchenarbeit (22203)

CIP-Titelaufnahme
der Deutschen Bibliothek

Fernau, Joachim:
Und sie schämeten sich nicht: ein
Zweitausendjahr-Bericht / Joachim
Fernau. – Ungekürzte Ausg., 2. Aufl. –
Frankfurt/M; Berlin: Ullstein, 1990
(Ullstein-Buch; Nr. 20983)
ISBN 3-548-20983-1
NE: GT

Und sie waren beide nacket,
der Mensch und sein Weib,
und schämeten sich nicht

1. MOSE 2, 25

Das erste Kapitel *pflegt – daran ist nichts Besonders – gemeinhin am Anfang eines Buches zu stehen und sich als Lokomotive zu fühlen. Das aber ist dieses erste Kapitel nicht. Es erwischt gerade noch das letzte Trittbrett einer zu Ende gehenden Epoche und nimmt wehmütig von ihr Abschied. Es ist jene Epoche, als unsere Vorfahren noch in den germanischen Wäldern wie in einem Paradies lebten und liebten. Merkwürdige Menschen, zum Fürchten und zum Beneiden.*

Als Sextus Aetius, der Friseur und Manikeur des römischen Generalfeldmarschalls Marius, noch einen kleinen nächtlichen Spaziergang zur Rhône hinunter machte und um die Ecke bog, sah er im Gebüsch einen Mann, einen riesenhaften Kerl mit nacktem, haarigem Oberkörper, geschnürter Unterhose, auf dem Kopf den ausgehöhlten Schädel eines Widders, in seinen Armen ein gewaltiges Weib. In irrsinnigem Schrecken floh der Friseur, so schnell es seine tadellos geputzten Beinschienen und der enge Spitzenkragen erlaubten, in das befestigte römische Lager zurück.
Er hatte einen Teutonen gesehen!
Der Friseur wurde der Urheber des geflügelten Wortes vom »Furor teutonicus«.
Die Vorstellung, daß der Friseur das Wort von der »teutonischen Raserei« auf eine nächtliche geheime Beobachtung gemünzt haben könnte, ist eine heiter stimmende neue Idee und eröffnet ein weites, reich bestelltes Feld der Gedanken. Daß der Friseur so kopflos davonstürmte, ist bei dem schreckenerregenden Anblick, den die alten Germanen boten, verständlich, aber sehr bedauerlich. Da alle Welt wegzulaufen pflegte, anstatt genau hinzuschauen und später Memoiren zu schreiben, wissen wir von unseren Ur-Ur-Ur-Ur-Ur-Großeltern leider so wenig. Besonders von dieser Seite. Ein Volk hat ja nicht nur *eine* Geschichte, sondern deren zwei, nämlich nicht nur eine Geschichte seiner Leistungen und Taten, die eine Geschichte seiner *Tage* ist, sondern auch eine Geschichte seiner *Nächte*.
Dies ist ein seltsamer Gedanke. Ich gebe zu, daß er auf den ersten

Blick nicht welterschütternd wirkt, aber er ist nicht von der Hand zu weisen, und wir werden sehen, wie er sich tatsächlich zu einem Buch auswächst. (Übrigens ist es historisch, daß die Germanen nicht nach Tagen, sondern nach Nächten die Zeit zu berechnen pflegten. Die Engländer sagen heute noch für »vor vierzehn Tagen« »a fortnight ago«: vor vierzehn Nächten.)
Den Römern müssen unsere Ur-Väter ganz seltsam erschienen sein. Italien, damals schon voller Menschen, voller Städte, Kastelle, Kasernen, Truppenübungslager, Landgüter, Kurorte, Dörfer, Straßen, dachte an seinen barbarischen Nachbarn, der jenseits der Alpen in einem Meer von Wäldern lebte, mit Gruseln. Als Generalfeldmarschall Marius die Teutonen auf ihrer Wanderung nach Italien an der Rhône schlug und vernichtete, hatte man gesehen, wie die Germaninnen mit auf das Schlachtfeld gezogen waren, wie sie bei der drohenden Niederlage ihre Männer zum Kampf anfeuerten, indem sie wie russische Kommissare mit der blanken Waffe hinter ihnen standen und sie nicht fliehen ließen, und wie sie zum Schluß, allein noch am Leben, in der Wagenburg zusammenströmten und sich töteten.
Was für Menschen!
In den Schreibwaren- und Buchläden Roms lag nur ein Buch über Germanien aus, und das war schon nicht mehr neu. Es hieß »Über den Ozean« und stammte von einem gewissen Pytheas, einem griechischen Geographen, der Europa umsegelt und die Germanen der Nord- und Ostsee besucht hatte. Nach der Sache mit Marius ging das Buch wieder recht flott.
Später gaben dann noch einige Majore a. D. und pensionierte Oberzahlmeister ihre Erinnerungen an die Dienstzeit in den Grenzgarnisonen heraus.
Aus diesem Material – wobei schamlos vor allem Cäsar und Plinius benutzt wurden – klöppelte eines Tages überraschend der Herr Ministerpräsident Tacitus ein Buch zusammen: die »Germania«.
Das war im Jahre 98 nach Christus. Damals war Rom eine Millionenstadt mit 20 m hohen Häusern und stand auf der Höhe seiner Tiefe. Die Kaisermorde begannen in vollen Schwung zu kommen,

Nero hatte bereits Rom angezündet (hat er übrigens nicht), man badete in Eselsmilch und aß Pfauenzungen, man kitzelte sich mit Federn den Rachen, um zu erbrechen und dann weiteressen zu können, der Pöbel durchzog die Straßen, die Zirkusse waren allabendlich überfüllt, es flossen Ströme von Blut, und die Masse erregte sich daran. Danach strömte sie in die 48 Bordelle des Marsfeldes und des Saepta-Platzes, und die Gesellschaft eilte in die Chambres séparées der Via sacra, wo eine Sänfte die andere jagte. Die riesigen, gut geheizten Hallenbäder waren Börsen der Liebe; der Balneator, der Bademeister, war ihr Makler, seine Masseusen waren die schönsten Frauen des römischen Weltreiches, sie waren pastellene Wunder an Körperpflege und Schminkkunst. Und Kraft. Damals kam für Massieren das Wort »tractare« auf: mißhandeln.

In diesem Rom wurde Tacitus' »Germania« selbstredend sofort ein Bestseller. Die Sklaven kamen mit dem Abschreiben kaum nach. Man berauschte sich an den germanischen Frauen so, wie sich der Berliner Kurfürstendamm um 1930 herum an »Bali, ein Südseetraum« und Murnaus »Tabu« berauschte. Ach, wie faszinierte das gerade die erfahreneren Herrschaften im Parkett! Erinnern Sie sich an den Zauber der Keuschheit? An die traumhafte Süße der Hingabe, an die sonntägliche Heiterkeit der braunen Menschen, an den feuchten Glanz der großen, schwarzen Mädchenaugen?

Natürlich waren die Augen der Germaninnen nicht schwarz und auch nicht feucht. Beide Eigenschaften besaßen die Römer selber, den Reiz übte also gerade die nordische kühle Blondheit aus, und es ist bekannt, wie verzückt die Römer auf die ersten germanischen Riesengestalten in den Triumphzügen starrten, auf die blauäugigen Männer, die den Italienern gewaltig schienen, und auf die großen, unnahbar wirkenden Frauen. Seit Tacitus galt es als schick, sich Haar aus Germanien zu kaufen und als blonden Zopf zu tragen.

Dieser blonde Zopf ist in der Hauptsache auch alles, was wir als Erbe von unseren Ur-Ur-Ur-Ur-Ur-Großmüttern über zweitausend Jahre herübergerettet haben. Viel mehr Ähnlichkeit dürfen

wir nicht erwarten. Nicht einmal mehr faulenzen können wir richtig.
Unsere Ur-Ur-Ur-Ur-Ur-Großväter waren Faulenzer von Format. Alle Quellen stimmen darin überein. Diese Männer hatten eine hohe sittliche Auffassung vom Nichtstun und waren weit davon entfernt, wie die Masse des 20. Jahrhunderts am Samstagmittag nicht zu wissen, was sie beginnen könnte. Sie hatten im Gegenteil eine ganz genaue Vorstellung davon, denn sie brauchten bloß ihren Göttern nachzueifern.
Das ist ein altes Rezept. Auch die Griechen und Römer hatten es schon befolgt, und wenn man zwischen den beiden Himmeln einmal Vergleiche zieht, kommt man zu höchst überraschenden Ergebnissen. Da ist auf der einen Seite Zeus, der göttliche »vieux Gaga«, dieser dröhende Honoratiore mit den ewigen Hintergedanken, dieses Urbild des regelmäßig in die Großstadt verreisenden strammen Landrats. Seine Frau ist Hera. Sie ist »stattlich« und sieht immer so aus, als hätte sie das Geld in die Ehe mitgebracht. Ihr Sohn Ares hat das Amt eines Kriegsgottes inne. Er ist bei allen Göttern, vor allem bei Athene, seiner Halbschwester, verhaßt, ein geistloser Berufssoldat, der ausgerechnet mit Aphrodite verheiratet ist. Sie wird aber auch als Gemahlin von Hephästos, dem hinkenden, rußigen Gott des Feuers, genannt, so daß der Verdacht nicht von der Hand zu weisen ist, hier liege ein Fall von Bigamie vor. Aphrodite wird fortgesetzt bei Seitensprüngen überrascht, Sprüngen, die auch nicht ohne Folgen bleiben, wie ihr Sohn Aeneas zeigt, den die Römer als ihren Stammvater bezeichnen. Wichtig ist auch Hermes, unehelicher Sohn des Zeus, von Beruf Götterbote, Gott des Handels, der Straßen, der Fruchtbarkeit, also jeglichen Verkehrs, ein geschniegelter, diebischer Operettentenor mit starker Stimme und ausgesprochen musischer Begabung. Auch ihm war Aphrodite keine Fremde. Sie gebar ihm Hermaphroditos, jenes hübsche Kind, das sowohl Knabe wie Mädchen war. Und nun frage ich Sie: Wie kann ein Volk aussehen, dessen Himmel ein solches Kabarett ist? Wie werden wohl die Menschen leben, die solche Götter haben? Antwort: genauso. Der Zeus der

Germanen aber, den sie Wotan oder Odin nennen, ist ein hünenhafter Rübezahl, schwarze Binde über einem Auge, zwei Raben auf seiner Schulter, ein Sturmwind in den Lüften, ewig wandernd, dann als Herr in Walhalla mit den toten Helden Salamander reibend, trinkend, singend und essend. Es muß ihm herrlich geschmeckt haben, denn die Germanen sagten, er säße beim »nie endenden Schweinebraten«. Wotans Gemahlin, Heras Gegenstück, ist Frigga, eine echte Oldenburger Großbäuerin, ernst, zuverlässig und gradlinig bis zur Langeweile. Kein Fehltritt hüben, kein Fehltritt drüben. Beider Sohn ist Donar (oder Thor), der gewaltige Donnerer. Es ist an sich ein Lärm-Monomane, aber er meint es gut mit Mensch und Tier. Auch Ziu (oder Saxnot) ist ein Sohn Wotans. Er ist der griechische Ares, der Kriegsgott, ein Mann, der ohne Ressentiment die Feinde tötet, sozusagen sportlich. Wenn er nicht gerade beruflich unterwegs ist, liegt er auf der Bärenhaut und schläft. Er hat keine Aphrodite zur Frau, er ist Junggeselle. Eine Aphrodite gibt es nicht. Es gibt nur »Beschützerinnen der Liebenden«, zum Beispiel Freia oder Holda; der Name sagt alles. Und das, was Athene in Hellas ist, ist in den nordischen Wäldern ein Mann: Baldur. Während Athene immer den Eindruck macht, als sei ihre Verlobung auseinandergegangen und sie daher Frauenrechtlerin geworden, ist Baldur ein strahlender Jüngling, ein Frühvollendeter mit Hölderlinschem Gesicht.
Und so, meine Lieben, so ähnlich bemühten sich unsere Ur-Ur-Ur-Ur-Ur-Großväter zu sein, was ihnen auch gelang. Das waren Männer! Wenn sie nicht Krieg führten, was sie allerdings fortgesetzt taten, andererseits aber prozentual berechnet um die Hälfte weniger als die Welt zwischen 1914 und 1945, – wenn sie nicht Krieg führten, waren sie, wie ich schon sagte, vornehmlich von imponierender Faulheit. Nicht allerdings die Frauen, die den ganzen Haushalt und die Viehwirtschaft zu machen hatten, aber die Männer. Da wurde, in Zeiten der Ruhe, erst so gegen zehn oder elf Uhr aufgestanden. Dann wurde gebadet. Man ist versucht, zu fragen, ob sich die alten Germanen jemals nackt gesehen haben. Es ist schwer sich vorzustellen, daß sie ihre kulturhistorisch be-

rühmte Unterhose, ihr leinenes Gewand oder ihre Büffelhörner je abgelegt haben. Aber zweifellos haben sie. Sie badeten jeden Tag, und im Winter warm. Auch die Frauen und die Kinder, gleichgültig ob edle oder unfreie, und alle in extra Wasser, selbst auf die Gefahr hin, daß, wie die Schwaben sagen, »mit der Ehe etwas net stimme kann, weil sie sonst doch alle 's gleiche Wässerle benutze täte«.

Nach einer ausgiebigen Brotzeit begab sich unser Ur-Ur-Ur-Ur-Ur-Großvater sodann in eine Ratsversammlung, oder er fummelte an seinen Waffen herum, oder er legte sich im Kellergeschoß seines Hauses ein Dampfbad an, denn das war das Neueste! Nun war der Nachmittag gekommen, und es war Zeit, sich zum Dämmerschoppen zu begeben. Tacitus sagt: »Dem Durst gegenüber beobachten sie nicht die sonstige Mäßigkeit.«

Der Gute! Die Sache war die, daß die Germanen kapitale Quartalsäufer waren, darüber sind sich alle Kenner einig. Columbanus, der zufällig einmal zu einem kleinen Umtrunk in ein Alemannendorf kam, erzählt, daß in einem einzigen Bottich Bier von 26 Scheffeln Getreide war. Das sind rund tausend Liter.

Die Trunksucht und die Spielsucht waren die dunkelsten Kapitel in der Geschichte der Germanen. Es konnte passieren, daß, während die ahnungsvolle Hausfrau zu Hause an der Spindel saß, der Nachbar mit dem Fuhrwerk vorfuhr und die ganze Familie auflud, weil der Ehemann sie beim letzten Spielchen als Einsatz riskiert hatte.

Geschah dies aber nicht und kam der Gatte auch sonst gesund heim, so lag jener Teil des Tages vor ihnen, von dem Tacitus so neidvoll berichtet, und der bis heute eine der schönsten Tageszeiten geblieben ist: die Nacht. Und damit beginnt das lichteste Kapitel der germanischen Geschichte. Wie die Umarmung stattgefunden hat, wissen wir natürlich nicht. Aber man kann es erraten. Die Germanin, groß, mit langem, blondem Haar, ernsten Zügen, fester amazonischer Brust, auf keinem der überlieferten Bildnisse mit hervortretendem Leib, in der Hüfte kaum breiter als in den Schultern, mit langen, gebräunten, pagenhaften Schenkeln, die so wundervoll auf dem Mainzer Relief der gefangenen Germanin in der enganliegenden Hose zu sehen sind, diese Frau war eine stille, lautlose, eine *heimliche* Liebende. Viele kannten sie entblößt oder nackend von religiösen Feiern oder vom Bade her, aber mit den Blicken verband sich kein Gedanke und kein Wunsch, so wie sie selbst die Männer nackend beim Spiel durch den Schwerterring springen und durch das Sonnwendfeuer laufen sah. Aber im Hause, in der nächtlichen Stunde, in der Umarmung, da besann sie sich des Herrlichen, des Betäubenden, des fast Tötenden, was sie erwartete. Immer war es ihr, als ob sie einen Gott empfange, mit dem sie zu ringen habe.

Völlig fremd war ihr das Odaliskenhafte. Kein Germane hätte verstanden, was das bedeutete. Verwundert, kalt und unberührt hätte er vor den Haremsgeschöpfen gestanden, die im Orient der Mann aus seinem lebendigen Leben herausgedrängt und wie weiße Champignons zum Verspeisen gezüchtet hatte. Kein Germane hätte die griechische Hetäre verstanden und keiner die römische Kurtisane. Sie alle waren Herausgedrängte, Ausgestoßene, verbetene Lebensbegleiter, Partner, die nichts waren, solange die Sonne schien, und wenn es Nacht wurde, auch kaum mehr als ein Gänsebraten oder ein Theaterabend. Völlig fremd war der Germanin auch das deutsche Gretchen. Es kam erst tausend Jahre später auf und konnte die Sinne erst erregen, als man ein Kind bekam, wie man Schnupfen bekommt. Neben der Germanin ist Gretchen ein armseliges, törichtes Dienstmädchen, gerade die eine Stunde wert, die es verlangt wurde, aber kein Leben. Vielleicht hat bei der Germanin die tausendste Nacht der ersten monoton geglichen wie ein Ei dem anderen. Das ist möglich. Aber ist das zum Belächeln? Was spielt sich da in unserem Kopf ab? Hier ist nichts zum Belächeln, nur zum Beneiden. Ein Leben lang einen Mann zu lieben, ein Leben lang eine Frau zu lieben, das ist von solcher erhabenen Einfachheit, daß es, wie jedem sofort einleuchten wird, nur noch eine Frage der Zeit war, wie lange die fortschrittliche Umwelt dies dulden würde.

»So leben sie denn in wohlbeschirmter Sittenreinheit, durch keine

Lockungen der Schauspiele, keine Reizungen der Gastmähler verführt. Die Heimlichkeiten, die Geschriebenes ermöglicht, sind Männern wie Frauen unbekannt.« Tacitus drückt sich hier etwas unklar aus, wahrscheinlich, weil er Ministerpräsident war. Er meint natürlich Film, Bar und Illustrierte. »Bei ihnen lacht niemand über Laster, und Verführen und Sich-verführen-Lassen heißt dort nicht Zeitgeist.« (Es sind Fälle bekannt, wo Nebenfrauen geduldet waren, aber nur bei Fürsten und »nicht aus Sinnenlust«, wie Tacitus sagt, sondern um der Sicherung der Nachkommenschaft willen.)
Es erhebt sich nun allmählich die Frage, wie ein solches Maß an Zucht und Sitte sich mit der bodenlosen Zügellosigkeit der Männer beim Trinken und Würfeln vereinen läßt. Leider kann ich Ihnen diese Frage nicht beantworten. Ich kann Ihnen lediglich versichern, daß die Vermutung, die außerordentliche natürliche Keuschheit habe vielleicht ausschließlich bei den Frauen gelegen, falsch ist. Unser Ur-Ur-Ur-Ur-Ur-Großvater war genauso. Das ist ja eben das Verblüffende. Stellen Sie ihn sich als Jüngling vor. Er hat soeben die Waffenweihe empfangen und steht nun da im vollen Schmuck seiner feschen Unterhose, seiner Wörishofener Kneippsandalen, seines leinenen Überhangs und vielleicht sogar seiner kürassiermäßigen Kopfbedeckung. Er sieht fabelhaft aus und schickt sich zu einem Rundgang in die umliegenden Gehöfte an, links über dem Arm hängt ihm der Schild, in der Rechten trägt er gar lässig den kurzen Speer. So wandelt er fürbaß über die Felder, auf denen die unfreien Knechte seines Vaters und die Frauen des Hauses gerade das Korn mit einer Sichel schneiden. Dann geht er über des Nachbars Weiden und trifft bei der Quelle die Tochter von Sigubrant, die den modischen neuen Namen Hildileis führt und darum viel beneidet wird. Die beiden jungen Leute setzen sich ins Gras und sprechen zum hundertsten Male über die Väter, das Wetter, das Rückenschwimmen; sie spricht über seine Waffenweihe, er über ihre neue Bernsteinspange, plötzlich sagt unser Ur-Ur-Ur-Ur-Ur-Großvater, er habe während seines Waffenfestes immer nur an sie gedacht. Hildileis weiß, daß das allerhand

und ein ziemlich starkes Stück ist, und freut sich sehr. Sie gibt ihm einen Stoß, daß er rücklings ins Gras fällt, und lacht so, daß sie sich verschluckt, worauf er ihr ein paarmal mit der flachen Hand auf den Rücken knallt, wie wir es, zarter, heute noch tun. Hildileis dreht sich um, packt seine Hand mit beiden Fäusten und wehrt sich, da holt er einmal tief Luft und drückt sie langsam mit der Linken zu Boden. »Du bist grob«, sagt Hildileis, denn das müssen alle Mädchen bis auf den heutigen Tag sagen, »du bist grob und der Stärkste bist du keineswegs.« Nein, entgegnet unser Ur-Ur-Ur-Ur-Ur-Großvater, leider nicht, er habe neulich alle fünf Ringkämpfe verloren. »Gegen wen?« Gegen Gunther, Giselher, Ekkileich, Sintwic und Germuot. »Ach die!« sagt Hildileis wegwerfend. »Die Affen«, fügt sie noch hinzu und greift damit anachronistisch um rund 300 Jahre vor. »Wenn du«, fährt sie fort, »einst mit Ziu und Donar in Walhalla bist, – wirst du mir erlauben, daß ich dann als Sperling heimlich in deiner Rocktasche sitze?« Mein Gott, durchfährt es unseren Ur-Ur-Ur-Ur-Ur-Großvater jäh (denn er weiß, daß der Sperling das Sinnbild der Liebe ist), jetzt sage ich ihr, daß ich sie zur Frau will und daß unser beider Leben eins werden soll.

Er hat es ihr zweifellos gesagt, anders wäre unsere Existenz nicht zu erklären. Aber jetzt kommt das Überraschende: In dieser Nacht bereits wird er das Mädchen heimlich getroffen haben, in dieser Nacht und in noch hundert anderen heimlichen Nächten.

Was bedeutet das? Hat er nun oder hat er nicht, fragt hier jedermann mit Recht und Ungeduld.

Er hat. Ich neige zu der Ansicht: er hat. Es gibt zwar Historiker, die die unsicheren Quellen ganz anders deuten, aber ebenso viele sagen: er hat. Er hat möglicherweise lange, ehe eine offizielle Verlobung (die es damals schon gab) stattfand. In den Augen der beiden Liebenden waren sie hiermit, das steht fest, Mann und Frau, und uns ist kein Fall bekannt, wo sie eine andere Anschauung gehabt hätten. Sie waren verbunden fürs Leben.

»Wenn ein Mann und eine Frau sich in der Meinung entgürten, daß sie beieinander liegen wollen, sie seien zusammengegeben

oder sie haben einander selbst genommen, so sind sie morgens, wenn sie aufstehen, einander geerb und genoß.« Nur ein Verbot der Sippe konnte noch dazwischen kommen. Was in solchem Falle geschah, wenn ein Kind unterwegs war, ist durch kein Dokument überliefert, aber wir können es aus den »Sagas« folgern: Das Kind wurde nicht ausgetragen, oder das Neugeborene wurde, ehe der Tag sich neigte und ehe es durch einen Tropfen Nahrung in die Lebensgemeinschaft aufgenommen war, in der Wildnis ohne Heimlichkeit ausgesetzt. Das scheint als gesetzlich gegolten zu haben. Jedoch niemand hat es gewünscht. Der Mann, der seine Geliebte freiwillig verlassen hätte, wäre verachtet worden, und »ein Mädchen, das die Keuschheit leichtfertig preisgegeben hätte, würde weder durch Schönheit noch durch Jugend noch durch Reichtum wieder einen Mann finden«. Ich zitiere Tacitus. Man hat später, in der christlichen Ära, diese Zeit der »heimlichen« Liebe mit dem scheußlichen Namen »Probenächte« bezeichnet. Nun gut, dann sind es eben »Probenächte« gewesen, sie sind wahrscheinlich so alt wie die Erde. Aber nur einmal in unserer Geschichte – als wir noch als »Wilde« galten – waren sie so sauber und natürlich, und wenn wir später zum Mittelalter kommen werden, dann werden Sie sehen, was daraus geworden ist.
Zu Hildileisens Zeit hatten die Römer, wie das weltbeglückende Großmächte so zu tun pflegen, durchgesetzt, daß bei einigen germanischen Stämmen, die sie bereits »befreit« hatten, auch einige ihrer fortschrittlichen Ideen eingeführt wurden. So zum Beispiel das außerordentlich fortschrittliche Gesetz, Ehen bereits vom 12. Lebensjahr ab zu gestatten. Es ist anzunehmen, daß diese Ideen für unsere Vorfahren an langen Winterabenden ein Quell unerschöpflicher Heiterkeit gewesen sind. Ein zwölfjähriger Germane pflegte damals noch zu Füßen des Vaters unter dem Tisch im Sande zu buddeln und die langhaarigen, staksigen Mädchen nicht »Geliebte«, sondern bestenfalls »Gewitterziege« zu titulieren. Die Jugend machte von dem hochherzigen römischen Angebot keinen Gebrauch. Die Geschlechter beschäftigten sich sogar auffallend spät miteinander, und die Fälle, wo vor dem zwanzigsten Lebens-

jahr geheiratet wurde, gehören zu den Ausnahmen. Das lag durchaus nicht nur daran, daß die Menschen im Norden viel später als die Römer reiften. Bis heute ist es ein Merkmal des Pöbels geblieben, Ostereier schon im Januar, Weihnachtsmänner schon im November zu kaufen, mit 15 Jahren das erste Erlebnis, mit 17 eine Frau und mit 18 das erste Kind zu haben. Die Germanen aber waren ganz und gar kein Pöbel. Als Arminius heiratete, war er über dreißig Jahre alt, Thusnelda ein Jahr jünger. Ein Liebender konnte er früher sein. Ein Gebieter erst als vollwertiger Mann. Auch heute kann man Vormund erst mit 21 Jahren werden, Schöffe erst mit 30. Mindestens beides zusammen entsprach damals einem »Mann«. Die Heirat war nicht ein Umzug von der Bahnhofstraße per Taxi in die Maximilianstraße, sondern eine Rechtsumwälzung ohnegleichen; sie ging nicht nur die zwei Verlobten an, sondern die ganze Sippe des Mannes und des Mädchens, mitunter Hunderte von Menschen, eine Prozedur, die man heute von ungefähr nur noch mit den internationalen Heiraten der Fürstenhäuser vergleichen könnte, wo auch eventuell alles wechseln kann: Zugehörigkeitsgefühl, Vaterlandsliebe, Denkungsart und Fragen über Leben und Tod. Damals übrigens im wahrsten Sinne über Leben und Tod: Zu manchen Zeiten und in manchen Stämmen galt es als Zeichen höchster Ehre und Nobilität, dem Mann freiwillig in den Tod zu folgen. Bei den Herulen in Südschweden war es noch bis in das christliche Zeitalter geradezu eine Verpflichtung, sich als Witwe mitverbrennen zu lassen. Auch die germanischen Göttinnen haben sich da in der Sage nie lumpen lassen.

Die Bedeutung der Sippe, die Rolle, die ins Moderne übertragen das »derer von . . .« spielte, war so groß wie später tatsächlich nur noch in regierenden Häusern. Die Sippe war alles: Kampfgruppe, landwirtschaftliche Betriebsgemeinschaft, Partei, Gewerkschaft, Amtsgericht, Fideikommiß. Ruhm fiel dem Namen der Sippe zu, Schande trug die Sippe, der Eid war ein Masseneid. Vor dem Stammesgericht stand nicht Mann gegen Mann, sondern Sippe gegen Sippe.

Unser Ur-Ur-Ur-Ur-Ur-Großvater, den wir zuletzt im dunklen

Wald links liegen ließen, und den wir nach dieser Abschweifung nunmehr mit seiner Hildileis vereinen wollen, hatte bis jetzt nichts weiter zu tun, als seiner Sippe die bereits de facto vollzogene Ehe und seinen Heiratswunsch zu gestehen. Die Sippe machte sich daraufhin auf den Weg zu der anderen Sippe, wobei wir hoffen wollen, daß sie mit ihr nicht gerade in noch unbezahlter Blutfehde lag, weil Onkel Isko beim letzten Saufgelage Hildileisens Vetter ein Ohr abgeschlagen hatte.

Natürlich war die Sippe des Mädchens über den Anmarsch der anderen längst im Bilde und vollzählig versammelt. Man begrüßte sich, man trug die Werbung vor, und nun muß ich Ihnen leider gestehen, daß etwas folgte, was auf den ersten Blick einen sehr peinlichen Eindruck macht: Man einigte sich über den Kaufpreis unserer Ur-Ur-Ur-Ur-Ur-Großmutter. Die Sache klingt wahrlich nicht fein, und ich beeile mich, Ihnen zu erklären, was es damit auf sich hatte. Ein tatsächliches Erkaufen war es in geschichtlicher Zeit längst nicht mehr. Viele Historiker halten es für eine nur noch symbolische Handlung. Mir scheint manches dagegen zu sprechen, z. B. der hohe Wert der Gaben (aufgezäumtes Roß, Rinder, Waffen) und die Tatsache, daß bei einer möglichen Rückkehr der Frau in ihre alte Sippe die Geschenke zurückgegeben wurden. Sie waren also wahrscheinlicher eine Art Kaution, ein Pfand mit Nutznießung.

Nun ging alles sehr rasch, denn das Bier kam!

Im gleichen Jahr noch fand die Hochzeit statt. Das Mädchen übersiedelte aus dem Elternhaus und aus der juristischen »Munt« des Vaters in das Haus und die Munt ihres Mannes. Sie brachte ihre Habe mit und als symbolisches Geschenk eine Waffe. Dieser Brauch hat sich nicht gehalten, und heutzutage pflegt man sich nur noch in wenigen Kreisen in Amerika Maschinenpistolen zum Hochzeitstag zu schenken.

Während aber in Amerika (und natürlich auch sonst überall) die meisten Menschen bei dieser Gelegenheit in die Kirchen gehen, taten das die alten Germanen nicht. Sie hatten keine. Sie gingen aber auch nicht in den Heiligen Hain. Der Eheschließung haftete nichts

Heiliges an. (Selbst in den ersten christlichen Jahrhunderten fand die Trauung noch *vor* der Kirchentür, draußen statt. Erst viel später wurde sie ein Sakrament, und wir werden sehen, daß diese Heiligsprechung für das Gewissen ein wahres Danaer-Geschenk war.)
Das altsächsische Wort für Ehe êo heißt Bündnis, das althochdeutsche êwa bedeutet Übereinkommen, Abmachung (im Staatssinne z. B. Gesetz).
Das Wort êo ist sehr simpel und schlicht. Man kann mit allen möglichen Leuten »Bündnisse« schließen, und die Germanen haben es auch getan. Sie haben aus Not wirtschaftliche Bündnisse und aus Berechnung politische Bündnisse geschlossen. Heilig waren sie ihnen nicht. Gehalten haben sie sie auch oft nicht.
An der Ehe war ihnen nicht das Bündnis, die Idee, heilig, sondern etwas anderes, und diese Verschiebung ist das Entscheidende. Daß das nicht nur in unserer Einbildung besteht, können wir bei Tacitus nachlesen: »Sie sehen im Weibe etwas Heiliges.« *Da* ist dieses Wort, aber in welchem anderen, erstaunlichen Zusammenhang! Und keineswegs war damit, wie so gern behauptet wird, nur die seherische Greisin gemeint.
Dazu haben sich weder Griechen noch Römer aufschwingen können. Sie haben ebenfalls Ehebündnisse geschlossen, aber ihre Partnerinnen haben ihnen keinen Schauer eingeflößt. Selten haben sie sich freimachen können von der Vorstellung des Niedrigen, wenigstens des Unreinen, zumindest des Belanglosen.
Die Germanen sind es gewesen, die die Frau als Geschlecht zum erstenmal im abendländischen Raum für die Geschichtsschreibung »gesellschaftsfähig« gemacht haben. Alle Frauen der Welt können sich bei ihnen bedanken.
Es waren schon sehr rätselhafte Menschen, unsere Ur-Ur-Ur-Ur-Ur-Großväter. Sie waren von großer Treue und zugleich bodenlos treulos. Sie waren zügellos und zugleich unendlich streng. Sie waren roh und zugleich hilflos weich. Es wurde beobachtet, wie sie vor Wut in die Schilde bissen, und sie wurden gesehen, wie sie unter einem Baum standen und mit den Spatzen zwitschernd Zwiesprache hielten. Sie ertrugen mit völliger Nichtachtung alle

Schmerzen und sprachen kein Wort darüber, aber ihre Frauen erregten sie absichtlich mit ihren noch blutenden Wunden. Sie haben sie in alle Schicksale, in Knechtschaft und Tod mitgerissen und sie zugleich wie von Sinnen verteidigt. Sie waren Träumer und gleichzeitig nüchterner als ein gekacheltes Bad.
Eine wahrhaft teuflische Mischung eines Liebenden. Tacitus hat sie mit Recht als aufregend empfunden.
Ihr schönster Zug aber, der, vor dem die Römerinnen begierig hinschmolzen, war ihre Keuschheit. Das germanische Gesetz bestrafte den, der auch nur die Hand einer verheirateten Frau »in unehrenhafter Weise« streichelte, mit einer Buße von 15 Stück Vieh. (Was heutzutage allein innerhalb von zwei Stunden beispielsweise in einem Film passiert, hätte der ganze Stamm der Cherusker nicht bezahlen können.) Wer die Oberarme oder die Schenkel einer anderen Frau in unsittlicher Art berührte, konnte zu 35 Stück Vieh verurteilt werden. Wer ihre Brüste liebkoste und sie küßte, büßte es mit 45 Rindern.
Wurde eine Ehe gebrochen, so war nicht ein Sakrament entheiligt, sondern der betreffende Mensch. Die Frau war sinnlos geworden und wurde ohne Groll, schlicht und einfach lebendig im Moor versenkt. Da waren sie nicht zimperlich. »Weheklagen und Tränen lassen sie; nicht aber das stille Leid und die Trauer«, sagt Tacitus, milde seufzend.

Dergestalt sittlich ausgerüstet begaben sich unsere Ur-Ur-Ur-Ur-Ur-Großväter guten Mutes und ahnungslos in die Zukunft und damit in unser zweites Kapitel.

Das zweite Kapitel *berichtet von der Zeit der Völkerwanderung und Karls des Großen. Umwälzende Ereignisse sind eingetreten. Den tumben Menschen fallen vor Staunen fast die Augen aus dem Kopf, als sie zum erstenmal zu hören bekommen: Liebet eure Feinde, segnet die euch fluchen, und es ist dem Menschen gut, daß er kein Weib nehme. Aber eisern den Schüttelfrost besiegend verhinderten sie, daß die Menschheit und das Buch hier enden.*

Jedermann wird einsehen, daß es mit solcherart Zuständen bei den Germanen nicht weitergehen konnte. Ich hoffe, daß das klar ist. Unentwegt in einem Zustand, mag er auch tadellos sein, zu leben, ist kein Zustand. Jeder »moderne« Mensch wird Ihnen bestätigen, daß es ganz unsinnig ist, sich so etwas zu wünschen. Wer angesichts eines Zustandes, gleichviel welches, nicht sofort von dem Pflichtgefühl gepackt wird, ihn zu ändern, ist kein Mensch des Fortschritts.

Die damaligen Herren der Welt, die Römer, aber waren Menschen des Fortschritts. Sie befanden sich schon seit geraumer Zeit in einem solchen, und man wird nun verstehen, daß sie den lebhaften Wunsch hatten, ihren speziellen Fortschritt auch auf unsere Ur-Ur-Ur-Ur-Ur-Großväter auszudehnen. Dies steht nicht, wie man im ersten Augenblick vielleicht meinen könnte, im Widerspruch zu ihrer heimlichen Schwärmerei für den germanischen Urzustand. O nein, auch das 20. Jahrhundert bewundert Bali, ohne sich im geringsten geniert zu fühlen, am Strand sofort ein Touristenhotel hinzustellen mit einem Hautarzt im Parterre.

Heimkehrende germanische Fremdenlegionäre waren die ersten, die von der gänzlich anders gearteten »freizügigen« und »fortschrittlichen« Sittenauffassung Roms Kunde in die Heimat brachten. Das war eine kleine Gruppe vom Typ jener jungen Leute, denen im 19. Jahrhundert der Vater eine Schiffskarte nach Amerika zu geben pflegte.

Sie kamen, wenn sie in Rom ausgedient und sich in Gallien, in Afrika, in Kleinasien herumgeschlagen hatten, mit gestärkten

Manschetten und reichen römischen Bordellerfahrungen nach Hause in ihre Siedlungen an der Weser oder der Lahn oder der Ruhr. Sie standen abends an den Ecken tatenlos herum, spendierten den Mädchen aus ihrer mitgebrachten kleinen, spitzen Parfümampulle ein Spritzerchen ins Haar und zeigten den Männern hinter der hohlen Hand die ersten römischen Fischblasen-Condome, die sie in der Hosentasche trugen.

Gab es eine Sensation? Interessanterweise wissen wir, wie die Daheimgebliebenen darauf reagierten: Sie fanden es widerlich. Sie ekelten sich zum Erbrechen. Sie verstanden die Witze nicht, sie wußten nicht, was die Burschen mit paedicatio meinten und was tractare ist. Dieselbe Reaktion erlebten die römischen Dirnen, die um diese Zeit über Gallien bis zum Rhein vorrückten und sich vorsichtig nach Germanien hineinzupirschen gedachten; es mißlang ihnen vollständig. Mag vieles aus der germanischen Zeit unklar und doppeldeutig sein: Dies ist jedenfalls ein sicheres Zeugnis.

Nun – man kann sich eine Zeitlang erbrechen, aber nicht hundert Jahre lang. Man kann auch nicht alle Dirnen im Sumpf versenken, da es viel mehr Dirnen als Sümpfe gibt. Der »Fortschritt« läßt sich auf die Dauer nicht aufhalten, und er kam endlich auch über Germanien, als ein Ereignis das Land dazu gefügig gemacht hatte: die Völkerwanderung. Wie es zu den ungeheuren Menschenverschiebungen der Völkerwanderung kam und was sie auslöste, ist in diesem Zusammenhang nicht wichtig. Wichtig ist: Eines Tages erfaßte die Welle auch weite Gebiete Germaniens. Die Umwälzungen, die die Völkerwanderung für die streunenden Stämme mit sich brachte, waren einschneidend. Hundert Jahre lang marschierten die Menschen über Tausende von Kilometern, lebten in dauerndem Kriegszustand, in beständigen Provisorien ihres ganzen Lebens von der Geburt dreier Generationen bis zum Tode und brachten ihr Leben in immerwährenden Kämpfen, Siedlungsversuchen, Fluchten und neuen Wanderungen hin. Schließlich überfluteten die asiatischen Hunnen sie mehrmals. Dieser ganze Trubel und Wirrwarr während hundert Jahren veränderte den seelischen Zustand der Wandernden vollständig. Sie waren gegen die im norddeutschen Kerngebiet seßhaft gebliebenen Sachsen gar nicht wiederzuerkennen. Ihre Sippen waren zersprengt, die alte Lebensform zerbrochen, die Landschaft hundertmal ausgewechselt und das germanische, römische, gallische, keltische, asiatische Blut durcheinandergekommen.

Die Völker waren erschöpft und verwirrt.

An die Spitze der ausgewanderten Volksstämme waren während der endlosen Züge Condottieri-Naturen gelangt. Gewaltmenschen, Selfmade-Männer, an Abenteurer grenzende Gestalten hatten die ehemals angestammten »Edlen« verdrängt. Sie und ihre Nachkommen hielten auch später die Macht eisern fest. Es waren zum Teil bedeutende Führernaturen, viel vitaler, viel aktiver als die meisten der »Zuhausegebliebenen«, geradezu unheilvoll aktiv. Und so kam es auch, daß während der nächsten 300 Jahre nicht die Daheimgebliebenen die Geschichte Germaniens weiterschrieben, sondern einer der Gewanderten, der nun jenseits des Rheines saß, einer dieser Völkerwanderungs-Condottieri; Sie wissen, wen ich meine: Chlodwig und seine Franken.

Ja, sie sprachen noch fränkisch, germanisch. Aber sie waren andere Menschen geworden. Die alte Heimat lag irgendwo in der Ferne; selbst manche alten Götter hatten sie zurückgelassen und neue eingetauscht.

Was für Menschen waren sie geworden?

Uninteressant. Denn sie veränderten sich sogleich nochmals entscheidend: In diese Situation hinein stieß nämlich jetzt das Christentum und die neue Moral!

Und nun erst wird es hochinteressant!

Das wollen wir uns genau ansehen.

Die Lehre Christi war damals, im 5. und 6. Jahrhundert, im römischen Weltreich längst Staatsreligion. Das Katakomben-Dasein, die Märtyrer-Zeit, das Ur-Christentum lagen lange zurück.

Lange zurück lag die Zeit, wo die heilige Perpetua sich den Rock noch keusch zurechtzog, während der wilde Stier sie bereits durch die Arena schleifte. Lange zurück die Zeit, wo die heilige Agnes, als man sie nackend auszog, die Kraft hatte, die Gaffer erblinden zu lassen; wo der heilige Serapion in ein ägyptisches Bordell ging und geschlagene zwölf Stunden betete, bis alle Damen Nonnen wurden.

Das war eine Zeit gewesen! In ekstatischer Liebe zu dem neuen Gott waren Männer, Greise, Frauen und Mädchen in den Tod gegangen, mit einem Lächeln auf den Lippen und ohne das widerrufende Wort zu sprechen, das sie sofort befreit haben würde. Was für eine Seelenkraft und Größe! Und wie fürchterlich wandelte sich das Bild.

Rom, Jerusalem, Byzanz waren Orte unvorstellbaren Lasters geworden. Die Gedächtnisfeiern für die Märtyrer gingen jetzt alljährlich als riesiger Jahrmarktrummel vor sich, zu denen Heere von Dirnen, Zuhältern, Faxenmachern und Clowns nach Rom zogen. Die Agapen, ursprünglich Liebesmahle der Urgemeinde, waren Orgien geworden. Die Pilgerfahrten zu den Heiligen Stätten in Jerusalem waren Herrenpartien und standen in so üblem Ruf, daß Gregor von Nyssa alle Gläubigen und Ahnungslosen anflehte, ja nicht nach Jerusalem zu fahren. Soldaten desertierten in Scharen, verließen ihre Kasernen und überschwemmten die Klöster als »Mönche«. Die Wüste Sahara war gesteckt voll von Fahnenflüchtigen und Arbeitsscheuen, die sich einen Bart wachsen und sich als »Eremiten« ernähren ließen.

Wer sich unerkannt und fern der Nachbarn ausleben wollte, wallfahrtete. Stets waren Heere von zweifelhaften Pilgerinnen kreuz und quer durch Italien unterwegs. In jeder Stadt, in die sie kamen, ergaben sie sich offen der Prostitution. Raub beherrschte die Straße, Mord den Thron.

Die »Epistolae S. Hieronymi« berichten von einer römischen Hochzeit, die zu einem wahren Volksfest wurde. Der Bräutigam hatte bereits zwanzig Ehefrauen unter die Erde befördert, die Braut bereits zweiundzwanzig Ehemänner abgemurkst. Ganz Rom war aufs äußerste gespannt, wer von den beiden gigantischen Schurken diesmal den kürzeren ziehen würde. Es wurden Wetten abgeschlossen. Nach einigen Wochen zügelloser Orgien hatte es den Unvorsichtigeren der beiden erwischt: Die Frau war tot. Als der

Mann, einen Palmwedel schwingend, vor dem Sarge durch die Straßen ging, feierte ihn die Menge wie einen Triumphator.
So sah die Stätte aus, von der aus jetzt nimmermüde Missionare angepilgert kamen, denen wir aufs Wort glauben wollen, daß sie über Rom verzweifelt waren. Sie packten ihr Ränzel, hängten sich den Futtersack um und sahen sich nach einem neuen Betätigungsfeld um, das nicht derartig hoffnungslos war. Sie wandten sich nach Norden, ahnungslos, daß sie mit diesem Entschluß die größte Wirkung auslösten, die sich überhaupt denken läßt: Sie retteten das Christentum. Viele Historiker sind sich heute darüber einig, daß ohne Gallien und Germanien die christliche Lehre damals untergegangen wäre.
Also – sie wanderten nach Norden. Der Einfachheit halber zuerst in den gallischen Teil des germanischen Gebietes, zu den schon stark mit Romanen durchsetzten linksrheinischen Stämmen; dorthin, wo Chlodwig saß.
Man war beiderseits sehr überrascht.
Stellen Sie sich einmal einen Mann wie den Frankenführer Chlodwig um das Jahr 500 vor. Er war Germane und stammte aus der Gegend des heutigen Ruhrgebiets; aber wie hatte er und wie hatte sich alles gegen das frühere Leben der alten Sugambrer verändert! Chlodwigs Großvater hatte noch gegen die Hunnen gekämpft und war vom einfachen Heerführer zum Diktator des riesigen fränkischen Stammes aufgestiegen.
Wie Chlodwig aussah, wissen wir nicht. Aber alle diese langmähnigen Merowinger müssen Hünen gewesen sein, anders hätten sie ein derartiges Leben nicht aushalten können. Mit 13 Jahren waren sie ausgewachsene Männer, mit 14 griffen sie sich bereits alles, was ihnen in den Mägdehäusern in die Quere kam, mit 15 wurden sie großjährig und mit 35 oder 40 starben sie. Dem Blut nach nur noch halbe Germanen, dem Geist nach gar keine mehr.
Diesem Manne also trat eines Tages das Christentum und seine Moral in Gestalt eines Missionars gegenüber. Sie dürfen sich nun auch den Gottesmann nicht als brillentragenden Assessor vorstellen. O nein, das waren kolossale Kerle!

Chlodwig, in seiner fackelverräucherten Gutshalle sitzend, hörte sich den Vortrag des Missionars an und unterbrach ihn alsbald: Das erste, was er an Christus rügte, war seine niedrige Herkunft. Diesen Punkt bemängelte er stark. Nach gütlichem Zureden war er bereit, seine Bedenken einstweilen zurückzustellen. Aber nun kam eine neue Schwierigkeit: Der Missionar bezeichnete Gott als den einzigen Gott und alles andere als heidnische Hirngespinste. Chlodwig hatte erwartet, den christlichen Gott als mächtigeren Konkurrenten Wotans, sozusagen als günstigere Offerte serviert zu bekommen. Er war verärgert. Als er dann vollends hörte, die Frauen seien ein Übel, die Welt ein Jammertal, die körperliche Liebe eine Erbsünde, Feindesliebe dagegen Pflicht, da warf er den Gottesmann hinaus.
Zur Hintertür kam er wieder herein und setzte über die Spinnstuben der Mägde und über die Küchenherde der Hausfrauen zu einem Flankenangriff an. Jenes Mädchen Clothilde, das Chlodwig heiratete, war bereits Christin.
Jetzt lagen ihm die Frauen in den Ohren.
Drei Jahre später, in einem kritischen Moment vor einer Schlacht, versprach er, sich taufen zu lassen, falls ihm der Christengott den Sieg schenken würde. Er schenkte.
Rom frohlockte; dem Papst war klar, daß mit dem Übertritt Chlodwigs zum neuen Glauben das gesamte gallisch-germanische Reich von den Pyrenäen bis zum heutigen Württemberg christlich werden würde. So kam es.
Chlodwig wurde in Reims getauft. »Beuge, stolzer Sugambrer, demütig deinen Nacken«, rief am Taufstein Bischof Remigius, den er für dieselben Worte noch wenige Jahre vorher einen Kopf kürzer gemacht hätte, »bete an, was du bisher verbrannt hast, verbrenne, was du angebetet hast!« Wie man sieht, war Remigius ein sentenzenreicher Kopf.
Nun war Chlodwig also Christ. Nichts wäre verständlicher, als wenn Sie an dieser Stelle sagen würden: Großer Meister, wie wäre es, wenn Sie unter diesen Umständen sich nun wieder dem Thema zuwenden und von Liebe sprechen würden? Glauben Sie mir:

nichts lieber als das, wenn wir bloß schon von einer neuen Ära sprechen könnten. Aber der Taufstein in Reims bedeutete so gut wie gar nichts. Wir sind nicht einen Schritt vorwärts gekommen! Chlodwig nahm die ganze Sache nicht ernst. Er schützte weiter die Wotans- und Ziu-Heiligtümer. An seinem Tag- und Nachtwerk änderte sich gar nichts. Bischof Remigius fühlte sich betrogen; wir *mit* ihm. Uns ist zum Beispiel überliefert, daß sogar von jenseits des Rheins, also aus dem Kerngermanischen, häufig Stammeshäuptlinge zum Osterfest angereist kamen, um sich taufen zu lassen. Die Bischöfe pflegten ihnen zu diesem Anlaß schöne weiße Gewänder zu schenken. Als einmal die Kleidervorräte nicht ausreichten, ließ der Bischof schnell noch ein paar grobe Hemden zusammennähen. Angesichts einer solchen Notlage erfuhr er zu seiner Überraschung die wahre Meinung der Täuflinge. Ein Häuptling schrie den hohen Herrn, wie uns überliefert ist, wütend an: »Hab ich mich doch nun schon zehnmal hier taufen lassen und jedesmal das schöne weiße Kleid bekommen; aber diesen Sack hier schmeiße ich dir mitsamt deinem Glauben an den Kopf!« Sprach's und ging.

Nach diesem Gastspiel germanischer Unverbesserlichkeit bekamen es die Missionare stets mit der Angst zu tun. Rom sah ein, daß das einfache Glaubensbekenntnis nicht genügte, sondern daß das ganze Leben von Grund auf verändert werden mußte. Das geschah. Langsam, aber gründlich.

Und nun, meine Freunde, nach dieser umständlichen historischen Spitzenklöppelei, besteht berechtigte Hoffnung, endlich zum Thema zu kommen.

Scharen von Mönchen und Priestern strömten herein und begannen mit der Umerziehung des Volkes. Unserem Ur-Ur-Ur-Ur-Großvater ging jetzt ein Licht auf, daß nicht nur zwei Namen, Wotan und Jehova, gewechselt hatten! Er hatte das Empfinden, daß zwei mal zwei nicht mehr vier sei, daß die Welt kopf stehe und alles plötzlich drohend und finster geworden sei. Die Verwirrung, die in den Köpfen der einfachen Menschen bei diesem Zusammenprall zweier Welten angerichtet wurde, war grenzenlos.

Die Mönche kamen in die Hütten! Mit glühenden Augen und zorniger Zunge standen sie an der Tür, traten sie mit ein, saßen sie am Tisch, standen sie am Bett.
Der Einbruch in die Ehe war der erste Sturmangriff. *Was* sollte sie sein? Ein Vertrag? Ein natürliches Zusammenfinden, ein Vollzug durch die körperliche Vereinigung? Die Augen flammten im Zorn auf vor diesen barbarischen, diesen tierischen Instinkten.
Aber was war die Ehe dann?
Ein Sakrament, wurde ihnen verkündet. Etwas rein Geistiges, Geistliches.
Die Germanen staunten. Sie konnten zuerst gar nicht fassen, was sie hörten: Die körperliche Gemeinschaft sollte unwichtig sein? Ganz unwesentlich? Jawohl, ein unheiliges, ein notwendiges Übel. Je niedriger man sie ansah, desto besser. Ihr Wert mußte völlig vernichtet werden, denn das Geschlechtliche war viehisch, sündig von Adam an, ekelhaft, widerlich. Und Paulus hatte gesagt: »Ich wollte lieber, alle Menschen wären wie ich. Es ist dem Menschen gut, daß er kein Weib nehme.«
Mit diesem rapiden Preissturz des Körperlichen war folgerichtig eine Revision aller Anschauungen über den Ehebruch verbunden. Wenn das Körperliche in Bausch und Bogen keinen Wert mehr besaß, konnte das Detail nur noch viel belangloser sein. Handstreicheln bedeutete nun selbstverständlich gar nichts mehr, Liebkosungen und Küsse berührten Gott nicht. Das alles wurde straffrei. Die Auslegungen der Kirche spitzten sich immer mehr zu; schließlich durfte auch der außerehelichen Vereinigung keine juristische Wichtigkeit mehr beigemessen werden, und wir kennen spätere geistliche Gerichtsurteile, in denen erst die Immissio seminis als Ehebruch bezeichnet wurde.
Dies alles stürzte auf das einfache, tumbe Volk ein und richtete ein wahrhaft tragisches Durcheinander an. Denn auf der anderen Seite hörte es Schreckensberichte, die das Körperliche wieder unverständlich wichtig nahmen. So ging eine Erzählung des Bischofs Gregor von Tours von Mund zu Mund, daß eine junge Frau während einer Prozession vom Teufel befallen wurde, weil sie in der

Nacht vor dieser heiligen Handlung die Umarmung ihres Ehemannes geduldet hatte.
Die tiefgehenden Störungen, die diese neuen Lehren im ehelichen und häuslichen Leben hervorriefen, quälten vor allem die Frauen, die ihrer Natur nach leichter zu beeinflussen waren. Viele wußten nicht mehr ein noch aus, sie begriffen das Ideal der Enthaltsamkeit nicht, sie verstanden nicht, warum von der sinnlichen Liebe mit so niedrigen Worten gesprochen wurde. Sie verstanden auch nicht, warum dann dies alles nicht viel schwerer als früher, sondern weniger geahndet wurde. Diese neue Ethik begriffen sie nicht. Die alte war aber auch dahin; die Kraft des früheren germanischen Glaubens war bei den »gewanderten« Völkern gebrochen. Ihre Welt hatte sich schon mit Gespenstern und Teufeln aus dem Munde der Mönche bevölkert und war voll finsterer Drohungen.
Die Germanen hatten zum Beispiel in einer Wegkreuzung ein heiteres, fröhliches Symbol Thors gesehen. Die christlichen Priester versuchten die Erinnerung daran auszumerzen, indem sie die Kreuzwege zu verwunschenen Orten machten. Unsere Ur-Ur-Ur-Großväter wußten aber gar nicht, was »verwunschen« ist, und streuten weiter Blumen auf die Kreuzungen und zündeten Lichter an. Darauf griffen die Mönche, um den Glauben zu retten, zur Waffe des Aberglaubens: zu Lemuren, bösen Geistern, Gespenstern, Hexen. Unsere Ur-Ur-Ur-Ur-Großväter, noch unbefangen und phantasiestark, gerieten ins Schwitzen.
Wenn sie jetzt über eine Wegkreuzung gingen, kam ihnen nicht nur die Erinnerung an das Drohende, was der Mönch gesagt hatte, in den Sinn, sondern ihnen fiel zum Glück auch ein altes germanisches Gegenmittel ein: die heilige Nacktheit. Sie wandten sie an; die Frauen hoben die Röcke hoch und zeigten den Teufeln und Hexen ihre Scham; die Männer drehten sich um und feuerten den Dämonen ihre Winde entgegen. Es war ein groteskes seelisches Durcheinander!
Wenn es in unheimlichen Nächten donnerte und blitzte, vermengten sich in den Gehirnen Wotan, Thor und Beelzebub, und man streckte ihnen aus der Tür das entblößte Hinterteil hin.

Vieles von diesem Aberglauben hat sich bis ins 18. Jahrhundert gehalten. Wir sind die Angst nie mehr ganz losgeworden. Der ganze Wirrwarr stammt aus jener alten Zeit.
Um die Hexen und Teufel im Frühjahr von der Saat zu vertreiben, gingen die Bauern unter lautem Schreien und Lärmen gemeinsam auf das Feld, an der Spitze ein splitternacktes junges Mädchen, und begruben eine schwarze Katze. Oder nackte Mädchen umschritten, heidnische Formeln murmelnd, die Äcker.
Man war von nun an ständig in Sorge; es war die Keimstunde der existenzialistischen Angst.
Damit die Flachsernte nicht verhext würde, setzte sich eine Jungfrau in der Nacht vor der Ernte nackend mit einem Spinnrad auf den Misthaufen des väterlichen Gehöfts und spann drei Haspeln.
Bei Trockenheit und Dürre versuchte man die Hexen zu beschwören, indem man ein junges Mädchen nackend zu einem Bach und danach rückwärts ins Dorf zurückführte, Thor anrufend und zugleich das christliche Kreuz schlagend.
Aus der altgermanischen Vorstellung der heilenden, guten, schützenden Nacktheit entstand damals jene Fülle von abergläubischen Bräuchen, die uns heute fälschlich als erotisch und hoch sexuell erscheinen. Sie waren es nicht.
Aber sie wurden es bald. Die Priester selbst waren es, die sie als erste so deuteten.
Während sich im Volke diese Nacktszenen abspielten, gingen die Mönche herum, mit Hämmern bewaffnet, und schlugen den alten Freyr- und Thor-Statuen die Penisse ab. Unsere Vorfahren hatten keine Scheu gehabt, das männliche Symbol sowohl in seinem Friedens- wie in seinem Kriegszustand zu sehen. Wir haben in Skandinavien und Norddeutschland schon aus ältester germanischer Zeit Reste solcher Statuen gefunden, die unmißverständlich den gewaltigen Ansatz dessen zeigten, was die frommen Herren also jetzt abschlugen. Staunend stand unsere Ur-Ur-Ur-Ur-Großmutter am Wege und sah die liebenswerten, schönen Details in den Sand rollen; und vieles in ihrem Herzen verwirrte sich.

Als das ganze merowingische Reich von den Pyrenäen bis zu Rhein, Main und Donau in diesen Wehen und Zuckungen lag, gab es noch ein kleines germanisches Gebiet, das davon fast unberührt war, nämlich das heutige Norddeutschland. Eine seltsame Vorstellung: Drüben, jenseits des Rheins und Mains, gingen in düsteren Kutten die Mönche herum, ängstigten sich Männer vor der Hölle und zitterten Frauen, wenn sie fromm waren, vor der Sünde ihrer Nächte, – hier, in Sachsen, Thüringen, Schleswig, Westfalen, Friesland, gingen die Menschen umher wie in den Tagen des Arminius. Die Zeit schien fast stehengeblieben, das Land ein einziges großes Freiluftmuseum zu sein.
Von hier stammten die vorhin erwähnten Männer, die ab und zu über den Rhein reisten, um sich eines der schönen weißen Kleider zu holen. Hier war es, wo man die Missionare, wenn sie trotz mehrfacher Aufforderung, sich zu entfernen, hartnäckig und eifernd blieben, ins Meer warf. Hier lebte der friesische Fürst Radbod, der einem der reisenden Mönche, der ihn schon am Rande der Taufwanne hatte, die Frage stellte, wo sich seine fürstlichen Vorfahren befänden. Der Missionar antwortete »in der Hölle«, worauf Radbod seinen Fuß wieder aus dem Bottich zog, zu den Hosen griff und sagte, er zöge es vor, bei seinen tapferen Ahnen in der Hölle zu sein, statt bei den »winselnden Mönchen« im Himmel.
Immer noch, wie einst, sprangen zu den Baldur-Festen die Jünglinge nackt durch die Feuerreifen, standen die tausendjährigen Eichen in den Wotanshainen, brachte unsere Ur-Ur-Ur-Ur-Großmutter, als sie ein junges Mädchen war, am Hochzeitstage unserem Ur-Ur-Ur-Ur-Großvater ein Kriegsroß und einen Speer zum Geschenk. Und in den Nächten liebten sie sich berserkerhaft.
Als Missionar Bonifatius im Jahre 718 hier erschien, schrieb er in seinem ersten Brief nach Hause (an den englischen König Aethelbald), die Sachsen hätten sich nicht verändert, immer noch versenkten sie Ehebrecherinnen im Moor, töteten den, der ein Mädchen schändete, badeten nackend, sängen, tränken und hofften, einst in Walhall, in einer Art großem Bierzelt, mit Wotan Met trinkend und den »ewigen Braten« schmausend zu sitzen.

Bischof Daniel von Winchester antwortete dem Bonifatius: »Hüte dich in Germanien, durch Hohn und Spott die Heiden in ihren Gefühlen zu verletzen. Trachte vielmehr danach, vorsichtig und maßvoll zu sprechen und sie langsam und nebenbei von ihrem Irrglauben fort zum christlichen Glauben zu bewegen.« Bonifatius jedoch, eine Art cholerischer Luther, wollte ein Exempel statuieren und schlug den Germanen mit der Axt eigenhändig die heilige Donar-Eiche um. Nun statuierten die Friesen ihrerseits an Bonifatius ein Exempel. Er liegt in Fulda begraben.
So lebte diese altgermanische Insel noch im 8. Jahrhundert dahin, als im übrigen Reich sich die christliche Lehre gefestigt hatte, die Merowinger längst ausgestorben waren und ein neues Dynastengeschlecht, die Karolinger, sie abgelöst hatte. Eines Tages wurde es anders!
An einem Frühlingsmorgen passierte es. Unsere junge Ur-Ur-Ur-Ur-Großmutter nahm gerade mit allen ihren Freundinnen das erste Bad in der Hunte, und ihr Verlobter, unser späterer Ur-Ur-Ur-Ur-Großvater, besiegelte gerade auf Gut Wildeshausen mit Herrn Widukind einen Pachtvertrag mit einem Becher Bier, und der Wotanspriester kratzte gerade von der Irminsul, dem uralten heiligen Eichbaum, den Winterpilz ab und schenkte die abgefallenen Äste den Kindern, die auf ihnen als Steckenpferdchen nach Hause ritten, – an diesem Frühlingsmorgen stand plötzlich die Streitmacht des riesigen fränkischen Reiches an den Grenzen. Die blutige Bekehrung dieser letzten altgermanischen Insel zum neuen Staat, neuen Gott, zu neuer Moral und Sittlichkeit begann. Nach zweiunddreißig Jahren war der Kampf beendet, der Fortschritt hatte gesiegt, die Irminsul war umgesägt und das Baden war verboten.
Der Mann, der das bewerkstelligte, ohne, wie die Historie zugibt, dazu die geringste Berechtigung gehabt zu haben, war Karl der Große.
Wenn man den Namen Karl der Große ausspricht, so steht vor dem inneren Auge sogleich das Bild einer wahrhaft köstlichen Zeit auf. Karl der Große, das ist Sicherheit und Stabilität.

Das ist: schwere, aber gütige Kaiserhand auf kindlichem Blondschopf.
Langzopfige, blauäugige Mädchen knicksen vor strengem, aber gerechtem Landesvater.
Da herrscht Wohlstand und Sitte, da regiert Rechtschaffenheit. Das ist die Zeit sauberen, ehrlichen Mannessinnes und reinen, nach Lavendel und Linnen duftenden Frauentums. Das ist schönstes Germanentum mit schönstem Christentum okuliert.
Denn an der Spitze steht Karl der Große, dieser bekannt kreuzbrave und sittenreine Mann.
Ach, meine Lieben! Nichts dergleichen! Man hat uns auf der Schule einen kapitalen Bären aufgebunden!
Lassen Sie es mich kurz und schmerzlos sagen: von Lavendel keine Spur, kein köstlicher Wohlstand, keine Sorgenfreiheit, keine gütige Kaiserhand und gar keine schöne Sittlichkeit.
Um Ihnen verständlich zu machen, was das soeben »bekehrte« und »befreite« Norddeutschland gegen seinen alten paradiesischen Zustand eintauschte, will ich Ihnen zeigen, wie die Dinge in Karls Altreich, links des Rheins, inzwischen gediehen waren und in welchem Seelenzustand dort Hoch und Niedrig lebten.
Zunächst »Hoch«: Karl der Große selbst.
Wenn man ihn kennt, kennt man die ganze Zeit.
Ein kolossaler Mann! Er hat das Leben eines nimmermüden, massigen Generaldirektors geführt, mit 500 Aufsichtsratsposten, zehn Adressen und einer Bundesbahn-Netzkarte. Er war fleißig wie alle Diktatoren, fortschrittsbegeistert und zugleich konservativ, unsicher also, abergläubisch und innerlich pseudo-wissenschaftlich rege. Viele Widersprüche – bei ihm wie damals bei allen.
Wäre er ein Unfreier gewesen, so hätte er wie ein Büffel geschuftet, um alsbald frei zu sein. Er hätte für sein Temperament Prügel bezogen, er hätte aber zugleich am Tisch seines Herrn mitessen dürfen, denn sicher hätte er ihn fünfmal von irgendeinem Tode errettet; und im Schweiße seines Angesichts würde er 17 Kinder zustande gebracht haben.
Nun war er nicht Unfreier, sondern König. Prügel konnte er nicht

beziehen, geschuftet *hat* er, gerettet *hat* er, und Kinder hatte er im Zweifelsfalle bedeutend mehr als 17. Siebzehn hat er allein schon anerkannt.
Er war wie sein Volk: zwischen Aberglauben, Angst, Generaldirektoren-Protz, neuer Sentimentalität und alter Skrupellosigkeit hin und her schwankend, mit urtümlichem, fast tierischem Geschlechtstrieb und Anflügen von altgermanischer Unschuldigkeit. Freyr und Holda kannte er nicht mehr; nur noch als Sage. An ihnen konnte er seine Moral also nicht ausrichten. Sankt Paulus andererseits war für ihn unannehmbar. Aber siehe da, ein anderes Beispiel, das die Bibel bot, paßte: Moses. War ja schließlich auch ein frommer Mann, nicht wahr?
Es ist kein Zufall, daß ich den Namen Moses erwähne. Karl fühlte sich wirklich so. In der Tischrunde seiner Männerabende, die eine gewisse Ähnlichkeit mit dem Tabakskollegium des primitiven, schlauen, massigen Soldatenkönigs von Preußen hatten, titulierte man sich gern pennälerhaft mit alttestamentarischen Namen. Dort wurde, ähnlich wie bei Friedrich Wilhelm, gezotet und abwechselnd dilettantisch über Gott und die Welt diskutiert und gelärmt. Karl, kaiserliches Vorbild, war fünfmal verheiratet. Die erste, blutjunge Frau verstieß er zugunsten der zweiten. Die zweite verstieß er wieder wie ein alttestamentarischer Patriarch zugunsten der dritten. Die dritte, ein dreizehnjähriges Mädchen aus schwäbischem Hause, hatte mit achtzehn Jahren bereits sechs Kinder von ihm; mit fünfundzwanzig Jahren war sie am Ende ihrer Kräfte und starb. Die vierte war eine dämonische Stummfilm-Schönheit, die mit ihm »Fräulein Julie« und »Endstation Sehnsucht« spielte, bis sie permanente unerträgliche Zahnschmerzen bekam und ins Kloster ging, wo man sie von ihren Zähnen und den reichen Besitzungen befreite. Die fünfte, wieder ein schwäbisches Kind, war nach vier Jahren ausgesogen und starb. Dann folgten dokumentarisch noch drei inoffizielle andere. Der Papst fragte wiederholt brieflich bei ihm an, ob er »von Sinnen« sei; der heilige Gregorius nannte eine dritte Heirat bereits eine Missetat und eine vierte viehisch, und der Mönch Wettin hatte die schreckliche Vision von Karl, daß

ihm in der Hölle beständig »ein wildes Tier sein Mannesglied zerfleische«. Manches deutet sogar darauf hin, daß er Blutschande mit Ghisla, seiner heißgeliebten kleinen Schwester, getrieben hat und daß Markgraf Hroudland, der Roland der Heldensage, der Sohn der beiden gewesen ist.

An seinem nächtlichen Leben kann man ablesen, wie alle gelebt hätten, wenn sie in seiner Lage gewesen wären.

Wer einen richtigen Generaldirektor kennt, weiß, daß ein solcher Mann nie des Morgens an Liebe denkt. Er ist sofort hellwach, erinnert sich sogleich seines Terminkalenders, springt auf, geht unter die Dusche und liest als erstes die Post. So war Karl. Er sprang aus seiner Lagerstatt auf, daß das Federbett (gab es auf seinen Kaiserpfalzen schon!) in hohem Bogen beiseite flog und die Polstermatratze (gab es auch schon!) stöhnte, und warf einen Blick auf die Sanduhr. Was?! Schon halb sieben? Er ging noch im Schlafmantel in die Kapelle, um ein Gebet zu verrichten, badete dann in einem Zuber, ließ sich mit leinenen Handtüchern (gab es ebenfalls schon!) abreiben und begann, noch im Hemd herumrennend, mit den Staatsgeschäften und den Audienzen. Mittags schlief er – und wenn der Papst selbst zu Besuch gekommen wäre! Nach Feierabend gab es beständig »Geselligkeit« (das alles selbstredend in Friedenszeiten). Meistens waren sämtliche Frauen des Hofes dabei, auch seine Töchter. Dann wurde gegessen, gelärmt, gesungen, getanzt, gestanzt, bis alle, genau wie die primitiven Hörigen in ihren Scheunen, von Sinnen waren und durcheinander Unzucht trieben. Die Prinzessinnen waren vielleicht etwas geschützt, hielten aber von sich aus wacker mit, denn eine zeitgenössische Chronik hebt einmal ausdrücklich mit Bewunderung hervor, daß »Guntrada, eine Kusine Karls, ein junges Mädchen, die Palme der Keuschheit davontrug, weil es ihr allein gelang, bei den am Hofe herrschenden unzüchtigen Leidenschaften, auch bei sinnlicher Lust und aufreizenden Ausschweifungen ohne zu straucheln die schmutzige Fleischeslust zu überwinden«.

Es ist vielleicht mehr als nur seltsam, daß er weder seiner kleinen Schwester Ghisla noch seinen angeblich sehr hübschen, bestimmt aber sehr geliebten Töchtern zu heiraten erlaubte. Rotraud und Bertha hatten drei uneheliche Söhne. Die Väter sollten ein Graf von Mainz und Abt Angilbert sein. Karl verlor darüber kein Wort.

Aber gezittert vor Teufel, Hölle und Fegefeuer hat auch er. Da jedoch die Mönche ihn lehrten, daß man sich durch fromme Stiftungen von Sünden loskaufen könne, tat er das. Die Armen, die Niedrigen – und damit sind wir bei dem zweiten Bild – zitterten natürlich bedeutend stärker. Sie konnten keine Reliquien kaufen, was damals geradezu eine Pflicht war und eine wahre Industrie hervorrief, und sie konnten auch kein Land verschenken, denn sie besaßen keins. Der Grundbesitz war ausschließlich bei wenigen Familien und bei den Klöstern; das Volk war sehr arm. Es gab also her, was sonst noch zu gebrauchen war, um ein gutes Werk zu tun. Vor allem die Frauen hatten da Möglichkeiten.

Scharen von Mönchen durchzogen das Land. Kaum hatte der Bauer seine Feldarbeit getan, die Erdbatzen von den nackten Beinen gekratzt, das Gesicht gewaschen und das Abendbrot-Gebet gesprochen, da war der Mönch mit seinem Appetit und seinen neuesten Nachrichten aus dem Jenseits da. Eine Stunde lang unterhielt er sich damit, zu erzählen, daß im Mittelpunkt der Hölle der Teufel säße, »mit glühenden Ketten an den Bratrost gefesselt, kreischend und heulend über seine Qualen« und die verlorenen Seelen packend und fressend. Dämonen würden die Verdammten mit riesigen Fleischerhaken bald ins Feuer, bald ins Eis stoßen, zwischen Schlangen werfen, an den Zungen aufhängen, kochen und sozusagen als Spätzle durch Siebe pressen.

Darauf ging der fromme Mann.

Die Tür wurde verriegelt. Niemand sprach ein Wort.

Da lagen dann die Menschen des Nachts in ihren Hütten, auf dem Lager von dumpfem Stroh und Decken. Keine Erinnrung mehr an die Dörfer der Eder und Lahn, an die Teiche, das Baden, die Spiele, die Haine, die Sorglosigkeit, die Heldensagen, an Baldur, Walhall, den »nie endenden Schweinebraten«, die Sonnenwende, die Feuerringe.

Da lagen sie, und es ist schwer sich vorzustellen, mit welchen Gefühlen die Menschen in den Katen sich einer so verruchten Beschäftigung wie dem Lieben hingaben. Denn geliebt wurde zweifellos auch im verängstigten, armseligen Volk; das fränkische Reich ist damals keineswegs ausgestorben, wie man vielleicht auf Grund der Sittenlehre von Sankt Paulus und den vielen, vielen Mönchen vermuten möchte. Im Gegenteil, das Volk hat sich, nicht zuletzt mit freundlicher Unterstützung der geistlichen Herren, ganz unpaulinisch vermehrt.
Aber der Gedanke ist erstmals nicht schön. Die Liebe war für den Mann und sein Weib eine Möglichkeit, wenigstens ein paar Minuten lang alles zu vergessen und in tiefe Entspannung zu fallen. Diese nächtliche Viertelstunde war der »Sonntagsbraten des armen Mannes« geworden.
Und wenn sich nach der plumpen Umarmung schon wieder gespenstische Höllenvisionen in die Gedanken mischten, so mag es oft so gewesen sein, daß wenigstens die Frau hoffte, der allgemeinen Vergebung näher und der Hölle ferner zu sein, weil sie dem armen Mönch gestern in der Mittagszeit zu Willen gewesen war.
So also sah es bei »Niedrig« aus.
Jedoch, zum erstenmal in unserer Geschichte müssen wir feststellen, daß mit diesen beiden Gruppen das Volk noch nicht ganz erfaßt ist. Es fehlt ein Prozentsatz, ein zu hoher Prozentsatz, als daß er übergangen werden könnte. Es ist eine Gruppe von Hunderttausenden von Männern und Frauen, die schon zu Karls Zeiten ein selbständiges Dasein führten: die riesige Schar der Mönche und Nonnen.
Diese Erscheinung trat in solchem Ausmaß damals erstmalig auf, um von nun an ein halbes Jahrtausend lang die Geschichte der Liebe unseres Volkes zu begleiten.
Ich bemerke soeben, daß dem letzten Satz die Ironie aus allen Fenstern leuchtet. Ich bin ehrlich erschrocken! Die Sache ist nämlich die, daß es der Natur der Dinge nach unmöglich sein müßte, überhaupt einen Berührungspunkt zwischen Mönchstum und Sexualität zu finden.

Aber Mönche sind auch Menschen.
Und was für Menschen waren es damals! Was drängte sich nicht alles in die Klostermauern! Dem einfachen Volk war in seiner Bauernschläue bald klar geworden, daß die Klöster ideale Versorgungsanstalten für Söhne und Töchter waren, die, laut Reichsgesetz, mit diesem Schritt zugleich frei von der Leibeigenschaft wurden! Tausende von jungen Burschen und Frauen gingen damals aus keinem anderen Beweggrund als diesem ins Kloster, große, ungebärdige, baumlange, zum größten Teil unbeschreiblich dumme Kerls und blühende, lebensstrotzende, ebenso unbeschreiblich dumme Mädchen.
Wenn die skeptischen Väter noch nichts ahnten, stand die vorsorgliche Mutter schon in geheimer Verbindung mit irgendeinem Kloster und setzte alles daran, die Kinder für das im Diesseits und Jenseits gesicherte Mönchstum zu gewinnen. Eines Tages schnürten sie dann, heimlich oder offen, ihr Bündel und wanderten heraus aus der Fron hinein in die Klöster, wo Tausende gleichaltriger Tölpel sie bereits erwarteten. Es war ein Haufe Männer und Frauen, der alsbald dumpf und mechanisch den Gottesdienstpflichten nachkam und oft tief unter das Niveau des Laientums sank.
Kluge Bischöfe und Äbte versuchten sie mit Bauen und Landroden zu beschäftigen. Der Rest hockte eng aufeinander und mopste sich oder wanderte »predigend« umher. Bei fast allen drehten sich die Gedanken um Essen, Gruseln und Sexualität. Karl der Große, der sich als Gesetzgeber wenig um die Sittlichkeit des Volkes gekümmert hat und in dessen vielen Erlässen nicht ein einziger über die Ehe zu finden ist, hat ununterbrochen Wutanfälle über die Zuchtlosigkeit in den Klöstern bekommen. Er hat zahllose Verordnungen erlassen, aus denen man ersehen kann, wie es dort zuging. Er versuchte, den Nonnen das Herumtreiben und das Verlassen des Klöster zu verbieten, er untersagte immer wieder, daß sie sich Männerkleider anzögen, um unerkannt zu sein, er verbot das Singen von Sauf- und Liebesliedern und drohte harte Strafen an, wenn die Sitte, daß Nonnen sich Geliebte hielten und sie mit Klei-

dern aus den Klosterwebereien ausstaffierten, nicht endlich aufhören würde.
Ein Fremdkörper wuchs heran. Er ist von nun an ständig in der Blutbahn des Volkes zu spüren.
»In der letzten Merowinger- und der ersten Karolingerzeit«, schreibt der Theologe Kurtz in seiner »Kirchengeschichte«, »war der fränkische hohe wie niedrige Klerus stark entartet. Erst Bonifatius und Karl der Große brachten wieder einige Zucht hinein. Doch das Verderben war zu allgemein, als daß auch sie es zu bewältigen vermochten. Zur Zeit der letzten Karolinger ging wieder alles drunter und drüber . . .«
Aber verlieren Sie nicht den Mut!
Bald geht Karls Reich zugrunde, Ost und West trennen sich, wir können das sittlich gefährdete Paris sausen lassen und sind ab 919 unter uns: in Deutschland.

Im dritten Kapitel *tritt Otto der Große auf und erfindet die Kriemhild, die bakterienfreie Liebe und das Sofakissen mit dem Spruch »Nur ein Viertelstündchen«.*

Das, was ich die deutsche Liebe nennen möchte, beginnt naturgemäß wie die deutsche Geschichte eigentlich erst mit Heinrich I., der bekanntlich gerade am Vogelherd saß, als man ihm die nunmehr rein deutsche Königskrone wie ein Eilpaket zustellte, – und mit seinem Sohn, Otto dem Großen. Diese Geschichte beginnt wundervoll!
Sie beginnt mit großer Konzeption, mit Geburt des Volksgefühls, mit einem grandiosen Kaiser, mit hinreißendem Elan, mit einem klinisch sauberen Heroismus. Sie beginnt so tadellos und bewundernswert, daß für die Liebe kaum noch Zeit bleibt. Denn, dies ist wahr, so traurig es ist: Die Liebe hat nichts gegen Bakterien, und Faulheit ist ihr förderlich. Die alten Germanen hatten dies, wie Sie sich erinnern werden, solange sie noch nicht Deutsche, sondern einfach alte Germanen waren.
Deutsch sein aber heißt: fleißig sein.
Sogar – und einen schlagenderen Beweis gibt es nicht – sogar die Mönche in Deutschland wurden fleißig! Keineswegs lag das ursprünglich im Sinne des Erfinders. Nein, es war einzig die Folge der ungeheuren Ausstrahlung Ottos des Großen. Unter Otto dem Großen konnte man gar nicht anders sein als treu, fleißig, reinlich.
Ich liebe ihn.
Seit Ost und West sich getrennt hatten, lag, ich will nicht sagen Wotan, aber das gemeinsame Baden wieder in der Luft. Während es nicht mehr lange dauerte, bis in Paris sozusagen das Café de la Paix eröffnet wurde, dauerte es im sogenannten »deutschen Reich« nicht mehr lange, bis Gesetze wiederkamen, die liebe alte Bekannte von uns aus dem ersten Kapitel sind: Eine gegen eine Frau fälschlich vorgebrachte Beschuldigung der Unkeuschheit kostete 45 Gold-Solidi.
»Aha«, werden Sie sagen, »da wären wir ja wieder: nächtlicher

Ringkampf, zweiunddreißig Jahre alt, freiwillige Witwenverbrennung!«
Ich gerate in die größte Verlegenheit, wie ich Ihnen erklären soll, daß dies doch etwas ganz anderes war. Natürlich steckt da Rückbesinnung auf das Germanische drin, natürlich griff, als sich die Grenzen im Westen schlossen, das altsächsische Lebengefühl um sich, denn die Ottonen waren selbst Sachsen und direkte Widukind-Nachkommen. Aber es war dennoch etwas Neues, was in diesem Jahrhundert in Deutschland geboren wurde. Ich könnte es Ihnen mit einem einzigen Wort sagen, aber da kennen Sie die Schriftsteller schlecht! Ich werde es Ihnen im Gegenteil ausführlich berichten.
Unter Heinrich I., Ottos Vater, waren in Deutschland zum Schutz gegen die Raubzüge der ungarischen Reiterhorden die Burgen entstanden. Otto der Große überzog das ganze Land mit einem Netz von befestigten Plätzen, es waren die Anfänge der ummauerten mittelalterlichen Städte. In den Burgen und befestigten Plätzen zur Zeit Ottos lebten nun viele Menschen, eng beieinander, gesicherter, komfortabler, verfeinerter. Die Steinbauten hatten Erker und Söller, Sessel, Federbetten, Zimmer für Frauen.
Man begann, die Frauen mit Rücksicht zu umgeben. Was tun die Frauen in solchem Augenblick? Sie antworten mit Lieblichkeit und stiller Erotik.
Das taten sie damals auch, und so wandelte sich das Bild der Frau nicht mehr zurück zur Germanin, zur starken Gefährtin in Leben und Tod, zur sauberen, sittenreinen Thusnelda, sondern nur noch zur sauberen, sittenreinen, aber nicht Thusnelda. Man war wohl wieder streng geworden, aber feiner. Nicht die Brunhild des Nibelungenliedes, die mit Gunther ringt, sondern Kriemhild, die reine, die feine, ließ das ottonische Herz jetzt höher schlagen.
Es war die Geburtsstunde des »Burgfräuleins«!
Man spürt den Lavendelgeruch der Kemenate. Wenn der Liebesakt in der haltlosen Zeit Karls des Großen noch ein brünstiger körperlicher Drang mit einem wirren Gefühl zwischen Erbsünde und Hemmungslosigkeit war, so war er nun »vernünftiger« geworden.

Der Gedanke an Sünde lag weit weg, aber ebenso die vorsätzliche Lust an der Orgie.
Kriemhild, das war die saubere, guterzogene höhere Tochter, ohne Muskeln, aber gesund; errötend, wenn auch grundvernünftig, mit ovalem Gesicht und kleinen Brüstchen. Man war auch nachts im Bett ottonisch treu, fleißig, reinlich. Anders hätte man mit einer Kriemhild nicht lieben können. Sie war reizend, aber entsetzlich uninteressant.
Auch der erste Mann im Staate, das vergötterte Vorbild, Kaiser Otto der Große, hatte seine Kriemhild. Es war Editha. Er war siebzehn Jahre mit ihr verheiratet gewesen, als sie starb. Er hat sie nie vergessen können. Die Geschichte ihrer Liebe ist bewundernswert, wenn auch, wie gesagt, leider farblos. Da gibt es keine Ängste mehr, keinen bedrückenden Aberglauben, aber auch kein wildes Ringen und Kämpfen; keine Heimlichkeit, aber auch kein splitternacktes Herumtoben, gar nichts mehr, nur anständige Innigkeit.
Ich sage »nur«. In Wahrheit war diese Zeit noch einmal ein neuer Ausgangspunkt, und was für einer! Kein zweites Mal in der Geschichte tritt ein solches Novum auf. Stammutter aller künftigen Frauenbilder, vom Gretchen bis zur »Gnädigen Frau«, wurde Kriemhild, das Burgfräulein.
Natürlich kam das Volk nicht so rasch mit. Die Hörigen in ihren Waldhäusern und Feldkaten konnten schon aus rein äußerlichen Gegebenheiten nicht folgen. Jutte, Bärbel und Katharinchen in Feldafing stiefelten zunächst weiter mit lehmverkrusteten nackten Beinen über die Bohnen- und Zwiebelbeete. Aber unsichtbar über ihrem Bett hing bereits der Spruch »Sich regen bringt Segen« und ein Vierfarbendruck von Otto und Editha. Ja, mit Druck ist manches zu erreichen.
Auch die frommen Mönche und ehrsamen Nonnen waren nicht wiederzuerkennen.
Unter Otto spielten die Priester im Volke etwa die Rolle der Pastoren im preußischen Potsdam: man grüßte sie stramm, holte sie zur Kindstaufe, und hernach wurden sie mit zu Tisch gebeten.
Aus den deutschen Bischöfen und Priestern hatte er eine Art von

Wehrkreispfarrern gemacht. Den Klöstern hatte er ordentlich zu tun gegeben. Sie übernahmen die Aufgabe der Schulen, sie waren Krankenhäuser, sie bildeten für die Reisenden und Wanderer die Hotels, und wer ankam oder abfuhr, konnte sich wie beim Bahnhofsfriseur zu jeder Tages- und Nachtzeit durch Bruder Eusebius oder Eustachius rasieren lassen. Und damals wie heute schwatzte der Friseur beim Einseifen (Seife gab es in Germanien früher als in Rom) die neuesten Nachrichten herunter.

Zur Zeit der Ottonen hat es Bischöfe gegeben, die wahre Reckengestalten, wahre Märchenhelden gewesen sind. Man denke nur an den großartigen Bischof Ulrich von Augsburg, einen fürstlichen Mann, glanzvoll, klug, gottesfürchtig, musisch, der beim Nahen der ungarischen Heere das Kettenhemd anlegte, sein Kriegsroß bestieg und mit seinem Haufen von Bürgern, Hörigen und Priestern sich in die Schlacht stürzte. Ohne ihn kein Sieg Ottos des Großen auf dem Lechfeld.

Oder Abt Engilbert von St. Gallen, der auf dem Fußboden schlief und unter der Kutte am Vorabend des Kampfes schon den Panzer trug.

Oder Bruno! Bruno, jüngster Bruder des Kaisers, war Erzbischof in Köln und zugleich Herzog von Lothringen, ein tiefgläubiger, grüblerischer Philosoph, Künstler, Diplomat, germanischer Edelmann und zugleich ein demütiger Mann, der, wie sein Chronist schreibt, »das gegenwärtige süße Leben fürchtete und immer wieder das bittere erprobte, und der mitten unter den in Purpurrot gekleideten hohen Beamten und glänzenden Rittern selbst nur eine einfache Tunika und im Winter einen bäuerlichen Schafspelz trug«.

Bruno war ein Asket. Die anderen waren es, sofern sie nicht Mönche waren, sicher nicht. Sie werden (noch durch kein Zölibat gehindert) geliebt haben, aber wir wissen nicht viel darüber, und das ist ein gutes Zeichen.

Die Mönche und Nonnen aber haben sich in ihren Klosterklausen redlich gequält. Während in Frankreich und in Italien der Klerus zu dieser Zeit bereits einer starken Entsittlichung entgegenging, traten die Mönche und Nonnen in Deutschland zu einem wahrhaft heroischen Seelenkampf an. Aus diesem Ringen erwuchs etwas sehr Merkwürdiges, etwas von großer Tragweite, und da es Hunderttausende von Frauen und Männern betrifft, wollen wir es uns doch einmal genauer ansehen:

Die Masse der Mönche waren auch zu Ottos Zeiten keine kraftlosen, blassen Schwärmer, sondern gesunde, starke Bauernsöhne, und die Masse der Nonnen robuste Hörigentöchter. Sie sollten dem Himmel näher sein und »was Feineres« werden als die armen Eltern. Dazu kam eine Schar von Freien und Adligen, die ebenfalls meist nicht aus überschwenglichem Drang ins Kloster gegangen waren, sondern weil sie höchst überflüssige sechste oder siebente Söhne eines Hofes waren, oder weil sie als Töchterchen ein Bukkelchen hatten. Bei ihnen allen war es um ihre Lenden jedoch tadellos bestellt, und es ist nun wirklich rührend zu sehen, wie sie sich bemühten und ein Ersatzobjekt für ihr liebevolles Herz suchten. Sie fanden es auch: in einem heimlich, aber kräftig erotisierten Himmelsbräutigam. Die Nonnenlyrik ist voll davon, und man könnte das »Jesu-in-den-Armen-Liegen« und das »Voll-Glut-am-Munde-Hängen«, dieses immerwährende Stöhnen um den »Geliebten« für eine erschreckende Verirrung, eine pervertierte Erotik nehmen, wenn diese armen Hascherl nicht wirklich so rührend in ihrer Qual gewesen wären.

Eine der berühmtesten Dichterinnen war damals die Nonne Hroswitha von Gandersheim. Wenn Hroswitha eines ihrer (lateinischen) Dramen schrieb, so begann sie zunächst einmal mit einer genauen und bei dem Römer Petronius nachgelesenen Schilderung eines römischen Freudenhauses oder einer sündigen Umarmung oder einer Verführung. Darauf pflegte das Opfer tiefe Verzweiflung und den Sünder wilde Zerknirschung zu überfallen, so daß Hroswitha nun in schönsten Farben die Erlösung von der Sünde (sie wurde rückerinnernd noch einmal kurz geschildert) malen konnte.

Das Feuer der Sinnlichkeit brannte also noch ganz artig, und wenn Hroswitha es verdammte, dann mit einem Seufzer und nur darum, weil es irdisch war. In ihrer Tragödie »Abraham« läßt sie ihren Helden zu der Heldin sagen, sie werde dereinst für ihre Jungfräulichkeit entschädigt und »von den Umarmungen des Sohnes der Jungfrau Maria in deren lichtdurchflutetem Gemach umfangen werden«.

Umgekehrt rettete sich bei den Mönchen der natürliche Liebeshunger in dem weiß getünchten Reich Ottos des Großen in eine zum erstenmal hocherotische Marien-Verehrung. Es gibt viele, viele Zeugnisse dafür. Man sprach von »geliebter Frau«, von »Umfassen«, von »Brautgemach«, und Adalbert von Prag war nicht der einzige, der nachts im Traum in einem blitzenden Palast Marias zwei Betten stehen sah, von denen das eine besonders schön geschmückt war und mit goldenen Buchstaben die Inschrift trug: »Dieses herrliche Geschenk macht dir deine Braut.«

Es gibt wenige Epochen in der Weltgeschichte, die etwas derartig Elementares so verhältnismäßig sauber verkraftet haben, wie es das Mönchstum in der deutschen Ottonen-Zeit tat. (Nicht wahr, man sagt heutzutage, glaube ich, »verkraftet«? Es stimmt peinlich genau.)

An dem Beispiel Hroswitha sieht man übrigens die neuartige Stellung der Frau auch im Kloster. Unter den Nachfolgern Ottos I. machte sich deutlich die erste »Emanzipation« Kriemhilds bemerkbar. Die Nonnen bildeten keine Ausnahme. Da sie sich diesen Wandel nicht wie die Burgfräuleins mit feiner Erotik erkämpfen konnten, taten sie es mit feiner Geistigkeit. Sie wurden alabasterstirnig und legten das Hochsinnige für sich mit Beschlag. Sie griffen zum Federkiel und dichteten, sie förderten die Musik, sie legten Bibliotheken an gleich ihren weltlichen Schwestern auf den gräflichen Burgen und Schlössern, und studierten Folianten der Heilkunde – alle in Erwartung eines blonden Siegfried, dem sie einmal einen Steckschuß zwischen den Schulterblättern zu heilen haben würden. Die Männer bekamen angesichts dessen runde Augen, nickten mit dem Kopf und sprachen zum erstenmal das Wort: Der Fall ist klar, wir haben mehr Verstand, aber die Frauen haben mehr Seele.

Wenn ein *Germane* verwundet oder verletzt nach Hause gekommen war, so war die Germanin sofort in die sachliche handfeste Rührigkeit eines Sanitätsgefreiten verfallen. Später, von Karl dem Großen wissen wir, daß er bei einer Jagdverwundung einmal ausrief: »So müßte mich Hildegard sehen!« *Sein* Gedanke war, daß die dreizehnjährige Hildegard in eine Landsknechtsgefühle erwekkende Ohnmacht fallen würde.

Jetzt aber strich die Frau, auch die Nonne, mit samtenem Blick und weißer, zarter Hand über die Wunde und begleitete das Auflegen eines ganz gewöhnlichen Kamillenpflasters mit zwei lateinischen Fachausdrücken.

Im Tanz – in dieser Form bei den Germanen ganz unbekannt und später zu Karls Zeiten ein derbes Durcheinander – wurde nun das Fräulein besonders herausgestellt. Es war ein Einzeltanz, eine liebe, nette und leider wieder etwas öde Fröhlichkeit, bei der das Fräulein zum Beispiel eine Schwalbe oder eine Nachtigall und der Ritter einen Jagdfalken oder Adler symbolisierte. So strichen sie unter dem Gefiedel und Geflöte dreier Musiker und dem Händeklatschen oder Fußauftreten der anderen umeinander herum, sehr anständig, sehr langweilig und alles Weitere mit einem süßen Blick aus Frauenaugen für die eheliche Nacht aufsparend. Da gab es keine unter den Fräuleins, die wie die Guntrada Karls nicht ebenfalls mit Leichtigkeit ihre »Fleischeslust besiegen« konnte. Jede wäre imstande gewesen, am Schluß der Abendveranstaltung noch nüchtern mit fünfzig Versen von Terenz aufzuwarten.

Alle diese intimen Kenntnisse, und das ist nicht unkomisch, verdanken wir ausgerechnet den Mönchen. Im 10. Jahrhundert begann nämlich eine Hochflut von Chroniken. Man könnte also tatsächlich sagen: Zum Glück für die Geschichtsschreibung und für die Historiker kannten sich die Mönche in der Terminologie der Liebe – von ihrer himmlischen her – so gut aus.

Dergestalt alles wieder in Ordnung gebracht habend, verabschiedete sich am 7. Mai 973 der große Sinneswender Otto I. von dieser Erde.

Das Jahr 1000, dieses Jahr mit der ungewöhnlichen Ziffer, steht vor der Tür und läßt sich, fürchte ich, nicht mehr aufhalten. Ich fürchte es tatsächlich, und meine Furcht ist begründet: Die Chroniken lassen mich im Stich! Für kaum eine andere Zeit sind die Nachrichten so widersprechend. Aber geschehen *sind* damals seltsame Dinge. Denn daß dieses Jahr wie irgendein ordinäres anderes vorübergegangen ist, wird wohl niemand erwarten.
Das tat es auch nicht.
Über die Ereignisse, die sich in den letzten Tagen des alten Jahrhunderts abgespielt haben sollen, ist wenig geschrieben worden. Aber das hat, wie Sie gleich sehen werden, gute Gründe, und man darf wohl dennoch bei der Ansicht bleiben, daß sich zumindest in vielen Gegenden, vor allem in abgelegenen Ortschaften der Wälder und Gebirge, Dinge abgespielt haben, die das Bild der Frau, der Liebe, der Ethik der ottonischen Zeit für einen Moment stark erschüttern.
Es ist, als habe hier das Schicksal einmal auf den Alarmknopf gedrückt und sich einen gespenstischen Scherz erlaubt. Auf Grund einer Weissagung der Offenbarung von St. Johannes bemächtigte sich eines großen Teiles der Menschen die Vorstellung, bei dieser runden Jahreszahl würde das prophezeite tausendjährige Reich zu Ende gehen und Christus persönlich zum Gericht des Jüngsten Tages erscheinen.
Eine Welle von Furcht und Frömmigkeit ging über Europa. Olav Trygvason ließ sich taufen und raste mit dem Schwert durch Norwegen, um noch rechtzeitig alle Skandinavier zu bekehren; der Priester Dankbrand schlug in Island alles tot, was nicht glauben wollte; und der russische Großfürst von Kiew ließ sich rasch taufen und alle Götzenbilder in den Dnjepr werfen. Der Kaiserjüngling Otto III. selbst, gebildet, schwärmerisch, phantastisch, fast ein wirrer Ludwig II. von Bayern, rief ekstatisch: »Jetzt kommt Christus, mit Feuer das Weltall zu richten!«, warf allen irdischen Glanz ab, schlief ohne Decken auf dem Erdboden und pilgerte zu Reliquien.
Als der Tag, der der letzte dieser Welt sein sollte, anbrach, zogen

vielerorts Mönche und Sektierer durch die Gassen, singend und betend, gefolgt von einer wachsenden Menschenmenge. Verängstigte Männer und reiche Witwen warfen Gold und Edelsteine, die ihnen jetzt in den Händen brannten, aus den Fenstern; Nüchterne standen unten und sammelten sie auf. Vornehme Männer verließen mit Weib und Kind die Häuser und Burgen und gingen in die Wälder, um demütig als arme Einsiedler in einer Laubhütte oder Felsengrotte das Weltende zu erwarten.

In dieser Stunde nun spielten sich aber auch ganz andere, erschrekkende Szenen ab: Man fiel in das gegenteilige Extrem, man warf alle Moral, alle Hemmungen über Bord, man rottete sich zusammen, tanzte, trank, grölte, fluchte, höhnte, zog die Kleider aus, wälzte sich nackend in Haufen herum, bot sich wahllos und unersättlich an und tobte sich in einer Orgie aus, bis die Sinne schwanden.

Der erste Morgen des neuen Jahres brach an – die Welt war peinlicherweise *nicht* untergegangen.

Da standen nun Jutte, Bärbel und Katharinchen (denn die waren es gewesen) ganz unkriemhildisch da!

Was geschah jetzt? Nun, wir heute, die wir Spezialisten in Untergängen aller Art sind, wir wissen, was geschah: nichts. Es war eine Episode gewesen. Wir kennen keinen einzigen Frauennamen, den man angeprangert, keinen Fall, den man öffentlicher Verachtung preisgegeben hätte. Sei es nun, daß diese Exzesse wirklich nur vereinzelt dastanden, sei es, daß sie sich ausschließlich in Kreisen abspielten, die die Chronisten für zu unwichtig hielten, um über sie zu berichten; jedenfalls ging der graue Alltag sehr bald darüber hinweg. Das Bild der ottonischen Frau hat das Jahr 1000 nicht verändert.

Wie ein Phönix stand Kriemhild wieder da, betete leise, besorgte die Wirtschaft, blätterte in Büchern, lächelte samten, sah die Rechnungen des Haushalts durch und schüttelte mit weißer, aber geschickter Hand die Federbetten für die durchaus mit Freuden erwartete Nacht auf.

Plötzlich aber, zwei Generationen später, geschieht es – da gleitet Kriemhild in ihrer Stellung, in der seelischen Achtung und vor allem in ihrer sexuellen Würde ab. Sausend stürzen ihre Aktien. Es wäre nun sehr grotesk, dies auf die gekränkten Ehemänner des längst vergangenen Jahres 1000 zurückzuführen; natürlich nicht. Die Ursachen waren andere.

Das vierte Kapitel *behandelt Werden, Blühen und Vergehen einer der seltsamsten Blumen in der Geschichte unserer Liebe – die Minne. Es singt, geigt und gurrt auf allen Burgen und Höfen; wie eine fremdartige Rose sprießt die neue Blume aus der rauhen mittelalterlichen Erde. Aber siehe da: sie entpuppt sich als bellis perennis, wie wir Botaniker zu sagen pflegen, als ganz gewöhnliches Gänseblümchen.*

Der Schreck des Jahres 1000 war doch vielen in die Glieder gefahren. Versteht sich: hauptsächlich den falschen. Die Deutschen hatten sich nichts sonderlich vorzuwerfen, dennoch bat man die Standortpfarrer nun etwas häufiger zu Tisch oder schickte den braven Männern ein Forellchen hinüber. Im übrigen nahm man das normale Leben wieder auf.

Auch in Frankreich, Italien, England nahm man das normale Leben wieder auf; das sah allerdings oft anders aus: In Moyenmoutier z. B. holten die Mönche die Schwerter wieder aus den Truhen und wurden Straßenräuber wie ehedem, in St. Ghislain wohnten sie mit Weib und Kind im Kloster, in St. Jacob in Irland unterhielten sie Schankstuben und Tanzlokale mit »Damenbedienung«.

Ich fühle es, an dieser Stelle würden Sie mich gerne unterbrechen, wenn Sie nur könnten! Sie möchten sagen: »Meister der tückischen Volte! Wollen Sie damit behaupten, daß wir damals im Gegensatz zu einer angeblich so verkommenen Umwelt so schön waren? Wollen Sie das damit sagen?«

Ich will. Beachten Sie bitte meinen Mut in einer Welt, in der es noch vor kurzem zur Allgemeinbildung gehörte zu wissen, daß die Deutschen direkte Nachkommen der Blattläuse sind. Ich halte dafür, dies zu bestreiten. Wahr ist vielmehr, daß wir schon immer unendlich töricht waren.

So auch damals. Als sich, ausgehend vom französischen Kloster Cluny, eine Bewegung erhob, die von völliger Erneuerung der Klöster, von Wiedergeburt der asketischen Frömmigkeit, von bedingungslosem Gehorsam gegen Sankt Petrus sprach, da waren ausgerechnet die Deutschen die ersten, die in das allgemeine Stimmengemurmel hell und begeistert ihr Jawohl und Bravo riefen. Welch eine Gelegenheit für Rom! Die römische Kurie setzte sofort zum Angriff auf das viel zu selbständig gewordene Reich an. Die cluniazensischen Mönche, vom Papst mit Vollmachten ausgestattet, zogen sich schleunigst die Reisekutten über und lösten, statt nach Moyenmoutier und St. Ghislain, vor allem Fahrkarten nach Deutschland, und da es kreuzbrave Männer waren, holte das deutsche Volk sie ein wie das trojanische Pferd.

Nicht so die viel klügere deutsche Geistlichkeit. Sie sah mit Mißtrauen die fremden Soutanen die Klosterwege heranwehen. In allen Fingerspitzen fühlte sie die dumpfe Reaktion nahen.

Man hatte sich nicht getäuscht. Die Visitatoren nahmen sich zunächst das Recht, das eigentlich des Kaisers Recht gewesen war: Sie setzten Äbte und Prioren ab und neue ein, beriefen Bischöfe, stürzten Klosterregeln um, nahmen den Nonnen die Bibliotheken weg und bezeichneten Malpinsel und Dichterfedern als Teufelswerk.

Das ging nicht lautlos vor sich, sondern mit großem Tumult. Die Nonnen empörten sich offen, die Mönche begannen einen jahrelangen erbitterten Kampf gegen das, was sie eine erneute Verdummung nannten. Ein Visitator mußte aus St. Gallen bei Nacht und Nebel vor den erbosten Mönchen fliehen, in Hersfeld und Fulda gab es geradezu Revolutionen, in Corvey traten, als der neue Reformabt kam, sämtliche Mönche bis auf neun aus dem Kloster aus.

Der Kaiser, ein Knabe noch, umgeben von Großmüttern, Tanten und Nepoten, haltlos, ahnungslos, ließ sie im Stich. Es war jener Heinrich IV., der dann 1077 den Gang nach Canossa antreten mußte.

Nach der Visitation beschlossen die Cluniazenser, auch das Volk zu visitieren. Die »Kriemhild« hatte der römischen Kirche nie gefallen. Man klopfte auf das Alte Testament und auf die Bücher der Kirchenväter: Hier stand klipp und klar, was gottgefällig war. Nicht das Ottonische! Die ganze ottonische Luft war unbrauchbar. Insbesondere öffnete man den Männern die Augen über die bibli-

sche Auffassung: »Das Weib ist das Gefäß der Sünde.« Das wurde mit ungeheuer mahnendem Ernst vorgetragen.
Große politische Ziele steckten dahinter.
Die Frauen antworteten auf den Versuch, ihnen wieder die biblische, das heißt ganz unottonische Stellung zuzuweisen, mit verstärkter Emanzipation. Jetzt gerade griffen sie den Geist auf, den eine Generation vorher die Kaiserinwitwe Theophano, eine byzantinische Prinzessin, aus der »großen Welt« mitgebracht hatte. Sie sprühten. Sie glänzten. Sobald sie merkten, daß das nichts half und daß den Männern die neue patriarchalisch-diktatorische Rolle eines Abraham, die ihnen die Kirche anbot, nicht unangenehm war, gingen sie zum kompakteren Angriff über: Um die Mitte des 11. Jahrhunderts werden die Kleider kürzer, die Röcke werden ganz eng und liegen an den Schenkeln prall an, die Brüste werden herausmodelliert und die Taille so fest gezogen, daß man sie mit zwei Händen umspannen kann, was kein Mann verachtet. Die Frauen kämpften verzweifelt um ihre Stellung.
Sie erwarteten Empörung und Verbote von seiten des Klerus und hofften, daß die lästigen Moralpredigten ihnen die Männer wieder als Bundesgenossen in die Arme treiben würden! Aber sie hofften vergebens. Die Kirche hatte (abgesehen von einigen Sektierern) absolut nichts gegen das sexuelle Angebot. Sie hatte es ja gesagt: Das Weib war ein »Gefäß der Sünde«. Na also.
Die Frauen hatten vergeblich ihren Preis gesenkt!
Er blieb jetzt so.
Um 1100 war unsere Ur-Ur-Ur-Ur-Großmutter eine nicht mehr wichtige und nicht allzu ernst genommene Frau, die eine Seele zweiter Klasse hatte, in deren Gegenwart man reden konnte, wie man wollte, und die man ruhig kräftig anfassen durfte.
Unser Ur-Ur-Ur-Ur-Großvater zwirbelte sich innerlich den Schnurrbart hoch und befand sich, wenn er sein nunmehr »gutes Weib«, sein »Frauchen« betrachtete, in einer Seelenverfassung, die nicht weit entfernt war von der eines stattlichen Regierungsassessors von 1870. Von beiden Zeitepochen kann man sagen: Nie gab es *mehr* Kinder. Das Nächtliche war wieder etwas Irdisch-Ver-

werfliches geworden, und die Ehemänner fühlten sich als dolle Hechte.
Mulier taceat . . . »das Weib aber möge schweigen«.
Das tat es nun hundert Jahre lang.
Als es endlich wieder den Mund öffnete, rächte es sich fürchterlich.

Ich stehe im Begriff, eine Ketzerei von unerhörtem Ausmaß zu begehen, denn ich habe die feste Absicht, Ihnen nun eine Illusion zu zerstören, die sich über zahllose Generationen bis heute hartnäckig vererbt hat: Ich meine die Illusion von der Zeit des höfischen Rittertums; der Zeit des berühmten Minnekults.
Um Ihnen eine Vorstellung davon zu geben, wie sich diese Epoche in allen Köpfen verklärt hat, zitiere ich das Geschichtswerk des alten, ehrwürdigen Professor Duller. Da stehen folgende Sätze, die Ihnen aus der Schulzeit lieb und vertraut vorkommen werden:
»Auf andere Art noch zeigten sich die Grundzüge des deutschen Charakters im Rittertum, das wie ein üppiger Baum in voller Pracht seine Krone reich an Blüten zu entfalten begann: in der Frauenliebe. Schon unsere Urväter hatten ja die Frauen gleich höheren Wesen verehrt, den Rittern schienen sie nun recht wie lichte Engel, rein und makellos nach dem Vorbild der Himmelskönigin Maria, und erfüllten die Nacht des irdischen Lebens mit hehrem Glanz. Drum gingen die deutschen Ritter für die Ehre der Frauen mit Freuden in den Tod.«
Das ist ein wirklich schönes, erhebendes Bild, und niemand wird uns verargen, daß wir bei ihm ein Weilchen sinnend verbleiben.
Wir befinden uns 100 Jahre nach den Geschehnissen der Cluniazenser-Bewegung. Die Welt ist nicht sehr verändert, wohl aber sind es die Menschen. Eine Idee hat sie gepackt; das ganze Abendland scheint in Bewegung. Sie werden wissen, was ich meine: die Idee der Kreuzzüge in das Heilige Land. Endlich eine handfeste Sache für den lieben Gott! Diese Sprache verstanden die Ritter sofort und ohne cluniazensische Dolmetscher. Sie knackten das Sparschwein auf, sattelten die Rosinanten, legten die Rüstung an, war-

fen sich den Mantel mit dem frisch aufgenähten roten Kreuz über und der Ehefrau einen letzten festen Blick zu und ritten davon. Auf Jahre.

Da wurde der Begriff des »gottesfürchtigen, edlen Ritters« geboren, der noch bis Kaiser Maximilian im Volksmund und im Lied weiterlebte. »Mannestum« und »Rittertum« erlebten einen großen Aufschwung. »Ritter« bedeutete dabei nicht immer Adel; es war damals eher eine Art »Offiziersfreiwilliger«.

Natürlich war nicht ganz Deutschland auf den Beinen, sondern nur ein paar tausend Ritter und Knappen. Während sie nun, marodierend und totschlagend, bedeckt mit Wunden, Schwären, Beute und siebzehntausend Wanzen über die Länder der erschrockenen und ahnungslosen mohammedanischen Völker zogen, machte es sich die Hausfrau daheim zum erstenmal richtig gemütlich und lud alle Freundinnen zum Lindenblütentee ein.

Sie war jetzt Alleinherrscherin. Das gab ihr Selbstvertrauen und Glanz. Wenn Nachbar Kuno von Hohenebersberg, der auf den Kreuzzug verzichtet hatte, geritten kam, brachte er ihr eine Schachtel Sarotti mit, eine Nettigkeit, die die edle Frau erst staunend, dann immer selbstverständlicher entgegennahm. Wo und in welchen Burgen und Höfen der Mann fehlte, sprach sich schnell herum. Da kam einem kein knochiger Ehemann im Burghof entgegen und fragte wieso, warum, wohin. Die edle Frau, die allein auf ihrer Burg saß, fragte nicht. Bald wurde sie mutiger, sie setzte sich obenan bei Tisch, sie ließ den willkommenen Besuchern, auch Fremden, ein Bad bereiten, gab ihnen das schönste Bett, das sie selbst richtete, und alles, was die Speisekammer bot. Sie ordnete an, daß dem Gast aus der Kleiderkammer ein Wams und Hosen gebracht wurden, um ihm die Möglichkeit zu geben, aus seinem Blechgeschirr zu steigen und damit alles gemütlicher zu machen.

Nun fühlte er sich eigentlich schon wie zu Hause. Nur die Frau ihm gegenüber war angenehm fremd. Er begann zu flirten. Die Luft wurde prickelnd wie Selterswasser. Ach, sie ließ ihn zappeln, sie lachte ihn aus, sie genoß es. Aber es war schwer, sehr schwer. Bi-

schof Burchard von Worms wettert um diese Zeit gegen den heimlichen Gebrauch künstlicher Phalli.
Kam die edle Frau dann am nächsten Morgen zum »Imbiz« herab und trug ein grünes Kleid, so sagte ihr Gast liebenswürdig, Grün sei die Farbe der sprossenden Liebe. Kam sie im schwarzen, so sagte er, es bedeute Trauer und Leid. Trug sie ein rotes, so erklärte er es als Farbe der glühenden Liebe und Freude, zog sie sich in Blau um, so nannte er Blau die Farbe der Treue. Die bevorzugten Farben wurden, schon um der Vergnüglichkeit willen, Grün und Rot.
Madame ließ sich von gelehrten Mönchen, die nicht unbedingt alt zu sein brauchten, jetzt auch wieder vorlesen oder in Stunden der Langeweile Unterricht erteilen. Man konnte dann mitsprechen über dieses und jenes, während man das glänzende Näschen mit etwas Stärkemehl-Puder betupfte. Da war keine rauhe Stimme, die »Laß das!« sagte. Man raffte das Gewand, das seitlich zu einem »Teufelsfenster« aufgeschlitzt war, hoch und eilte aus der Kemenate, denn der Turmwächter kündigte schon wieder die Ankunft eines Reiters an.
War sie nicht reizend, die deutsche Frau? Alle Gäste des Hauses stimmten darin überein.
Aber wer war denn zu Hause? »Man« war doch an der Front, als Ritter oder Gefolge im Heiligen Land! Der Verdacht liegt also nahe, daß alle diese begeisterten Stimmen die Etappenansicht darstellten.
Tatsächlich, als der Herr und Gebieter zum erstenmal heimkehrte, sofern ihm das gelang, war er baß erstaunt. Man stürzte sofort auf ihn zu: »Was habt Ihr für eine entzückende Frau, lieber Freund! Ja, das hat man ja überhaupt nicht gewußt! Ganz Schwaben lag ihr zu Füßen. Ihr seid nicht nur ein Kreuzritterheld, Ihr seid auch als Ehemann zu beneiden! Ihr könnt stolz auf Eure Frau sein.«
Was sollte der Verdutzte sagen? Sollte er sagen: »Das Weibsbild soll sich in die Küche scheren; wo sind meine Pantoffeln?« Ehe er nur daran gedacht hatte, waren die Pantoffeln da. Und was für welche! Lange farbige Schnabelschuhe, deren Spitzen mit Werg ausgestopft waren. Sie zog sie ihm mit behandschuhter Hand an.

Nachbar Kuno trug auch solche Schuhe. Alle sahen den Heimgekehrten erwartungsvoll an. Der Heimgekehrte aber war nichts als müde.
Kaum hatte man sich etwas erholt, da rief der Papst schon wieder zu einem Kreuzzug auf. Und da auch Kaiser Konrad III. mitzog, brach man abermals auf.
Die edle Frau war wieder allein.
Kuno junior trabte nun herbei, es war wieder ein eifriges Gehen und Kommen der Herren, die bald auf eine sehr richtige Idee kamen: Musik macht optimistisch. Auf den Burgen und Höfen begann eine Hochblüte des Geklimpers.
Mit einem Schenkel auf der Bank sitzend, das andere Bein etwas zurückgestreckt, so saß man neben der Gastgeberin und zupfte auf einem Saiteninstrument herum, gleichzeitig von Liebe und Leid sagend.
»Ein Bild von Lancret, Watteau, Boucher!« werden Sie ausrufen. Es stimmt haargenau. Es ist das Rokoko des Mittelalters.
Es setzt jetzt mit vollen Akkorden ein. Was bisher geschah, war nur ein Vorspiel. Nun aber, in der zweiten Hälfte des 12. Jahrhunderts, mitten in den Kreuzzügen, tritt der Troubadour auf mit seinem »Minnedienst«!
Über ihn sind inzwischen ganze Bibliotheken geschrieben worden, aber bis auf den heutigen Tag wissen wir nicht genau, woher diese neue, nie zuvor gekannte Sitte kam. Lange Zeit nahm man an, daß sie von den Kreuzzügen aus dem Orient mitgebracht worden war. Die Erfahrung hätte jedem sagen müssen, daß es so nicht gewesen sein kann. Troubadour und Minnedienst sind eine typische Erscheinung der Etappe. Heute glaubt man, daß sie von den maurischen Höfen Spaniens über die französische Provence, wo sie zum erstenmal auftauchte, nach Deutschland kam.
Das war eine ganz merkwürdige Sache. Die ersten Troubadoure hatten folgendes darunter verstanden: Man erwählt sich eine bewunderungswürdige, schöne, edle und reine Dame, die nichts davon zu wissen braucht und die sogar die unerreichbare Königin selbst oder die Herzogin sein kann, zum Leitstern seines Lebens,

zum Sinn und Urgrund aller guten Gedanken und Taten. Von ihr spricht man dauernd, sie besingt man, an sie denkt man, an ihr prüft man alles.
Nun erinnern Sie sich bitte des Bildes, das ich vom höfischen Leben während der Kreuzzüge gezeichnet habe, und Sie werden gewiß nicht mehr in Ohnmacht fallen, wenn ich Ihnen sage, daß Kuno von Hohenebersberg sich nicht die hehre Himmelskönigin und auch nicht die ferne Herzogin aussuchte, sondern unsere damals sehr hübsche, junge und strohverwitwete Ur-Ur-Ur-Ur-Großmutter. Ah – an sie brauchte man nicht nur zu denken, sie war da! Ihr konnte man zu Füßen fallen.
Troubadour und Minnekult brauchten genau eine Generation, bis sie von einem zögernden, bestaunten Anfang zu einer wahnwitzigen Epidemie wurden. 1160 oder 1170 tauchten in Südfrankreich neben wirklich guten Minnesängern bereits die ersten »Fans« auf, die mit einem Mischmasch von Mariensymbolik, Lyrik, Schlagermelodie und schwüler Altheidelberg-Erotik von Burg zu Burg zogen; zehn Jahre später war schon alles im Minne-Fieber. Von Symbolik keine Rede mehr. Was man meinte, war handfest die Liebe. Hinz und Kunz reimten, schnatterten und klimperten jetzt vor allen erreichbaren Damen herum. Schließlich, in der letzten Phase, trat auch der Minnegesang noch zurück, und übrig blieb nur noch der Minnedienst.
Es liegt im Wesen von Epidemien, daß man ihre rasante Verbreitung nicht erklären kann. Ebenso unerklärlich ist es, wie unter Menschen, die doch vor kurzem noch ganz vernünftig waren, eine Torheit zu einer so tyrannischen, unbedingten und gebieterischen Mode werden konnte, daß das gesellschaftliche Ansehen der Ritterfrauen von der Zahl ihrer Bewerber, der Zahl der Tagediebe abhing, die ununterbrochen um sie herum waren, sie besangen, bedrängten, bewinselten, beschworen; daß die jungen Fräuleins nach Minnerittern gierten und lockten, und daß die Ehemänner, Väter und Brüder verpflichtet waren, höflich (das Wort kommt von »höfisch«) zuzusehen, wenn sie nicht als ganz rückständig gelten wollten, und daß sie sich selbst in der Rolle des Anbeters einer an-

deren verheirateten Frau entschädigten. Das alles galt als schick, als höfisch, als normal, modern. Wir werden es im Rokoko des 18. Jahrhunderts wiederfinden.
Zu diesem Treiben gehörte natürlich Zeit. Das schloß die damals schwer arbeitenden Bauern aus und zum Teil auch die städtischen bürgerlichen Kreise. Der Minnedienst war »höfisch«. Aber er wurde von jedem, der es sich irgendwie leisten konnte, nachgeahmt. Er ernährte auch seinen Mann, wenn es sein mußte; ganze Scharen von verarmten Rittern und mittellosen Scholaren lebten auf diese Weise monate- und jahrelang auf den Burgen und Höfen vor allem der häßlicheren Damen.
Eine selbstverständliche Folge dieser von morgens bis abends gehenden Schäferspiele und Werbung war, daß man die Ehe der umworbenen Frau nicht nur ignorierte, sondern daß man sie geradezu als Kerker der armen schönen Herrin bedichtete und besang. Andererseits hätten die Männer um keinen Preis auf diese spezielle Lage verzichten mögen, denn die Minne zu einem unverheirateten Mädchen war nicht nur »gefährlicher« und eventuell folgenschwer, sondern ließ auch den Reiz des Diebstahls vermissen.
Die jungen Töchter sahen nun an ihren Eltern, daß Ehe und Liebe offensichtlich zweierlei waren. Die Folge war, daß sich die Töchter in dieser Zeit kaum noch Liebesheiraten in den Kopf setzten, sondern sich gehorsam von einem berechnenden Vater verheiraten ließen. Nur zu, nur schnell! Nur rasch eine Dame werden und einen eigenen »Salon« haben!
Es folgte der dritte Kreuzzug. Barbarossa zog mit einem riesigen Ritterheer ins Heilige Land. Die Minne-Epidemie zu Hause erreichte ihren Höhepunkt. Die schöne Frau preßte die Bauern und Handwerker aus, um Hof halten zu können. Bunte Abende, Turniere, Spiele, Ausritte, nächtliche Schlittenfahrten! Dem einen warf sie einen Handschuh zu, dem anderen schenkte sie einen Pantoffel, dem dritten prostete sie mit einem ordentlichen Schluck stark gewürzten Weines zu oder schob ihm lachend ein Zuckerwerk, das in unanständiger Form gebacken war, in den Mund; der vierte durfte bei ihrem Bad zugegen sein. »In Qualen« sah er sie

dort, wie Gott sie erschaffen hatte. Wenn Gott sie gut geschaffen haben wollte, dann mußte sie nach damaliger Ansicht folgendermaßen gewachsen sein: schlank, aber nicht mager oder flach, mit glatter weißer Haut, hohen Beinen, dünnen Fesseln und kleinen Füßen mit so hohem Spann, daß ein »Vogel durchschlüpfen« konnte; die Hüften wiegend, die Arme voll, aber die Finger lang und dünn mit rosigen Nägeln; mit nicht zu großen, eher kleinen Brüsten, die »blank«, fest und ganz rund »als wie zwei paradis epfelin« sein mußten; mit langem, seidigem Haar, schwellendem »Küß«-Mund, einem Grübchen im Kinn, kleinen ovalen Ohren, engen weißen Zähnen und einer spitzen, rosaroten Zunge. Der fünfte Anbeter konnte ihr die Lagerstatt bereiten (genau wie ein Dienstmann dem Herrn) und sie zum Bett geleiten. Sie trug ein dünnes »sabenwitzes hemede«, das sie abstreifte, wenn sie unter die Decke schlüpfte. Ihr heimlicher Geliebter aber war eventuell der, dem sie bloß den Handschuh zugeworfen hatte. Er, den sie also schon einmal »erhört« hatte, troubadourte aber fleißig weiter, litt weiter mit den anderen seine kindische eingebildete Pein, spielte weiter. Ebenso spielte und quälte die »Herrin« weiter, um vielleicht nach fünf oder auch erst nach dreißig Tagen den abgeschmackten Sexualsportler wieder einmal zu »erhören«. Denn ach!, bacchantischer war unsere gute Ur-Ur-Ur-Ur-Großmutter gar nicht geworden. Nur Bischof Burchard brauchte nun nicht mehr zu wettern.

1192 kehrten die Kreuzritter heim.

Da standen sie nun, die Hinterwäldler mit ihrer Managerkrankheit. Ja, so ergeht es einem, wenn man das Leben eines Exportvertreters führt!

1202 ging es schon wieder los. 1217 folgte der nächste Kreuzzug, 1228 der fünfte.

Die Frau war auf dem Höhepunkt ihrer gesellschaftlichen Macht. Welch eine Rache für die hundert mageren Jahre, wenn sie jetzt die Schar ihrer Salonlöwen überblickte, die von ihr die Erlaubnis erbettelten, eine Nacht neben ihr im Bett liegen zu dürfen, ohne sich zu rühren oder die Herrin anzutasten.

Welch eine Rache, in der abendlichen Sitzung eines von ihr erfundenen »Minne-Gerichtshofes« eine Frage diskutieren zu lassen wie: »Eine Dame, die mit drei Bewerbern ihrer Gunst zusammensitzt, blickt den einen verliebt an, dem anderen drückt sie zärtlich die Hand, den dritten berührt sie heimlich mit dem Bein: Wem hat sie nun die größte Zuneigung bezeugt?«
Um die Mitte des 13. Jahrhunderts steuerte in einigen Gegenden der Minnedienst dem glatten Wahnsinn zu. Ein Bürgerlicher namens Vidal hatte sich eine Burgherrin namens Luba zur Minne erkoren. Luba heißt soviel wie Wölfin. Der junge Mann, monatelang in sexuellem, unerfülltem Fieber gehalten (ähnlich dem Zappelfieber der heutigen Jazzfans), versuchte ihr dadurch zu gefallen, daß er sich ihr zu Ehren in ein Wolfsfell kleidete und nachts auf allen vieren vor ihrer Burg heulend herumkroch. Die Hunde von Frau Luba, dem Minnekult begreiflicherweise fernstehend, bekamen seinen Geruch in die falsche Nase und hetzten ihn fast zu Tode.
Ein steiermärkischer Ritter, Ulrich von Lichtenstein, hat uns die Geschichte seiner Tollheiten in einem Buch »Frowen dienest« hinterlassen, das er – da er selbst keine Zeit zum Schreibenlernen hatte – einem Schreiber diktierte. Die älteste deutsch geschriebene Selbstbiographie! Der wackere Mann ist der Urvater aller Hans Habe'schen »Ich stelle mich«.
Das ist seine Geschichte:
Vater Lichtenstein gibt seinen Sohn im Alter von zwölf Jahren als Edelknabe an den Hof einer Dame, die er nach fünf Jahren verlassen muß, um zum Hofe Herzog Leopolds von Österreich überzuwechseln. Dort bekommt er den letzten Schliff und wird 1223 zum Ritter geschlagen. In dem beruhigenden Bewußtsein von zehntausend väterlichen Hektar Landes und dreihundert Kühen als heimatlichem Hintergrund beschließt Sohn Ulrich, sein Leben jener Dame, bei der er auf Edelknabe gelernt hat, in »hoher Minne« zu weihen. Die Dame ist natürlich verheiratet und kann sich auch sonst kaum über einen Mangel an Minnedienstlern beklagen. Sie alle aber werden von unserem Ulrich glatt überspielt. Zunächst sendet er der »Herrin« mittels einer Verwandten ein langes Billett

in Gedichtform. Die hohe Dame erinnert sich schließlich, weniger an seinen Namen als an seine damals schon unappetitliche, kamelartige Unterlippe. Sie läßt ihm sagen, dieses Werkzeug »lade nicht zum Küssen ein«.

Darauf läßt sich Ulrich bei einem Heilkundigen in Graz operieren. Wie er jetzt aussah, wissen wir nicht. Es war die erste kosmetische Operation in Deutschland, und erste Versuche fallen nie sehr gut aus.

Auch seiner Minneherrin scheint er nicht gefallen zu haben. Er trifft sie endlich auf einer Party, aber sie behandelt ihn spöttisch. Er schickt ihr ein stöhnendes Liebesgedicht und – tatsächlich – erhält Antwort. Aber er kann ja nicht lesen und schleppt infolgedessen den Brief zehn Tage mit sich herum, bis er jemand findet, der ihm vorliest, daß die Dame ihn als Minneritter anzunehmen bereit sei, wenn er ihr durch Taten seine Liebe beweisen könne. O Wonne!

Sofort zieht er auf Turniere los. In Friesach versticht er hundert Lanzen, in Triest (beachten Sie bitte die Entfernungen!) kommt er auch an die hundert heran, jedoch rennt ihm ein Gegner die Lanze durch eine Hand, und ein Finger wird steif. Er wallfahrtet nach Rom. Es nützt in keiner Weise etwas, das Glied bleibt steif.

Zurückgekehrt läßt ihm die Herrin sagen, es sei wohl alles Lüge. Darauf wird der Mann zum van Gogh. Er haut sich den Finger ab und schickt ihn eingeschrieben durch einen Knappen der kalten Geliebten, die die Gabe in den Müllschlucker wirft und die völlig vernünftige Ansicht äußert, »er könne seine fünf gesunden Sinne nicht mehr haben«.

Verzweifelt sinnt Ulrich nach einer neuen überzeugenden Idee, die ihm auch sogleich kommt: Er beschließt, als »Frau Venus« von Turnier zu Turnier zu ziehen. Er sendet (Vater bezahlt's) überall Boten voraus, die den geheimnisvollen Unbekannten als Frau Venus ankündigen und jedermann zum Turnierkampf herausfordern sollen. Jedem Sieger verspricht »Frau Venus« ein gülden Ringelein, jeder Besiegte habe sich in alle vier Himmelsrichtungen zur Ehre von Ulrichs »Herrin« zu verneigen.

Wir kennen eine Miniatur, die ihn als »Frau Venus« zeigt: sein Roß ist reich geschmückt, er selbst trägt Schild, Schwert, das große Kettenhemd und den Visierhelm; auf dem Helm thront, einen guten halben Meter hoch, eine Venuspuppe. In den Kampf aber zieht er anders. Er beschreibt es selbst: Er trägt über dem Kettenpanzer ein feines Damenhemd, dazu einen wehenden weißen Mantel, eine perlenverzierte Perücke mit zwei Zöpfen, ein Häubchen und einen Schleier.

So zieht Ulrich neunundzwanzig Tage lang herum, von Treviso und Venedig bis Böhmen. Danach beschließt er, sich ein wenig auszuruhen, und zwar zu Hause bei seiner Frau.

Wie!? höre ich Sie ausrufen, er hat eine Frau?!

Ja, warum denn nicht? Wir kennen sie sogar, sie hieß Berta von Weitzenstein und war rührend vernünftig. Sie scheint *keine* Minnewerber um sich geduldet zu haben. Sie hatte übrigens Kinder. Doch dies nur nebenbei, – die Ereignisse jagen sich.

Seine »Herrin« reagiert überraschend: Sie beschimpft ihn, die Frauenkleider gewählt zu haben, um sich ungeniert unter die Weiber mischen zu können.

Ulrich ist außer sich. Er bekommt einen Blutsturz. Er sendet der hehren Frau einen neuen langen Brief. Darauf erhält er die sensationelle Antwort, es sei soweit. Nur eine Probe soll er noch bestehen. Er möge sich unter die aussätzigen Bettler mischen, die jeden Sonntag von ihr ein Almosen empfangen, und sich zu einem der ihren demütigen.

Er tut es. Er färbt sich das Haar grau, kleidet sich in Lumpen, hängt sich ein Blechgeschirr um und kaut drei Tage lang Reizwurzeln, bis sein Gesicht bleich und geschwollen ist. So zieht er mit den anderen zur Burg. Er empfängt einen unergründlichen Blick und einen Schlag Erbsensuppe.

Dann aber ist es soweit. Eine Dienerin bringt ihm Nachricht. Einen Tag noch muß er bei strömendem Regen in einer Kornpuppe verbringen, dann, bei Nacht und Nebel, wird ein Seil aus zusammengeknüpften Leintüchern vom Söller herabgelassen, Ulrich wirft die Bettlertracht ab bis auf die Dessous, packt das Seil und wird von

kräftigen Mädgen hochgehievt. Höher, immer höher. Jetzt ragt sein Kopf über den Sims. Er sieht, umgeben von den Mägden, die Herrin auf den Bettrand sitzen. Sie ist in ein feines Leinenhemd gekleidet; ein hermelin-gefüttertes Mäntelchen liegt über ihren Schultern. Das Bett ist mit grünem Samt gepolstert, das weiße »Decklachen« ist schon zurückgeschlagen.
Ulrich erwartet ein neues Hauruck, aber statt dessen erhebt sich die schöne Frau und kommt zum Fenster. Er stammelt sie an, daß er keinen Wunsch mehr im Leben haben werde, wenn er ihr hier »beiliegen« dürfe. »Ich weiß nicht«, antwortet die Herrin, »es wird meinem Mann nicht ganz recht sein.«
»Hol ihn der Teufel« murmelt Ulrich und will das Seil mit ihrem Hals vertauschen. Aber in dieser Sekunde des Griffwechsels ruft die edle Frau »Abwärts!«, die Mägde lassen los, und Ulrich von Lichtenstein saust in die Tiefe.
Ein Wunder läßt ihn am Leben, auf daß er noch weitere Minnetaten vollbringe. Madame aber ist für ihn gestorben. Ein Augenzeuge findet ihn drei Jahre später in Wien, wo er bereits wieder »mit schönen Frauen kurzweilte«.

Wenn eine Idee oder Mode bei solchen Hanswursten angelangt ist, dauert es nicht mehr lange, bis sie am Lachen der Umwelt zugrunde geht. Mit den Vidals und Lichtensteins am Ausgang des 13. Jahrhunderts begann das Fieberthermometer rasch zu fallen. Man erwachte.
Man erwachte noch aus einem ganz anderen Traum! Das »Heilige Römische Reich Deutscher Nation« hatte aufgehört zu existieren, Konradin, der letzte Kaiser-Jüngling, war in Neapel auf dem Schafott gestorben. Das Land war in Not, die Wirtschaft erschöpft, die Münzen wurden »verrufen«, eine Währungsreform folgte der anderen. Das soziale Leben hatte sich verändert, Städte schossen aus dem Erdboden, Burgen wurden immer weniger gebaut. Von den zehntausend, die es damals etwa in Deutschland gab, begannen die ersten zu verfallen. Die hundert Jahre in Kreuzzügen und in Saus und Braus hatten Geld gekostet.

Man war müde. Auf dem Parkett blieben, von Jahr zu Jahr ausschließlicher, die jungen Leute und ein paar Operettenritter zurück.

In einem Zeitgedicht von 1295 heißt es, mit dem alten, noblen Rittertum sei es vorbei, Teuerung und Unordnung herrschten im Land, ohnmächtig sähen die Fürsten zu. Das Wort »Hof« oder »höfisch« wird in dem Gedicht nur noch abfällig gebraucht. Wenn man jetzt auf den Burgen einer Unterhaltung zwischen den Männern zuhöre, so drehe sich das Gespräch bei dem einen um eine Milchkuh, bei dem anderen um das kaputte Dach und auf der dritten Burg um die Weinpreise. Und der Verfasser fragt, »ob es gezimt, daz ein noetigem riter (verarmten Ritter) eine geburinne (eine Bäuerin) ze konschefte nimt (zur Frau nimmt) umbe guot (um ihres Geldes willen)?«

Das Scheitern der Reichspolitik und der Zusammenbruch der Wirtschaft – beides Faktoren, die schleichend nebenhergingen genau wie 1789 – beschleunigten den Schluß dieser seltsamen Epoche.

Im fünften Kapitel *hat der Autor Gewissensbisse, die Minnezeit zu scharf von einer Seite beleuchtet zu haben. Er macht es wieder gut, indem er sich ausdrücklich und tief vor Walther von der Vogelweide verneigt.*

Darf ich Ihnen etwas sagen: Ich finde diese Zeit nicht schrecklich. Ich finde sie oft albern und immer sehr zwielichtig. Was schrecklich ist, das werden wir erst im dunklen 14. Jahrhundert erleben. Für die Epoche des mittelalterlichen Rokokos trügt der Schein. Man war frivol, aber nicht gemein. Man war leichtfertig, aber nicht lasziv. Man war unsittlich (man wußte damals genau, was das war), aber nicht sittenlos.

Man war verliebt in das Verliebtsein, und nichts wäre falscher, als der Erotik jener Zeit eine besondere Quantität anzudichten. Sie zielte, so komisch das klingt, viel mehr auf Qualität. Es gibt eine Abhandlung eines berühmten Minneritters, die den Titel hat: »Wie man es anstellt, daß die Frau die Süße des Geschlechtsverkehrs empfindet.« Man muß sich einmal klarmachen, wie sensationell dieser Gedanke damals war! Zum erstenmal ein schriftliches Zeugnis, daß man den sexuellen Egoismus besiegt hatte und an den Liebespartner dachte!

Mir scheint es keinen Grund zu geben, über jene Zeit die Stirn in Gramesfalten zu legen und die teutsche Ehre zu jeder Tages- und Nachtzeit retten zu wollen. Von Zeit zu Zeit tauchen, wie früher in den Zeitungen die große Seeschlange, immer wieder Bemühungen auf zu beweisen, daß es auf vielen Burgen doch ganz anders ausgesehen habe. Freunde des nahtlosen Deutschtums: aber natürlich! Wir kennen ja den Fall der Berta von Lichtenstein! Es hat auch Ehemänner gegeben, die ihre Frauen beim ersten Anzeichen der Verwirrung derartig verhauen haben, daß sie grün und gelb waren. »Das hat mich schon gereuet, denn er hat so zerbleuet zur Strafe meinen Leib.« Leider sieht man daraus auch nichts anderes, als daß es nötig war.

Auch der Versuch, nachzuweisen, daß in Deutschland der Minnedienst in der Regel gar nicht verheirateten Frauen, sondern jungen

Mädchen gegolten habe, ist gescheitert. Um die jungen Mädchen, sofern sie Wert darauf legten, kümmerten sich andere.
»Mutter, das will ich dir sagen«, heißt es in einer zeitgenössischen Dichtung, »der Ritter und der Knecht bringen mich Mädchen leicht in Schande, sie sind auch nicht verschwiegen. Wenn ich aber bei dem Pfaffen liege, so muß er den Mund zumachen und schweigen.«
Oder:
»Der Probst der alten Kapelle zu Regensburg«, lautet ein Abschiedsbrief eines frommen Herrn aus jener Zeit an eine Geliebte, »wünscht dir Glück. Ein gütiges Geschick hat ihm deine erste Freundschaft geschenkt; ihm aber bist du nicht die Erste, weil er vorher schon sechs verführt hat. Du bist als siebente gekommen und wirst nicht die Letzte sein, die ihm gefällt.«
Sie sehen: suum cuique.
Übrigens, da sind sie ja wieder, unsere frommen Herren! Ja, Otto der Große ist lange tot, und sie halten sich wieder dran, damit sie nichts versäumen.
Im Gedanken an die Pflicht, Ihnen die zynische pfäffische Verdorbenheit jener Zeit beizubringen, würgte ich schon lange herum und bin froh, daß ich das nun in einem Nebensatz untergebracht habe. Bitte gönnen Sie mir daher an dieser Stelle drei Sternchen, damit ich zuvörderst meine Traurigkeit überwinde, die Traurigkeit darüber, wie furchtbar verlassen Gott immer war.
In Gethsemane haben seine Jünger wenigstens nur geschlafen.

* * *

Die Epoche des Minnekults hat drei große Verdienste: Sie hat zum erstenmal feines Benehmen, zierliche Umgangsformen und Regeln des gesellschaftlichen Auftretens eingeführt. Sie haßte alles Rohe und Ungeschlachte. Die Türen wurden vor der Dame aufgerissen, man dankte höflich, wenn sie den Braten vorlegte, Handtücher und Waschnäpfchen wurden bei Tisch herumgereicht, und wie heute hieß es Gnädige Frau hinten und Gnädige Frau vorn. »Hübsche« Manieren und gesellschaftliche Achtung wurden zum erstenmal voneinander abhängig gemacht.

Das zweite Verdienst dieser Epoche ist überhaupt nicht zu überschätzen: Sie hat die Furcht vor der fleischlichen Erbsünde lächerlich gemacht.
Das dritte ist die Geburtsstunde der Dichtung. Die Baumeister gehen ab von den romanischen Zweckbauten und dichten die gotischen Filigrane der Dome, die Maler lassen Decken und Wände, Gläser und Bildteppiche in hundert Farben aufleuchten, die Minnesänger, die echten, großen Minnesänger, schreiben ihre wunderbaren Liebeslieder.

»Mein Herz ist so voll Blüten,
verwandelt scheint die Welt:
daß noch in Winters Wüten
ein Blumenregen fällt.
Mein Herz ist so voll Glühen,
voll Freud und süßem Weh,
daß Rosen mir erblühen
hervor aus Eis und Schnee.«

Keiner der großen Minnesänger darf in die Masse der exaltierten Schwärmer oder närrischen Liebesritter eingegliedert werden. Fast alle dichteten abstrakt, von einigen wissen wir, daß ihre »hohe Minne« einem jungen Mädchen galt, ihrer Danteschen Beatrice oder Goetheschen Friederike.

»Unter der Linden
an der Heide,
wo unser beider Lager war,
da könntet ihr finden
zärtlich uns beide.
Gebrochen Blumen und das Gras
vor dem Wald in einem Tal,
Tanderadei,
lieblich sang die Nachtigall.«

So dichteten Walther von der Vogelweide, der von Kürenberg, Dietmar von Aist, Hartmann von Aue, Wolfram von Eschenbach, Heinrich Frauenlob, Gottfried von Straßburg, Heinrich von Morungen.

Daneben läuft – nein umgekehrt: Diese wenigen Dichter laufen neben der ungeheuer großen, heute vergessenen Schar von Sonntagsreimern und Liebesrittern, die galantes Vortragsmaterial schmiedeten und deren eitles Selbstgefühl oft grotesk war: »Gelobt sei Gott und St. Andreas, daß niemand, soviel ich merke, gescheiter ist als ich!« Und sie dichteten:

»Es hüpft jugendlich in mir.
Laßt uns küssen,
laßt uns scherzen,
Holde, scherzt und küßt mit mir!
Euer bin ich für und für.«

Um 1300 stirbt die Generation der echten großen Minnesänger und Sagendichter aus. Die Vagantenlieder gehen noch eine Weile weiter, bis mit dem berühmten unanständigen »Roman der Rose« die Minnedichtung praktisch endet.

Aber ein endgültiges Ende machten dem mittelalterlichen Rokoko erst die Jahre 1310 und 1349.

1310:

Ein Prozeß erschreckt ganz Europa und wirft die Brandfackeln in die Scheiterhaufen.

1349:

Die Pest, eingeschleppt aus dem Orient, bricht über Deutschland herein.

Mit einem Schlage herrschte in den Salons Totenstille.

Das sechste Kapitel *berichtet von einem der größten Sittlichkeitsprozesse der Welt. Die mittelalterlichen Menschen sind über den Ausgang des großen Spektakels zu Tode erschrocken und ahnen böse Zeiten. Wir auch.*

Der Templer-Prozeß von 1310 versetzte ganz Europa in Schrecken und rief die größte Bestürzung hervor. Ein Prozeß gegen zwanzigtausend Ritter – das hatte es überhaupt noch nicht gegeben! Es existierte die Juristerei, natürlich; es gab Streitfälle, Rechtsbrüche, Urteile, Bestrafungen, es gab das Stadtgericht, das Grafengericht, das Landgericht und über allem den König. Gut. Aber ein König und ein Papst als öffentliche Ankläger in einem Monstreprozeß, das hatte man, so alt man war, noch nicht erlebt! Anfangs hieß es, man werfe den Templern vor, vom Christentum abgefallen zu sein; aber bald sickerte durch, daß es ein großer Sittlichkeitsprozeß werden würde!

Was konnte nach einem Ulrich von Lichtenstein und dem »Roman der Rose« noch solches Aufsehen erregen? Der Ehebruch war doch von den Glücksrittern in tausend Versen verherrlicht, die Unkeuschheit ein allgemeines Spiel gewesen! Das »begreiffen und maullecken« gehörte doch zu jedem Tanz im Dorf, und in Magdeburg war einmal bei einem Pfingstturnier ein »gelüstiges Fräulein« der Preis. Im Wolfdietrich-Epos stand die schöne, pikante Verführungszene zu lesen, und Hartmann von Aue beschrieb doch so süß und innig die sündige Liebe zwischen Brüderlein und Schwesterlein! »Sagt mir«, fragte unsere Ur-Ur-Ur-Ur-Großmutter mit runden Augen unseren Ur-Ur-Ur-Ur-Großvater vor dem Schlafengehen, »sagt mir bitte, was nun eigentlich geschehen ist? Die ganze Stadt flüstert von dem Prozeß, die Männer stecken die Köpfe zusammen, und die Marktweiber rufen den Buben zu: ›Lauft weg, die Templer kommen!‹ und alle spitzen das Maul. Sagt mir, was ist eigentlich geschehen?« Ja – was war geschehen?

Einer der drei großen Ritterorden, die man während der Kreuzzüge als christliche Schutz- und Trutz-Elite im Heiligen Land gegründet hatte, der Tempelherren-Orden mit seinen zwanzigtausend Ange-

hörigen in Deutschland, Frankreich, Italien, Britannien und Spanien, stand in Paris vor Gericht. Bei einer Reise von Zypern, dem Sitz des Hochkapitels, nach Frankreich waren der greise Hochmeister mit seiner Begleitung und zugleich Tausende von Tempelherren verhaftet worden, Männer vornehmster Namen, Jünglinge aus dem Hochadel, alte Haudegen, denen der Dank des Abendlandes gegolten, die man für unantastbar gehalten hatte.
König Philipp-le-bel und Papst Clemens V. klagten die Tempelherren des Abfalls vom christlichen Glauben und der widernatürlichen Unzucht an. Sie klagten sie an, jeden Novizen gezwungen zu haben, Christus und das Kreuz zu verleugnen, einem Standbild der Vernunft zu huldigen und sich durch Küsse auf die Scham und den Mund des Meisters zur Männerliebe zu bekennen.
Von dem ersten Punkt der Anklage ist in den Köpfen der Menschen gar nichts haften geblieben. Ritter, die sich für den christlichen Glauben von Sarazenen und Türken totschlagen lassen, sind keine Ketzer.
Völlig verblüfft aber stand man vor dem zweiten Punkt der Anklage. Da war also das Phänomen wieder, das tausend Jahre lang nicht in Erscheinung getreten war! Päderastie. Knabenliebe.
Unsere Ur-Ur-Ur-Ur-Großmutter hielt bei diesem Wort mitten im Ausziehen des feinen Hemdes inne, die Hände noch hochgestreckt und aus ihrem leinenen Zelt erschrocken auf unseren Ur-Ur-Ur-Ur-Großvater blickend, der gerade aus dem Badebottich stieg und sich die Rosenblätter, mit denen das Wasser bestreut war, von den Beinen strich.
»Ich bitte Euch«, stammelte unsere Ur-Ur-Ur-Ur-Großmutter, »was soll ich davon halten?!«
Unser Ur-Ur-Ur-Ur-Großvater, Stadtschultheiß mit zwei Semestern Jura und Naturwissenschaften bei Albertus Magnus, schien die ganze Sache, die seine liebste Husvrowe Utelein so sehr erregte, nicht sonderlich tragisch zu nehmen.
»Ich weiß nicht«, antwortete er, indem er schnell in die Sammetpantoffeln schlüpfte und zum Wandschränkchen ging, um sich noch eine Gesichtspackung aus Bohnenbrei und Eselsmilch zu ma-

chen, denn er hatte sich heute auf der Nase einen kleinen Sonnenbrand geholt. »Ich fürchte«, fuhr er ironisch fort, »Ihr seid selbst schuld daran.«

»Ich?« rief unsere Ur-Ur-Ur-Ur-Großmutter empört, riß sich das Hemd über den Kopf, sprang die drei Stufen zum Bett, über dem sich ein geschnitzter Himmel wölbte, hinauf, hieb noch einmal kräftig auf das »Ohrkissen« und kroch dann unter das »Decklachen«.

»Ich?« wiederholte sie und fiel in das intime Du. »Du mußt dich nicht immer über mich lustig machen, Ruodlieb, ich bin doch so erschrocken über das alles. Sage mir doch, stimmt es wohl, was man den Herren Tempelrittern vorwirft?«

»Wahrscheinlich.«

»O Gott! Und warum, meint Ihr, tun die Templer so etwas?«

»Ich sagte doch schon: Ihr seid vielleicht selbst schuld. Ich meine: Ihr Frauen. Vielleicht ist es die Antwort der rauhen Kreuzritter auf den Minnekult unserer Eltern und Großelern? Es ist ja nicht erst von gestern. Vielleicht waren sie, wenn sie damals für kurze Zeit von den Kreuzzügen und Fehden heimkehrten, als Tölpel verlacht, konnten nicht Schritt halten und nicht mitmachen mit Eurem Gezimpel und Gehabe und Getändel. Wer soeben von den Sarazenen kommt, vom Kopfabsäbeln, vom Hungern und vom Verdursten in steinigen Wüsteneien, der, liebe Vrowe, ist nicht erbaut, zu Hause die weibischen Liebeleien unserer Herren Väter und die weibliche, verspielte und zugleich schwer zu beherrschende Courtoisie der Troubadoure vorzufinden. Und wenn man dann Schwierigkeiten hat, dann, Liebschatz, sucht man Schönheit und edlen Sinn woanders.«

Unsere Ur-Ur-Ur-Ur-Großmutter lugte mit einem Auge hinter dem Pflumit hervor: »Schönheit und edlen Sinn ja. Aber was sie sonst noch suchen, finden sie doch bei den Buben nicht. Oder?«

Unser Ur-Ur-Ur-Ur-Großvater lachte. »Sie finden mehr.«

»Pfui, pfui, pfui«, schrie es vom Bett her, und das Pflumit kam geflogen, »es ist gottlästerlich und gar nicht schön und von alters her eine Sünde.«

»Nein, das ist es nicht von alters her, Liebschatz. Es hat Zeiten, und zwar ehrbare Zeiten gegeben, da war es allgemein und keine Sünde. Als ich in Köln bei dem ehrwürdigen Albertus studierte und auf dem Steinboden saß, wo schon Thomas von Aquino vor seinem Angesicht gesessen hatte, da lasen wir die alten Griechen Aristoteles und Platon. Und von ihnen weiß ich, was ich jetzt erzähle; und du solltest nicht so lugen und schon gar nicht kichern oder geilen, denn dies ist ein ernstes Ding. Ich spreche da nicht von Männern, die der Frauen überdrüssig sind und übersättigt aller Reize zu ihresgleichen gehen. Die meint Platon, den ich studiert habe vor allem wegen dieser menschlichen Seite, *nicht*. Das sind die falschen. Und das sind auch gewiß die Templer nicht, schon wegen ihres Zölibat-Gelübdes . . .«

»Ach, papperlapapp!«

»Nun gut, papperlapapp. Aber dann, woher sollten sie in ihrem Orden und inmitten des feindlichen Sarazenenvolkes übersättigt worden sein? Nein, stell dir das anders vor. In Griechenland, vor allem in Sparta und Kreta, war die Jünglingsliebe eine vom Staat anerkannte und geförderte Sitte. Diese Bindung zwischen Männern und Knaben spielte eine wichtige Rolle in der Erziehung zur ritterlichen Tugend. Sie war geradezu die Grundlage des kriegerischen Erziehungssystems. Ein Ritter – ich sage immer ›Ritter‹, natürlich hießen sie damals nicht so –, ein Ritter war in jeder Beziehung für die Erziehung und Bewährung des Knaben verantwortlich, widmete sich ihm dauernd, was sonst eben jedem von beiden auf die Nerven gefallen wäre, wenn sie nicht wie Mann und Frau gelebt hätten. Ein Ritter, der keinen Geliebten gehabt hätte, wäre gering geachtet worden. Ebenso ein Jüngling, der für niemand Reiz gehabt hätte.«

»Ach«, sagte unsere Ur-Ur-Ur-Ur-Großmutter und gähnte, wobei sie sich bereits die Hand vor den Mund hielt und danach an einem Tüchelchen abwischte, »ach, das ist aber sehr uninteressant. Es ist also weiter nichts wie bei Schülern und Magistern. Und ich dachte, sie hätten miteinander so etwas Ähnliches getan wie gebicket.«

Unser Ur-Ur-Ur-Ur-Großvater warf unter seiner Bohnenbrei-

Maske einen belustigten Blick auf seine Ute und rief: »Aber ja! Haben sie ja!«
»Was du nicht sagst!« Das Utelein setzte sich mit einem Ruck auf. »Aber was hat das mit deiner langatmigen griechischen Erklärung zu tun, was hat diese Dreiteufelsbuhlerei mit Erziehung zu tun?«
»Die körperliche Liebe ist die engste aller Bindungen. Liebende wollen zueinander aufsehen. Das stachelt zu Leistungen und Vorbildlichkeit an. Es ist genauso wie mit der Hohen Minne, weißt du? Und die Scham, vor dem Geliebten zu versagen, ist viel stärker als alle Befehle der Welt. Die Kriegstüchtigkeit der spartanischen Heere war deshalb so groß. Mein verehrungswürdiger Lehrer, der alles wissende Albertus Magnus, hat uns eine Rede des griechischen Feldherrn Pausanias übersetzt, in der er sagt, das stärkste Heer werde das sein, das *nur* aus Liebespaaren bestehe, denn zwischen einem Liebespaar sei noch niemals ein Feind durchgebrochen. In Kreta war das Wort für ›Geliebter‹ sogar direkt παραστατηζ ›Nebenmann‹. In der Schlacht nämlich. Dies, so fügte mein kluger Lehrer hinzu, dies habe bei unseren Vorfahren, den Germanen, noch die Frau besorgt, indem sie im schwankenden Kampfgetümmel nach vorn lief und dem Manne die nackten Brüste zeigte.«
»Mein Gott«, staunte unsere Ur-Ur-Ur-Ur-Großmutter, »was du nicht alles weißt! Das ist wunderbar interessant und eigentlich gar nicht so schrecklich verächtlich, wenn es sich so verhält. Bei den Templern, meine ich.«
»Sicher verhält es sich bei den Tempelherren so, wie es sich damals in Sparta verhalten hat. Haben wir nicht immer gehört, wie wunderbar die Tapferkeit der Templer im Heiligen Land war?«
»Aber nun«, zwitscherte Ute, ganz wach, »nun muß ich dich etwas fragen, aber ich bin sehr aufgeregt und muß erst ein bißchen Mandelkonfetti haben! (Sie meinte Konfekt, das es damals schon gab.) Reicht es mir doch herüber, es liegt in dem Silberkästchen auf dem Fenstertischchen. Dort, neben der Dose mit der ›gevelschet Frouwenvarwe‹ (sie meinte Schminke).«
Sie steckte sich gleich zwei Stückchen, um sich Mut zu machen,

in den Mund, obwohl sie schon den allabendlichen Apfel und das Schlückchen Wein zu sich genommen und damit eigentlich alles Essen und Trinken abgeschlossen hatte.
»Sagt mir«, fing sie dann an, »eines, was mich ängstigt: Warum ist es, wo wir jetzt das Beispiel mit den vieltausend Rittern des Tempelordens erleben, nicht vielleicht möglich, daß in unserem Reich eine solche Zeit wie in Griechenland wiederkommt?«
Unser Ur-Ur-Ur-Ur-Großvater hielt mit dem Säubern des Gesichts inne und sah seine Frau perplex an.
»Nun ja«, fuhr sie fort, »ist das nicht ein ganz kluger Gedanke? Woher wißt Ihr, daß dies mit den Templern nicht der Anfang – – ah! –«, schrie sie auf, »da fällt mir ein: vielleicht, Liebster, ist es nicht nur bei den Templern so! Und nicht nur bei den anderen Orden! Denke dir: vielleicht ist es insgeheim schon bei vielen Rittern hier im Lande mit ihren Knappen und Pagen so! Und wir Frauen ahnen es bloß nicht! Vielleicht wüßten manche Knappen zu sagen, warum sich ihr Herr für sie totschlagen läßt; und umgekehrt mancher Ritter! Oh, was habe ich da möglicherweise entdeckt! O weh!«
Unser Ur-Ur-Ur-Ur-Großvater klackste nachdenklich den Brei vom Finger in den Bottich und schwieg. Er schwieg unwillkürlich, denn ihm fiel jetzt ein, wie seltsam ihm schon immer der Herr von Alfeldingen und sein Knappe und der Hohenzeyner mit seinem Pagen erschienen war. Beides waren keine Templer; dennoch. Ihm fiel der Markgraf ein, der sich einen Knappen, einen herrlichen Knaben, aus dem Kuhstall eines Häuslers geholt, ihn erzogen und jetzt zur Jurisprudenz nach Bologna geschickt hatte.
»Blödsinn!« murmelte er und schickte sich an, das Licht auszupusten. Er mußte mehrmals pusten, ehe er das in Wachs gezogene Werg ausgelöscht hatte.
»Ihr sagt Blödsinn und pustet das Licht aus! Dadurch wird es nirgends heller, auch in meinem Kopf nicht! Also, wie nun? Wenn dies große Exempel, das die Templer liefern, ein allgemeiner Anfang wäre und wir wieder eine Zeit bekämen wie die Griechen? Ihr habt selbst gesagt, recht geschähe uns nach unseren Minnetände-

leien und Grasaffigkeiten und weiß-nicht-was! Himmel! Das wäre schrecklich!«

»Ja, es wäre eine Sünde, denn ...«

»Ach Sünde!« unterbrach ihn Utelein empört. »Ich dachte an *uns*! Wie sehr wir Frauen zu kurz kämen! Auf welche Ration Ihr uns setzen würdet! Das werden wir nie dulden! Diese Buben! Bestraft sie nur recht hart, die Tempelherren! Wie könnt Ihr mich nun beruhigen, daß das in Deutschland niemals kommen wird?«

»Ich kann Euch überhaupt nicht beruhigen. Die Logica sagt mir, daß nichts ausgeschlossen ist. Aber die Kirche wird es verhindern, denn im dritten Buch Moses steht: Wenn jemand beim Knaben schläft wie beim Weibe, die haben ein Greuel getan und sollen beide des Todes sterben.«

»O Gott«, seufzte unsere Ur-Ur-Ur-Ur-Großmutter, »ich fürchte mich, kommt nah an mich heran, Herr. Der Tod ist dafür eine gar schwere Strafe. Steht bei Moses auch, warum?«

»Nein.«

»Das ist jammerschade. Ich hätte es gern gehört. Ich weiß nicht, manchmal habe ich das Gefühl, wir gingen viel Drangsal entgegen. Wenn ich mich an die Erzählungen von meiner Mutter und meiner Großmutter erinnere, so hat sich doch heute schon vieles geändert. Der Pater Honorius sagte mir gestern bei der Ohrenbeichte, die Kirche würde jetzt endlich wieder scharf zupacken. Ich glaube, die Zeiten von Mutter und Großmutter sind vorbei. Ich fürchte mich manchmal.«

»Wieso? Wenn dich die Sache mit den Templern erschreckt, dann ...«

»Ach, das ist es nicht! Pater Honorius sagte, die Liebe sei überhaupt Sünde. Und dann fragte er mich, wie es bei uns geschehe, auf welche Weise, meinte er ...«

»Was?! Das fragte er dich?«

»Ach ja. Da ist doch nicht viel dabei, meine ich. Er aber war dauernd böse. Alles, so sagte er, was nicht geschehe, wie es das Wort Beiliegen meine, sei eine Sünde und vom Teufel. Und wenn es anders geschehe, so bleibe es zur Strafe unfruchtbar, sagte er; dies sei medizinisch bewiesen und theologisch begründet. Er fragte mich dann, was ich zu tun gedächte, um unsere immerwährenden Sünden zu büßen –«

»Es sind keine Sünden. Albern.«

»– und ich kaufte ihm eine Reliquie ab, einen Splitter vom Fußboden des heiligen Hieronymus. Du liegst drauf, Liebster.«

Unser Ur-Ur-Ur-Ur-Großvater fuhr hoch: »Ach – deshalb bohrt sich mir dauernd etwas in den Rücken.«

Er zog es heraus und legte es oben auf den Betthimmel. »Das ist alles Teufelszeug und Aberglaube. Fangen sie schon wieder damit an? In St. Denis bewahren sie den ganzen heiligen Dionysius auf und in St. Emmeran in Regensburg ebenfalls, und in Prag und Bamberg zeigt man seine Köpfe. Vom heiligen Lukas gibt es acht Körper und neun Köpfe, und St. Georg ist dreißigmal vorhanden. Alle Splitter vom Kreuz Christi ergeben zusammen ein Kreuz, das höher ist als der Dom von Speyer. Ich frage dich, ob wir das glauben sollen!«

Unsere Ur-Ur-Ur-Ur-Großmutter legte ihren Mund an das Ohr ihres Gemahls und flüsterte: »Und das andere, von dem er sagt, es sei medizinisch bewiesen, müssen wir das glauben? Du schüttelst den Kopf? Wie froh bin ich!«

Und ein Viertelstündchen später sagte sie: »Und nun wollen wir noch für die armen Templer beten.«

Den Tempelherren werden in Deutschland, das leidenschaftsloser und objektiver als Frankreich über sie dachte, sicher viele Gebete gegolten haben. Sie nützten allerdings gar nichts. In Paris ging der Prozeß weiter. Unter furchtbaren Foltern wurden die gewünschten Geständnisse erzwungen, die zumindest in puncto Gotteslästerung absurd waren. Was man mit den vornehmen Templern in den Kellern und Verliesen anstellte, war so unmenschlich, daß einige der Männer wahnsinnig wurden. Und alle gestanden die Leidenschaft ihrer Knabenliebe. König Philipp-le-bel brach den »Temple«, die Ordensschatzkammer in Paris, auf und nahm die unvorstellbar großen Schätze und Geldsummen an sich. Alle Güter fielen »an die Krone«, in Deutschland an den Johanniterorden.

Und dann flammten die Scheiterhaufen auf!
Am 12. März 1314 bestieg vor Notre Dame als letzter auch der greise Großmeister das Schafott. Seine Abschiedsworte, die er halberstickt aus dem Feuer herausrief, gingen im Volke von Mund zu Mund: »Clemens, du böser Papst und meineidiger Richter, ich fordere dich auf, in vierzig Tagen vor Gottes Richterstuhl zu erscheinen. Philipp, du grausamer König, ich fordere dich auf, ihm noch in diesem Jahre zu folgen und vor dem gleichen Richterstuhle zu erscheinen!«
Am 20. April starb Clemens, am 29. November der König.

Die Templer sind damals nicht am Unverständnis der Welt in dieser sexuellen Frage gescheitert, denn das ausgehende mittelalterliche Rokoko war starken Tabak gewöhnt.
Nein, der Templerorden, der mächtig wie ein Staat im Staate und unvorstellbar reich geworden war, ist an der Habgier von Papst und König zugrunde gegangen. Es ist heute erwiesen. Die Konstellation war damals selten günstig: ein gottloser, skrupelloser Papst und ein verbrecherischer, verschwenderischer französischer König. Clemens V. erkaufte sich die Papstkrone im französischen Exil von Philipp-le-bel mit einem Vertrag, dessen fünf Punkte gar bald bekannt wurden. Heute weiß man aber, daß er noch einen sechsten Punkt heimlich auf die Hostie blanko schwören mußte, den der König ihm erst später einmal nennen wollte. 1310 nannte er ihn: Vernichtung des Tempelherren-Ordens und Einziehung der unermeßlichen Reichtümer.
Das Volk erschrak nicht über das eine seltsame Röslein der Männerliebe, das da im Bukett seiner lockeren Epoche blühte, es erschrak über die furchtbaren Folgen.
Die Inquisitoren hatten Blut geleckt. Die in Frankreich aufflammenden Scheiterhaufen wurden auch für Deutschland das Signal für ein Jahrhundert des Entsetzens.
Ach, meine Lieben! Die rokokokoketten Deutschen sollten jetzt das Gruseln lernen!

Im siebenten Kapitel *bricht das finsterste Jahrhundert des Mittelalters an, das vierzehnte. Dämonische Gewalten werden in den Menschen entzündet und treten ans Tageslicht. Eine giftige, phantastische Erotik flammt auf, Hexenjagden beginnen, Scheiterhaufen brennen. Niemand weiß, wie er in diesen Wahn hineingeraten ist, und niemand weiß, wie er herauskommen könnte.*

Es kam faustdick.
Aber ich freue mich, Ihnen mitteilen zu können, daß im gleichen Augenblick eine tröstliche Erfindung dagegen gemacht wurde: der Schnaps. Wir verdanken diese Errungenschaft Arnaldus von Villanova. Herr Arnaldus war Arzt, Apostel der Gesundheit, so will es der Witz der Weltgeschichte. Mit der Erfindung des Schnapses sicherte der wackere Mann seinem Berufszweig für alle Zukunft das Brot. Unter diesem Aspekt wird auch der Name verständlich, den er dem Branntwein gab: Aqua vitae – Wasser des Lebens.
Welche wirtschaftlichen Aussichten bestanden für einen Unternehmer, der hätte voraussehen können, was im Anzuge war und wie sehr die Deutschen des Trösters Aquavit noch bedurften!
Es kam faustdick.
Wenn man heute einen Historiker fragt, über welches Jahrhundert der deutschen Geschichte er sich am wenigsten klar ist, welches ihm das dunkelste, unbehaglichste, unverständlichste, undurchsichtigste ist, so erhält man fast immer die Antwort: das vierzehnte.
In ihm holte die Kirche zum großen Schlage der Machtrestitution aus. Das war vorauszusehen; es war der richtige Augenblick. Genug Wut war aufgespeichert. Wie 500 Jahre später nach dem zweiten Rokoko war es Zeit, die Guillotinen aufzurichten. Die Ohnmacht der Könige ausnutzend, riß die Kirche das Richteramt an sich über hoch und niedrig, beauftragte den Dominikanerorden mit der Durchführung von Inquisitionen und Prozessen und stattete ihn im Laufe der Zeit Schritt für Schritt mit fast unbeschränkter Macht aus. Deutscher Kaiser war ein Böhme, der frömmelnde,

in Paris erzogene Luxemburger Karl IV., der »Erzstiefvater« des Reiches, ursprünglich päpstlicher Gegenkönig des ermordeten Ludwig von Wittelsbach, dann Gegenkönig des Günter von Schwarzburg, den er durch Geld zum Rücktritt bewog; bedingungsloser Diener Roms. Unter ihm wurden die Dominikaner zur NKWD. Das Ziel war: zurück zur Angst.

Nun – um das frivole Völkchen, das sowieso schon nach seinem zweihundertjährigen Faschingstreiben kaum noch die Licht- und Gasrechnung bezahlen konnte –, um diese Menschen in Deutschland zur Kirche zurückzuführen, hätte es nur des Abschießens zweier Knallfrösche bedurft! Die Inquisition wäre eine kurze Angelegenheit gewesen, denn die Zeit war reif und der Augenblick günstig. Wäre sie, wie ursprünglich gedacht, darauf beschränkt geblieben, wirkliche Glaubensverleugnung zu bestrafen, echtes ketzerisches Verhalten und »zersetzende Äußerungen« zu verfolgen, so hätte die Zahl der Opfer einige Hundert bestimmt nicht überschritten.

Aber es kam anders. Es lag in der Natur der Sache und in der Natur jener Dominikaner. Sie entdeckten ihr Vergnügen an dem neuen Amt. Hochsexuell, hochverkomplext, dazu eben Enkel eines fiebrigen Minnezeitalters, bemerkten diese Fanatiker mit heimlichem Erschauern, daß sie ihrer Henkertätigkeit nicht nüchtern gegenüberstanden, sondern daß ihnen die körperliche Qual der Opfer, vor allem der Frauen, eine starke geschlechtliche Wollust bereitete. Sie wurde immer aufs neue erprobt und stellte sich immer wieder ein, und wir wollen einigen wenigen Inquisitoren zugute halten, daß sie sie als vom Teufel ausgestrahlt empfanden und desto haßerfüllter auf das Medium, die Angeklagte, wurden.

Aber die Quelle dieser neuen ungeahnten perversen Lust drohte zu versiegen. Wieviel echte Fälle von Ketzerei gab es? Da erfand jemand in ihrer Mitte den neuen Gummi-Paragraphen, der der Fortsetzung Tür und Tor öffnete. Er ermöglichte, jedem beliebigen Menschen etwas Todeswürdiges anzudichten, was völlig unkontrollierbar war.

Die Sache war die:

Der Dominikaner Thomas von Aquino, der einst zu Füßen des großen Albertus gesessen hatte, hatte eine Lehre von der christlichen Mystik hinterlassen, ein faszinierendes Werk voll schwärmerischer Gedanken. Es hat lange gedauert, bis Rom sein Werk anerkannte, und es wäre möglicherweise nie geschehen, wenn man nicht entdeckt hätte, daß ein Teil dieser Lehren – auf eine traurige Art ausgebeutet – ganz vorzüglich für die Inquisition geeignet war: Er verkündete nämlich die Leibhaftigkeit und Wirklichkeit von menschlichen Hexern und Hexen.
Wie!? werden Sie ausrufen, dies nach Otto dem Großen, Friedrich Barbarossa, Walther von der Vogelweide, dem lachenden, respektlosen Minne-Rokoko und dem aufgeklärten Albertus Magnus?
Ach, meine Lieben, natürlich, natürlich! Ist Ihnen wirklich noch nicht klargeworden, wie schnell die menschliche Seele in der kühlen Freiheit fröstelt und sich zurücksehnt nach dem geheimnisvollen Halbdunkel des Tümpels? Davon, meine Freunde, *lebt* die Welt!
Tatsächlich dauerte es nicht lange, da überzog die Mystik das Denken der damaligen Menschen wie Meltau. Man mag vielleicht zuerst kapriziös gelauscht und gelächelt haben, aber dann wurde aus dem amüsanten Thema ein interessantes, und schließlich fiel beim Heimgang von der Kirche oder vor dem Einschlafen in der Dunkelheit in jedem Haus irgendwann zum erstenmal das nachdenkliche »Sag mal . . .«
In diesem Wort steckte schon Beklemmung.
Jedoch –
– im hellen Sonnenschein, am Tage, war sie meistens wieder weg. Die Sinnenfreude, das Erbstück der letzten zwei Jahrhunderte, ließ die Bereitschaft zum Mystischen rasch wieder erlahmen. Herrgott, die Sonne schien, und die Muskeln spannten sich! Ein Griff an den Hintern[1] der Magd, die vor einem die Treppe hinaufschritt, oder im Vorübergehen ein Streifen der Frauenhand über den vom

[1] Ich halte es mit Goethe. Er hat gesagt »Mußt all die garstigen Wörter lindern; aus Scheißkerl Schurk, aus Arsch mach Hintern.«

Schneidermeister prall herausgearbeiteten Hosenlatz des Vetters Matthis, oder eine Umarmung mit der Krämersfrau in der Wagenremise – das war mehr! Mochte es Hexer geben, mochten Hexen irgendwo da sein, aber wo? Was taten sie? Es geschah ja nichts, Himmel und Hölle taten sich nicht auf, Vetter Matthis bekam nicht zwei Köpfe. Es war alles zu abstrakt. Die Sinnenlust stand dagegen.

Auch die Dominikaner merkten es. Es war ohne Pikanterie, jemand drei Tage lang über Hexerei zu verhören.

Darauf grub man in den Büchern von Thomas von Aquino das wahre Salz der Hexentheorie aus: Verhexte Menschen treiben Geschlechtsverkehr mit dem Teufel! Und wie!

Ja, das war etwas! Damit hatte man das Ohr des Volkes! Von nun an bauten die Dominikaner fast alle Anklagen darauf auf.

Der erste Versuch wurde schon frühzeitig unternommen. Und zwar gleich in großem Stile. Ein friesischer Bauernstamm, die Stedinger, im heutigen Gebiet von Oldenburg und Bremen, hatte sich gegen die wirtschaftliche Ausbeutung gewehrt und die Zahlung der enormen Steuern an den Erzbischof verweigert. Da die Stedinger nicht zum Gehorsam zu bringen waren, rief der Papst zum Heiligen Feldzug gegen sie auf. Ganz materielle, finanzielle Überlegungen waren also hüben wie drüben die Gründe.

Der Papst erklärte die Stedinger zu Ketzern, sprach ihnen Magie und Hexerei zu und bannte sie.

Ganz uninteressant bis dahin. Niemand hörte auch nur hin. Jetzt aber setzte die neue Propagandamaschine ein. Der Papst persönlich unterbreitete dem Volk die genauen Einzelheiten: »Wenn die Stedinger ein neues Mitglied in ihren Geheimbund aufnehmen«, schrieb Seine Heiligkeit in der Bulle, »so erscheint ihm in der Versammlung der Frevler zuerst eine Art Kröte. Einige geben dieser Bestie einen devoten Kuß auf den After, andere auf das Maul und ziehen die Zunge und den Speichel des Viehs in ihren Mund. Geht der Novize weiter, so tritt ihm ein Mann von verwunderlicher Blässe mit pechschwarzen Augen entgegen; er ist so mager, daß er nur aus Haut und Knochen zu bestehen scheint. Diesen eiskalten

Mann muß der Novize küssen, und mit dem Kuß schwindet jede Erinnerung an den katholischen Glauben spurlos aus seinem Herzen. Hierauf setzen sich alle zum gemeinsamen Mahle nieder. Wenn sie sich wieder erheben, erscheint ein großer schwarzer Kater mit steil erhobenem Schweif. Diesen küßt hinten zuerst der Novize, dann der Meister, dann alle anderen. Nach Verneigungen und Zaubersprüchen wird jetzt das Licht ausgelöscht, und man schreitet zur abscheulichsten Unzucht ohne Ansehen der Verwandtschaft oder des Geschlechtes. Ist diese Ruchlosigkeit vollbracht und das Licht wieder entzündet, so tritt aus dem dunklen Winkel die Erscheinung eines Mannes hervor, oberhalb der Hüften strahlender als die Sonne, unterhalb aber rauh wie ein Kater. Sein Glanz erleuchtet den ganzen Raum, und alle sinken anbetend vor ihm nieder.«

Ja, das war interessant! Jetzt horchte das Volk hin!

Die Stedinger wurden ausgerottet.

Diese Nachricht ging nicht mehr wirkungslos vorüber. Der »Staatsstreich der Kirche«, wie ein Theologe die Inquisition genannt hat, war geglückt.

Von jetzt an waren Ungehorsam, Ketzerei, Hexerei und Unzucht mit dem Teufel identisch; alle vier Begriffe waren eins und untrennbar.

Eine wilde, makabre Erotik begann in den Prozessen gegen angebliche Hexer und Hexen um sich zu greifen, ein gespenstischer, sexueller Fieberwahn befiel die Inquisitoren, wenn sie die Hand wahllos nach einem Menschen ausstreckten. Sie gingen umher und deuteten mit dem Finger: den da (weil er antirömisch ist), den dort (weil ich weiß, daß er reich und ohne Erben ist) und den (weil ich ihn hasse) und vor allem die Brut der Frauen, die süße Brut des Teufels: die dort, und die, und die, die Schönen vor allem, die Jungen, Verführerischen, denn die bevorzugte der Teufel.

Sie gingen umher wie die Erinnyen. Aber auch mancher andere tobte jetzt seinen persönlichen Haß aus. Anzeige erstatten konnte jedermann. Die Dominikaner verhafteten auf die einfache mündliche Aussage hin. Verdacht und unbewiesene Behauptung genüg-

ten. Der Verleumder brauchte weder dem Angeklagten noch dem Richter gegenübergestellt zu werden. Er blieb ungenannt. Verurteilt wurde nur bei erwiesener Schuld. Denn: ecclesia non sitit sanguinem, die Kirche dürstet nicht nach Blut.
Die Schuld konnte erwiesen werden durch Überzeugung des Inquisitionsgerichts oder durch Geständnis. Vom 14. Jahrhundert ab wurde die unbeschränkte Folter eingeführt. Es wurde *immer* gestanden. In Nördlingen ist ein Fall vorgekommen, wo ein junges Mädchen 22 Foltergrade aushielt. Halb verbrannt, gesotten, aufgespießt und mit gebrochenen Gliedern beteuerte sie immer noch, keine Hexe zu sein. Beim 23. Foltergrad gestand sie. Sie wurde verbrannt unter Berufung auf Moses II/22/17: »Die Zauberinnen sollst du nicht leben lassen.« Sie war bildschön, und es war eine Pracht anzusehen, wie ihr herrlicher Körper sich wand.
Zeitlich lassen sich fünf Hauptmotive feststellen, die sich natürlich zum Teil überdecken:
Das Motiv der Machtprobe, des Terrors, des »Staatsstreichs«, das Motiv des echten Glaubenseifers und religiösen Wahnsinns, das Motiv der Habgier, Bereicherung und persönlichen Rache. (Das Vermögen der Verurteilten fiel zu zwei Dritteln an den Grundherrn oder die Kirche, zu einem Drittel an den Inquisitor, Henker und Denunzianten.)
Dann, während der Hochblüte der Inquisition, hundert Jahre lang, das Motiv des gewohnheitsmäßigen Sadismus, des zur Sucht gewordenen perversen Geschlechtstriebes der Inquisitoren.
Zum Schluß, nach nochmaligem Aufflammen in der Gegenreformation, dann das Motiv der persönlichen »Berufs«-Sorge, überflüssig geworden zu sein und den »Job« zu verlieren. Die letzte Hexe, die aus solchen Gründen vom Malefizgericht des Umgangs mit dem Teufel beschuldigt und zum Tode verurteilt wurde, war ein unglückliches Mädchen von vierzehn Jahren. Es wurde im Jahre 1856 (achtzehnhundertsechsundfünfzig) enthauptet.
Die Zahl der Ermordeten geht in die Millionen. Niemand war sicher, es sei denn, er war mindestens Reichsgraf oder Bischof. Infolge verzweifelter Angst wurden in der Marter immer neue Na-

men genannt, und ein Prozeß gebar zehn neue. Wir besitzen einen erschütternden Brief, der uns zeigt, wie das vor sich ging. Angeklagter war ein Mann in hoher Position: Johann Junius, Bürgermeister von Bamberg. Seine Frau war schon vor ihm den gleichen Weg in den Tod gegangen. Er schreibt an sein Töchterchen (Auszug):

»Zu viel hundert tausend guter nacht, hertzliebe dochter Veronica. Unschuldig bin ich in das gefengnus kommen, unschuldig bin ich gemartert worden, unschuldig muß ich sterben. Denn wer hier hinein kompt, der muß ein drudner (Hexer) werden und wird so lange gemarttert, bis daß er etwas aus seinem Kopff erdachte weiß. Wil dir erzehlen, wie es mir ergangen ist. Als ich das erst mahl bin uf die Frag gehört worden, war Doktor Braun, Doktor Kötzendörffer und zween frembde Doktor da (Inquisitoren), da fragt mich doktor Braun: schwager, wie kompt ihr daher. Ich antwortt: durch die valschheit, im unglück. Hört ir, sagt er, Ir seyt ein Hexer, wolt Ir es gutwillig gestehen, wo nit, so wird man euch Zeugen herstellen und den Henker an die seyten.

Ich bat die Herren um gottswillen, daß es lauter falsche Zeugen waren, es hat aber nicht sein wollen, sondern gesagt, der Henker soll mich wohl zwingen.

Und dann kam, Gott erbarm es im höchsten himmel, der Henker und hat mir den Daumenstock angelegt, daß das Blut herausgegangen und ich die Hendt in vier Wochen nicht hab brauchen koennen, wie du da aus meyn schlechten schreiben sehen kannst. Darnach hat man mich uf die höhe in der Folter gezogen, achtmahl, da dachte ich, himmel und erden ging unter. Und diesses alles faser nackent geschehen.

Hertzliebs kindt, daß ich der großen marter und harten tortur entging, hab ich ausgesagt lauter Lügen. Da hab ich etliche persohn müssen nennen. Ich wußte niemand. So haben sie den Dietmeyer genennet, also hab ich ihn nennen müssen. Nun, hertzliebes kindt, da hastu meine lautter lüg, so wahr mir Gott helff. Gott im Himmel weiß, daß ich das geringste nicht kann noch weiß, darauf ich sterben muß. Hertzliebes Kindt, ich weiß, daß du so fromm bist

als ich, und wann ich dir rathen soll, so sollstu von geld und brie-fen, was du hast, nehmen und dich ein halb Jahr uf ein wallfahrt begeben oder davonmachen.
Liebes kindt, dieses schreiben halt verborgen, sonsten werde ich dermaßen gemarttert und es wuerden die Waechter geköpfft. Ich hab etliche tag an dem schreiben geschrieben, bin haldt gar übel zugericht. Ich bitte dich umb des juengsten gerichts willen, halt dies schreiben in guter hut und bet für mich als dein vatter.
Gute Nacht denn, dein vatter Johannes Junius sieht dich nimmer-mehr.«
Zu einer Zeit, als die Inquisition längst den Höhepunkt überschrit-ten hatte und nach 300jährigem Wüten im Absterben war, wurden zum Beispiel in Würzburg in den zwei Jahren von 1627 bis 1629 noch nachweislich über 200 Menschen wegen Hexerei hingerich-tet. In den Prozeßakten kann man nachlesen:

»... die Tochter des Kanzlers von Aichstädt,
die Goldschmidin,
die Amfrau Hebamme,
die Dompropst Vögtin,
die Ratsfrau Baunachin,
ein fremd Mägdelein von zwölf Jahren,
der Ratsherr Baunach der dickste Bürger war zu Würtzburg,
der Bentzin Tochter,
die Bentzin selbst,
der Steinacher ein gar reicher Mann,
ein klein Mägdlein von neun Jahren,
ein geringeres, ihr Schwesterlein,
der zwei Mägdlein Mutter,
der Lieblerin Tochter von vierundzwanzig Jahr,
ein Knab in der Schule,
zwei Edelknaben einer von Reitzenstein und einer von Ro-thenhan,
des Ratsvogt zwei Töchter und seine Magd,
die Apothekerin zum Hirsch,
ihr Töchterlein,

ein Mägdlein von funfzehn Jahren,
das Goebel Babele die schönste Jungfrau die in Würtzburg war,
die Rosslein Martel,
ein Student wo viele Sprachen gekonnt und ein furtrefflicher Musiker gewesen,
des Ratsvogts klein Söhnlein,
ein blind Mägdlein . . .«

In Bayern standen einmal 48 Hexen gemeinsam auf einem Scheiterhaufen. In Braunschweig brannten in einem Jahr so viele Feuerstöße, daß vor den Toren »die Brandpfähle dicht gleich wie ein Wald« standen.

Ein Blutrausch ging durch die Reihen der Inquisitoren. Das war was! Wollten sie nicht immer Weiber sehen, die Menschen? Hier hatten sie sie, nackt, splitternackt, hier konnten sie sehen, wie sich die zarten Mädchenleiber bäumten und krümmten, wie die frechen Augen flackerten vor Angst, wie der Bauch, der glatte, schwoll, wenn das Wasser in den Hals gegossen wurde, wie die Haare aufzischten, wenn man die Fackel dranhielt, wie das Becken krachte, wenn man die Beine auseinanderriß – hier habt ihr eure Minneweiber! Und die Knaben, nagelt sie durch ihre hübsche Sünde, die heuchlerisch kleine – hier habt ihr eure Knappen und sodomitischen Pagen!

In Tausenden und aber Tausenden von Prozeßakten, die uns seit dem 14. Jahrhundert erhalten sind, geht es fast immer nur um eines: um die Sexualität. Im Mittelpunkt der Anklage steht kaum mehr eine unchristliche Äußerung oder sonst ein kirchlicher Grund, sondern immer wieder der Koitus mit dem Teufel.

»Es ist verwunderlich genug«, hat einmal der tiefreligiöse Novalis geschrieben, »daß nicht längst das Beieinander von Religion, Wollust und Grausamkeit den Menschen auf ihre innige Verwandtschaft und gemeinschaftliche Tendenz aufmerksam gemacht hat.«

Die Kirche entwickelte im 14. Jahrhundert eine ganze Sexualwissenschaft, beschäftigte dominikanische Ärzte, Juristen, Philosophen, die die sexuellen Details, alle anatomischen Wahrscheinlichkeiten im Verkehr mit dem Teufel festzustellen hatten, was als neue sensationelle Nachricht von Fall zu Fall und von Jahr zu Jahr frisch unter das Volk gestreut wurde, so daß die Bevölkerung über den neuesten Stand der Inquisitions-Wissenschaft auf dem laufenden war, es sich gegenseitig erzählte, sich übertrumpfte und es debattierte. Alle Welt wollte dabei nichts anderes wissen, als dies eine: Wie war das, was ging da vor sich, wenn das kleine Bärbele sich Nacht für Nacht dem Teufel hingab?

Nun also – wie war das? Wie ging es vor sich?

Eine zusammenfassende Darstellung gaben im Auftrage der Kirche die beiden Dominikanermönche Institoris und Sprenger in Buchform unter dem Titel »Hexenhammer« heraus. Heute würde man etwa sagen »Der Stürmer«. Der damalige Papst, ein Mann von ganz besonderer persönlicher Sittenlosigkeit, schrieb das Vorwort:

»Mit glühendem Verlangen wünschen wir, daß der katholische Glaube wachse und die ketzerische Bosheit ausgerottet werde ... Zu unserem ungeheuren Schmerze hören wir, daß ... sehr viele Personen beiderlei Geschlechts sich mit Teufeln darüberliegend oder darunterliegend geschlechtlich versündigen. Unsere geliebten Söhne Heinrich Institoris und Jacob Sprenger werden ...«

... Ja, unsere geliebten Söhne Institoris und Sprenger werden uns das jetzt einmal genau auseinandersetzen:

Es gibt unter der Oberhoheit Luzifers so viele Teufel wie Sand am Meer. Macht sich einer von ihnen an einen Menschen heran, so fabriziert er sich einen irdischen Leib aus Luft, den er »durch Dämpfe verdichtet«. Ist sein Opfer ein Mann, so nimmt der Teufel die Gestalt einer succuba, einer »Darunterliegenden« an. Er erscheint dann als junges, blendend schönes Mädchen, als engelhafte Unschuld oder als verführerische, erfahrene Frau. Ist sein Opfer ein Weib, so verwandelt er sich in einen incubus, einen »Draufliegenden«.

Im Lateinischen gibt es natürlich Wörter für männlich und weib-

lich, aber um keinen Preis hätte man sie gegen die obszönen plastischen succubus und incubus vertauscht.
Ehe der männliche Teufel nun dem Opfer seinen Antrittsbesuch abstattet, was oft in aller Öffentlichkeit geschieht, putzt er sich fein heraus. Meistens erfolgt sein erstes Auftreten in der Gestalt eines fahrenden Studenten, eines Junkers oder Jägers oder auf der Durchreise befindlichen Reitersmannes.
So ausstaffiert könnte es losgehen, jedoch erhebt sich hier eine Schwierigkeit. Die Kenntnis von dieser Schwierigkeit haben wir nicht aus den Foltergeständnissen, denn das konnten die armen Menschen gar nicht wissen, sondern diese Spezialkenntnis stammt von den Inquisitoren selbst: Der Teufel hat kein Sperma!
Das ist allerdings ein harter Schlag, war aber vorauszusehen, wenn man sich an die Substanz erinnert, aus der er sich seinen irdischen Leib herstellte. Luft ist natürlich wirklich sehr wenig und letztlich nicht konkurrenzfähig.
Die Teufel tun nun folgendes: Sie besorgen sich das Sperma. Nicht wie in den USA in der Apotheke (Apotheken gab es damals schon), sondern auf jene Weise, die auch heute noch die vorzüglichste ist. Von der Quelle. Sie verführen als succubae einen Mann, verwandeln sich dann, habend, schnell in einen incubus und eilen zu ihrem Opfer. Jetzt ist es soweit. Im sicheren Besitz des Notwendigen verlocken sie das Mädchen oder die Ehefrau zur Hingabe. Unersättlich, wieder und wieder.
Aber die Umarmung muß teuflisch gewesen sein. Denn »inzwischen ist der Same des Teufels kalt« geworden, eiskalt. Nicht genug: Das einzige der Gliedmaßen, das der Teufel bei sich mit ganz besonderer Schönheit und Herrlichkeit hätte ausstatten sollen, gerade dies war schrecklich. Die meisten »Hexen« bestätigten in der Folter, es sei »mit Fischschuppen bedeckt«, einige sagten, es sei »aus Eisen«, wieder andere, es sei »eine züngelnde Flamme«.
Mit einem Stigma diabolicum, einem »Hexenmal«, das er seinen Opfern irgendwo aufdrückte, verabschiedete sich der Teufel fürs erstemal. Laut »Hexenhammer« hat es ihm gar keinen Spaß gemacht. Ich muß sagen, ein harter Beruf.

Oft, so lehrten die wissenschaftlichen Mitarbeiter der Inquisitoren, zeugen die Teufel auch Kinder. Da sie Teufel sind, gelingt ihnen das auch bei medizinisch einwandfreien Jungfrauen. Ein armes Wesen namens Angele Labarthe gestand auf der Folter, vom Teufel ein Kind mit Wolfskopf und Schlangenschwanz geboren zu haben. Niemand hatte es je zu Gesicht bekommen. Eben dies war Teufelsmacht. Oder er macht folgendes Taschenspieler-Kunststück: »Wenn die Geburtsstund eines Weibes wär da, legt er ein gestohlen Kind dahin.«

Noch Martin Luther glaubte daran. In seinen »Tischreden« schreibt er: »Wechselbalge und Kilekröpfe legt der Satan an der rechten Kinder statt, damit die Leute geplagt werden. Etliche Mägde reißet er oftmals ins Wasser, schwengert sie und behelt sie bey ihm, bis sie des Kindes genesen.«

Teufelsmacht war es ferner, wenn ein Mädchen sich als unberührt erwies. Teufelsmacht, wenn das »Hexenmal« (ein Leberfleck oder eine Warze) da war, Teufelswerk, wenn es fehlte. Das war besonders verdächtig. Dann war klar, daß der höllische Buhle seine Geliebte auch noch schützen wollte.

Mit herrlichen Späßen aber wurden diejenigen Mädchen und Frauen belohnt, die ganz dem Teufel verschworen waren. Sie konnten – und damit kommen wir endlich zu des Wortes Bedeutung – sie konnten »hexen«. Das V. Hauptstück des »Hexenhammers« handelt ausschließlich von der Kunst, »wie die Hexen das männliche Glied entfernen«:

Einem Jüngling war sein Glied durch Zauberei abhanden gekommen. »Da ich es nicht glauben wollte«, sagt Heinrich Institoris, »entblößte der Jüngling sich, so daß ich sah, daß wahr war, was er sagte. Der Jüngling hatte eine Hexe in Worms im Verdacht der Tat. Ich befahl ihm, zu ihr hinzugehen. Der Jüngling tat so. Als er nach einigen Tagen zurückkehrte, überzeugte ich mich durch Augenschein, daß er sein Glied wieder besaß.«

Unter den Hexen gibt es passionierte Sammler. »Manche haben sie in großer Zahl, zu zwanzig und dreißig, in einem Schranke liegen, wo die Glieder dort lebendig zu sein scheinen, wie dies viele gese-

hen haben! Es hat uns jemand berichtet, daß er sich wegen seines verlorenen Gliedes an die Hexe gewandt habe. Sie hieß ihn einen Baum besteigen, auf dem er ein Nest fand, in dem mehrere männliche Glieder lagen. Als er ein großes nehmen wollte, rief die Hexe: ›Nein, dies nicht, das gehört einem Geistlichen.‹«
Dieser letzte, überraschende Witz – ist er nicht wie ein mit Todesgrauen gemischtes Gelächter des Volkes?
Ein Rätsel, das Ganze.
»Wer behauptet, dies alles seien Träume und Phantasien, verfehlt sich zweifellos gegen die Ehrfurcht, die wir unserer Mutter, der Kirche, schulden. Denn die katholische Kirche bestraft keine Verbrechen, außer sie seien gewiß und offenbar . . . Wer aber behaupten wolle, die Kirche irre, der sei verflucht.«
Nein, verflucht wollte unsere Ur-Ur-Ur-Großmutter nicht sein. Sie wird also wohl über alle diese Dinge, mit denen sie täglich, wie wir vom Radio, berieselt wurde, nicht nachgedacht haben; sie wird nur geschauert haben. Es war furchtbar für sie, ganz furchtbar. Es war eigentlich auch unfaßlich und wider alle Vernunft, aber es war natürlich schon »wahnsinnig« interessant, »irrsinnig« aufregend.
Es vermittelte dem vom vorigen Jahrhundert noch manisch erhitzten Menschen eine neue, zur letzten Ausgeburt gesteigerte und mit Entsetzen gemischte Wollust. Man erlebte wollüstige Phantasien zum erstenmal nicht, wie Mutter und Großmutter, mit roten Backen, sondern leichenblaß.
Niemand mehr wird heute feststellen können, wieviel Menschen den Spuk glaubten. Aber auch der Nüchterne, Aufgeklärte *muß* Tag und Nacht an diese Dinge, die über seine tatsächliche sexuelle Erfahrung und das wirkliche geschlechtliche Leben gingen, gedacht haben, es ist gar nicht anders möglich. Es färbte auf die Erotik des Schlafzimmers ab und drängte sich in die Träume. Es legte sich über die Augen, und beim Anblick einer Frau brodelten Gedanken hoch. Man dachte an den Teufel (oder was immer sich nun dahinter verbergen mochte) wie an einen echten Nebenbuhler, einen von den Weibern mit Lächeln geheimgehaltenen, – was besonders böse

im Herzen bohrte; an einen versteckt gehaltenen Buhlen, der es tat, wie es offenbar keiner von ihnen tun konnte.
Das nagte.
Der Schritt zum Selber-Ausprobieren von Perversitäten, dieser Schritt war klein, wurde sicherlich oft getan, kam ans Tageslicht und hatte sofort wieder eine Anklage zur Folge. Perversitäten waren immer ein gesuchter Anlaß für das Inquisitionsgericht.
Hatte dieses Jahrhundert kein Herz, kein Mitleid mehr? O doch! Das Mitgefühl mit der Kreatur war im 14. Jahrhundert nicht erloschen. Es wird zwar behauptet, aber es stimmt nicht. Die Menschenmengen, die den Hinrichtungen zusahen, waren kleiner, als wir glauben. In der Hauptsache ist es, wie zu allen Zeiten, der Pöbel gewesen. Diese Gefühllosigkeit, mit der die dumpfe Masse die schrecklichen Schauspiele mit ansah, hat eine sehr einfache Erklärung, auch wenn wir sie heute als wahnsinnig bezeichnen. Man fragte sich: Wer schrie in der Folterkammer so erbärmlich, wenn seine Arme in siedendes Öl gesteckt und ihm die Zunge abgeschnitten wurde? War es die Goebel Babele aus Würzburg? Nein! Die Babele war ganz ruhig; wer da so jammerte und brüllte, das war im Innern Babeles und aus ihrem Mund wie aus einem Fenster heraus der Teufel! Und der sollte nur getrost schreien. Die Folter wurde zwar bedauerlicher- und notwendigerweise an dem Menschenkind vorgenommen, aber sie richtete sich nicht gegen das Individuum, sondern gegen den, der von ihm Besitz ergriffen und es sich in ihm bequem gemacht hatte.
Das ist kein so ganz rätselhaftes Gefühl. Es ist nicht weit entfernt von dem, mit dem heute der Pöbel und die Halbwüchsigen im Kino sitzen und sich Filme ansehen, die mit der Heroisierung von Verbrechen und Sadismus oft unter aller Menschenwürde sind. Der Pöbel sieht sie mit dem Gefühl des »Als ob«. Der Genuß, der sich der einfachen Neugier hinzugesellt, besteht in dem Gefühl des »Als-ob-es-Wirklichkeit-wäre«.
Die Masse des 14. Jahrhunderts sah den gemarterten Mitbürgern zu, »als-ob-es-*nicht*-wirklich-wäre«. Wirklich war lediglich der Teufel auf dem Feuerstoß.

Dazu kam, daß die Masse durch Zahlen nicht erschreckt werden kann. Solange nicht der Inquisitionsblitz sichtbar in der eigenen Familie einschlug, hatte ein Scheiterhaufen nicht mehr Gewicht als 1000. Die Masse ist nicht ansprechbar auf Wahrscheinlichkeitsrechnungen. So ist es bis auf den heutigen Tag geblieben. Man umstand den Scheiterhaufen, wie man heute einen Verkehrsunfall umsteht. Man sieht ihn mit den Augen des »Als ob«.
So also starb angesichts eines glotzenden Kinopublikums die Enkelin der einstigen Minneherrin.
So erlitt sie die Buße für die Tyrannei ihrer schönen, liebreizenden Oma. Und es gibt Anzeichen dafür, daß die Männerwelt im tiefsten Grunde oft etwas wie Genugtuung spürte. Vom 14. Jahrhundert ab geht für lange Zeit die Prokura der Erotik auf den Mann über. Im sechsten Absatz des »Hexenhammers« steht die haßvolle Entmündigung der Frau: »Was ist denn auch das Weib anders, als eine Vernichtung der Freundschaft, eine unentfliehbare Strafe, ein notwendiges Übel, eine natürliche Versuchung, ein begehrenswertes Unheil, eine häusliche Gefahr, ein aufreizender Schädling, ein Naturübel mit schöner Farbe bestrichen?«
Bereits hundert Jahre nach Heinrich Frauenlob war die Frau inquisitionsamtlich zum Viehzeug geworden.

Das achte Kapitel *spricht von der Zeit um 1400. Das Leben geht weiter, auch im Feuerschein der vor den Toren brennenden Scheiterhaufen. Die Triebe sind stärker als die Angst. Metsi heiratet und erlebt ihre erste Nacht mit Bärschi, unser Ur-Ur-Ur-Großvater macht einen Rundgang durch die Stadt, Vetter Gert kommt von der Reise zurück und bringt einen ganzen Sack voll pikanter Neuigkeiten mit.*

Ich weigere mich zu glauben, daß auch *meine* Ur-Ur-Ur-Großmutter als Viehzeug gegolten hat, ich weigere mich und empfehle Ihnen dasselbe! Unsere Argumente stehen dabei auf gar keinen so schwachen Füßen, denn ich muß noch einmal wiederholen: Kaum ein zweites Jahrhundert hat ein so schroffes Doppelgesicht wie die Zeit von 1300 bis 1400. Es umfaßt eine Farbenskala vom tiefsten Schwarz bis zum Suwa-Weiß. Nur erklärlich durch diesen gewaltsamen Griff der Kirche in die Speichen des Rades der Zeit.
So kamen unvereinbare Bilder zusammen.
Auf der einen Seite Mystizismus und Selbstgeißelungen, auf der anderen Seite Übergang von naiver Naturalwirtschaft zu nüchterner Geldwirtschaft.
Auf der einen Seite offizielle Zurechnung der Frau zum Hausrat, auf der anderen Seite Frauen als Zunftmeisterinnen, Ärztinnen und Kindergärtnerinnen!
Auf der einen Seite höchste Macht und Einigkeit der Kirche, auf der anderen Seite Schisma. Ein Papst in Rom, ein Papst in Avignon.
Auf der einen Seite größte persönliche Feigheit und Geducktheit, auf der anderen Seite wahre Tollkühnheit.
Auf der einen Seite Hexenglaube, auf der anderen Seite Gründung der Universitäten Prag, Wien, Heidelberg, Köln und Erfurt innerhalb eines halben Jahrhunderts.
Auf der einen Seite Brunnen, in die die Jauche floß, auf der anderen Seite das technische Wunder der gotischen Dome.
Merkwürdige Menschen! Dabei mit Gesichtern, die uns ganz vertraut sind.

Von meinem Ur-Ur-Ur-Großvater ist ein Bild aus dem frühen 15. Jahrhundert erhalten. Wenn ich seinen spöttischen Augen trauen darf, so stand er niemals »auf der einen«, sondern immer »auf der anderen Seite«. Sein Antlitz ist von einem dunklen Bart eingerahmt. Seine Nase ist auf dem Holztäfelchen etwas abgeplatzt, was ich auf den Sonnenbrand seines Großvaters (den mit Utelein) zurückführe. Er trägt, lose um die Schultern gehängt so, wie er durch die Straßen zu gehen pflegte, einen Oberrock ohne Ärmel und Knöpfe, fast bis zum Boden herabhängend. Das Wams liegt eng um die Brust, dunkelgrün, und es sieht so aus, als sei es aus Zindel gewesen; Zindel nannte man den Sandeltaft, der um diese Zeit als letzter Schrei aus Venedig kam. Ich traue es meinem Ur-Ur-Ur-Großvater zu.
Pelz und Schmuck sieht man nicht, auch an der Hand keinen Ring; aber einen Hut hat er auf, mit einer silbrigen Schnur geschmückt, ein Mittelding zwischen schlappem Juristenbarett und Radfahrer-Mütze. Dies beruhigt mich tief, denn nur Männer von Distinktion trugen damals eine Kopfbedeckung, die anderen gingen barhäuptig.
Die Hosen sind aus dünnem Stoff, enganliegend und farbig, was mir sehr gefällt.
Jetzt aber kommt etwas, was mich ein wenig bestürzt. Der Rock ist kurz wie ein Panzerjäckchen und zeigt, ganz wie ich es mir dachte, die allzu gute plastische Schneiderarbeit »im Schritt«, wie wir Tailleure zu sagen pflegen. Welche Maßarbeit! Welche Qualität in jeder Hinsicht!
Aber dann kommt wieder etwas, was doch recht peinlich ist und in einem gespenstischen Gegensatz zu der Tragik dieses Jahrhunderts steht: Er trägt lederne Schnabelschuhe, an deren gebogenen Spitzen klingelnde Schellen hängen.
Ein klingelnder, aber ein bedeutender Mann!
Wenn er – sonntags auf jeden Fall und wochentags ein übers andere Mal – mit unserer Ur-Ur-Ur-Großmutter zur Messe ging, so stellten sie sich nicht unter das andere Volk; sie standen auch nicht, sie saßen. Im Kirchenschiff waren für die Ratsdamen und andere

hohe Herrschaften Holzverschläge errichtet, eine Art Badekabinen. Dort saß unsere Ur-Ur-Ur-Großmutter. Dort saßen auch die Tochter des Freiherrn von Peyssenberg und die Frau des Doktors, und erst in dem Augenblick, als beide ein Jahr später als Hexen verbrannt wurden, gab es keine Klassenunterschiede mehr, und sie waren zusammen mit der jungen Bauersfrau Mechthild, die sie im Dorf immer so lustig Metsi gerufen hatten, auf dem Holzstoß festgebunden.

Von Metsi in ihrem einfachen groben Leinenkittel gibt es aus jener Zeit natürlich kein Bild. Was war schon an einem Menschen solchen Standes dran! Metsis Mutter war noch Leibeigene gewesen und von ihrem Besitzer an den Abt von Lorch verkauft worden:

»Ich, Konrad der Truchseß von Urach, Ritter, thue kundt allen den, die diesen brief lesen, sehen oder hören lesen, daß ich den Ersamen geistlichen Herren, dem Abt und dem Konvent des Klosters zu Lorch hab geben die zwey Frawen Agnes und ihr Schwester Mahilt, Reinbolts seligen töchter und ihre kindt, die davon kommen mögen, um drei Pfund Heller: das geb ich in diesem brief, besiegelt mit myn Umsiegel, der daran hanget.«

Metsis Mutter kostete also eineinhalb Pfund Heller. Das waren 180 damalige Pfennige. Ein Paar Schuhe, wie unser Ur-Ur-Ur-Großvater sie trug, kosteten 100 Pfennige. Ein Tagelöhner verdiente 7 Pfennige. Ein Pfund Rindfleisch kostete 3 Pfennige, ein Ei 1/2 Pfennig, ein Pfund Schmalz 6, ein Laib Brot 3 Pfennig. Und Mahilt, des Reinbolts Tochter, also 180. Mahilt hatte Hände wie Füße und Füße wie Hufe, aber sie war sehr lustig, sang bei der Arbeit, war gar manchem Herrn zu Diensten, was der Konvent sehr begrüßte, denn alle Kinder, die Mahilt leicht und vergnügt gebar, gehörten wieder dem Konvent und versprachen nach der Erfahrung der arithmetischen Reihe eine Schar von Arbeitskräften.

Aber es kam, seit dem Verfall der Ritterschaft, auch eine Schicht von freien Bauern hoch, die feiertags gelegentlich schon eine Mütze im Genick trugen und mehrere Batzen Geld in der Truhe hatten. Die jeden Sonntag zur Fiedel und zum Dudelsack das Tanzbein schwangen und ein vom Trödler aus zweiter Hand erstande-

nes Schwert in der Garderobe abgegeben hatten. Ein richtiges, nur ganz leicht verrostetes Schwert! Hundert Jahre früher hätte ihnen dafür unser Ur-Ur-Ur-Ur-Großvater als Schultheiß noch laut Gesetz die Hand abhacken lassen müssen.
Nein, nein, so war das nun nicht mehr! Man wurde zwar verbrannt, aber man trug eine Feder an der Mütze, die bei jedem Schritt wippte, und an den Sonntagsschuhen vielleicht sogar Sporen. Man mußte ja nicht reiten. Und die dörflichen »Halbstarken« schliefen von Samstag auf Sonntag mit Lockenwicklern im Bett. (Das ist *kein* Scherz.)
Ein solcher hochmoderner Bauersmann war beispielsweise der junge Bärschi (Bartholomäus). Er sah Mahilts Töchterchen Metsi, kaufte sie kurzerhand frei und verlobte sich mit ihr. Metsi war damals 15 Jahre alt.
Die Verlobung dauerte zehn Stunden, denn am gleichen Abend noch fand die Hochzeit statt. »Ohne schuoler und Pfaffen«, also echt ritterlich, wie es in dem genauen Bericht, den wir von »Metsen Hochzit« besitzen, heißt.
Unterwegs hatte Bärschi schon dauernd versucht, Metsi hinzulegen, aber sie wehrte sich seltsamerweise, eine Tatsache, die so phänomenal war, daß sie noch lange den Gesprächsstoff des Dorfes bildete. Jedoch »die Tafeln auftun«, das tat sie. Sie knöpfte ihr Mieder auf und schlug es zurück wie der Pfarrer bei Kirchenfesten das Flügelbild – (daher kommt der Ausdruck!) –, damit Bärschi sich umtun konnte mit dem, was sie hatte. Sie war ein modernes Mädchen, und als es Bärschi Vergnügen machte, an einem Baum seine kleine Notdurft zu verrichten, und er sie fragte, warum sie ihm nicht dazu dienstreich ihre Hand leihe und ob sie das denn nicht kenne, da lachte sie und antwortete, freilich verstünde sie das. Sie bewies es ihm. »Ai! Du kutzelst mich!« rief er, und es begann ein Gebalge hin und her, wobei ihre Röcke so hoch flogen, daß er ihr »hinden und vorne hinauf siehet biss in die nackten weich«. Sie war stark und hatte Bärenkräfte, riß sich los und rannte ihm voraus in das Dorf.
Alle Bekannten und Nachbarn wurden nun zusammengetrommelt

und eingeladen. Die Bauern, manche frei, manche leibeigen, kamen mit Frauen, Söhnen und Töchtern in Bärschis Haus so gegen sechs Uhr, wie etwa heute zur Cocktailparty. Bärschi ließ zuerst, wie es sich damals gehörte, Weißbrot reichen. Dann kam für je vier Gäste ein Kübel voll Hirsebrei, und nachdem auf diese Weise eine solide Grundlage geschaffen war, trug man die ersten Humpen Bier auf. Ein Spielmann piepste mit einer Flöte dazu.
Jetzt folgten die zwei Hauptgänge: Rüben mit Speck, von allen mit den Fingern gepackt, daß ihnen das Fett die nackten Arme hinunterlief, und dann Bratwürste mit dem »Brautmus«. Dazu ließ Bärschi das Feinste, was er besaß, aus der Truhe holen: Löffel. Unter ungeheurem Geklapper, Gerülpse, Geschnaufe, Gelache ging das Mahl zu Ende, und der Wein kam. Längst waren die Öllichter angezündet, und längst hatte der Spielmann aufgehört zu musizieren, erstens, weil es sowieso niemand mehr hörte, und zweitens, weil er bereits zu betrunken war. Bärschi fand, es sei Zeit zur Hochzeit, und bat jetzt die Verwandten, ihm Metsi »zuzuführen«. Metsi hatte dabei, der Sitte gemäß, zu zetern und zu jammern. Das tat sie. Sie quietschte, rief: »Nein, nein!« und »O weh, o weh! Was wird mit mir!«
Das sollte sie sogleich erleben. Man führte das Paar in die Schlafkammer, postierte sich an die Tür, um zuzuhören, oder kehrte zum Wein zurück. Drinnen stellte Metsi mit teuflischem Behagen ihren Mann vor eine harte Probe, wie weiland Brunhild ihren König Gunther. Der erste Versuch Bärschis mißlang. »Die bein sen huob (hielt sie) zesammen sehr«, ganz ohne Genieren wird es uns genau berichtet. Worauf Bärschi es jetzt im Guten versuchte. Metsi schüttelte aber beharrlich den Kopf. Überreden! Pah! Wie ein Pfaff! so reizte sie ihn auf.
Nach dieser Schmach beschloß Bärschi, kurzen Prozeß zu machen. Aber sehr kurz scheint der Prozeß nicht gelungen zu sein. Der Bericht spricht von einigen Stunden. Es wurde gestöhnt, geächzt, gelacht und geschrien, daß man es auf der Straße hörte, bis es endlich still in der Kammer wurde und »die Bettstatt das schönste Lied sang, das man noch immer gesungen hat«.

Nach Verklingen der letzten kunstreichen Kadenz ging die Tür auf, und man brachte unter Gelächter und Genecke dem Paar eine kräftige, duftende Suppe. Als die lärmende Schar wieder gegangen war, schloß Metsi diesmal die Tür ab. Dann sprang sie wieder ins Bett. Bärschi, wie der Bericht nun weiter erzählt, machte seinen Sieg vollkommen, indem er die alte strategische Regel befolgte, die da heißt, dem weichenden Feind nachzustoßen.
Als sie ein halbes Stündchen später Schulter an Schulter ruhig dalagen, weinte Metsi ein bißchen, und Bärschi erfuhr zu seinem Entzücken, daß sie noch unberührt gewesen war. Er versprach ihr zum Dank für die »bluome«, die sie ihm bewahrt, sie ewig liebzuhaben. So schliefen sie ein.
Metsi erwachte, als im Morgengrauen der Dorfwächter rief. Er sang laut:

»Die sternen sein verschwunden,
die sonne hat den morgenstreit
mit chreften überwunden!«

Sie blickte zu Bärschi hinüber. Er schlief fest. Sie dachte:

»Wie wär, wenn ich derweket ihn,
so tät er mirs zur dritten stund,
eh man uns in dem bette fund?«

Sie ließ Bärschi aus dem Schlaf auffahren. Wie, hatte sie ihn so grob geweckt? Im Gegenteil. Als er schlaftrunken fragte, was los sei, flüsterte Metsi sehr hübsch und tausendmal einfallsreicher als die meisten feinen Damen heute:

»I hab ein fingerli verlorn.
Jetzt hab ich es gefunden!«

Am Morgen, nach dem Abwarten der erneuten akustischen Sequenzen des Fichtenholzes, brachte man dem Paar das Frühstück, Brot, Honig und Milch, an das Bett. Es stand noch.

Wie schön. Man beglückwünschte Bärschi zur Hochzeit und zu so soliden Möbeln.
Bärschi verkündete den Staunenden, daß Metsi noch jungfräulich gewesen sei, und in seiner Freude schenkte er ihr sinnig das schönste Mutterschwein.
Während sie sich dann ankleideten, versammelten sich an der Haustür bereits Trommler und Pfeifer. Unter Begleitung des ganzen Dorfes zog nun das Ehepaar zur Kirche, um die Messe zu hören und sich vom Priester segnen zu lassen. Das dauerte, da die Kirche auch auf ihre Kosten kommen wollte, eine ganze Weile, so daß der Hunger an den Bauernmägen zerrte und dann alles im Eilschritt zurück ins Hochzeitshaus lief, wo die Fresserei und Sauferei zum zweitenmal begann. Im Rausch wurde die Stimmung allmählich ausgelassen und wild, die Frauen reizten die Männer obszön auf, das Blut kam in Wallung und riß auch die jüngsten Mädchen fort, die noch an der Seite ihrer Mutter am Tisch saßen.
Wenn die grobe Sinnlichkeit gestillt war, gab man sich nur noch dem Bier und Wein hin. Man torkelte und fiel durcheinander, beschimpfte sich und griff zum Stuhlbein. Eine Prügelei beendete das schön gelungene Fest.
Metsi und Bärschi waren bereits auf ihrer Kammer und pflogen der rauhen bäuerlichen Minne. Von nun an ohne Geschrei.
Die liebe Metsi! Mit ihren ledernen Fußsohlen und den Flöhen! Ach, wie liebte sie ihren ebenfalls ledernen Bärschi! Und wie betete sie für ihn! In der Kirche (wenn sie an Festtagen in die Stadt kam) stand sie artig und andächtig hinter dem dritten Pfeiler links und lugte abwechselnd auf das Altarbild und auf das schöne, süße Edelfräulein von Peyssenberg, das neben meiner Ur-Ur-Ur-Großmutter saß und das sie so bewunderte.
Nach der Messe ergingen sich unser Ur-Ur-Ur-Großvater und Gemahlin noch ein wenig vor den Toren der Stadt, während zu Hause in der verräucherten Küche unter der Obhut einer Magd die Gans schmorte.
»Welch schöne Stadt, unsere Stadt«, sagte unser Ur-Ur-Ur-Großvater und deutete auf den Ring der Mauer mit ihren vier schweren

Tortürmen, auf die hohe steinerne Kirche, das steinerne Steildach des Rathauses und die vielen, meist noch schindelgedeckten Giebel der Bürgerhäuser. »Frankfurt«, fuhr er fort, »soll demnächst eine Feuerlösche und dazugehörige Feuerlöschordnung bekommen. Das sollten wir sofort nachmachen. Auch sollten wir noch einige Straßen mehr pflastern. Ich hörte, daß in Paris und Nürnberg schon fast alle Gassen mit Backsteinen belegt sind. Ja, mein liebs Agnes, es geht mit Riesenschritten vorwärts! In Köln und in Straßburg hat man jetzt das ›Übergezimbere‹ verboten, worunter die Bauleute verstehen, daß die Häuser von Stockwerk zu Stockwerk immer weiter über die Straße ragen. Die Ärzte sagen, das sei schlecht für die Luft, und es ist auch so. Wir werden das jetzt auch verordnen. Und im nächsten Frühling werden wir die erste Wasserquelle mit Röhren in die Stadt leiten, was sagst du dazu? Ist es nicht herrlich, in solcher Zeit des Fortschritts zu leben? Vielleicht, kann sein, mein liebs Agnesl, bin ich übers Jahr Bürgermeister.«
»Gott schütze uns«, flüsterte unsere Ur-Ur-Ur-Großmutter, »seht Euch nur recht vor, Konrad.«
»Ich sehe mich schon vor«, knurrte er.
Dann knurrte der Magen, und sie gingen langsam heim. Sie wählten den Weg über die Spittelgasse, weil unser Ur-Ur-Ur-Großvater sehen wollte, ob endlich die Mistpfützen vor den düsteren Häusern in die Gossen abgeleitet waren, wie es befohlen war. Dann stelzte er, scheu gegrüßt, durch die Gasse, in der viele Spelunken und üble Diebskneipen lagen; wo Weibsbilder und Schauspieler, also lauter ehrloses Gesindel, herumlungerte und sich schlug und immer Lärm von Gesang und Würfelspiel aus den Tuchfenstern herausdröhnte. Übel, ganz übel dieses Volk, und mit Recht, so schien es unserem Schultheiß, rechnete man Musiker und Schauspieler zu den Dirnen und Henkern.
Dann spazierte er weiter über nunmehr gepflasterte Gassen zum öffentlichen Herbergshaus, wo in einem Saal Bettgestell an Bettgestell stand und die wandermüden Männlein und Weiblein sich dicht an dicht zur Ruhe begeben konnten. Dann an den Warenspeichern vorbei zum Zollhaus, zu den Waaghäusern und Fleisch-

bänken. Auch keine schöne Gegend natürlich. Aber Arbeitsstätten, Fleißstätten, die Wohlstand brachten.
Um zwei Ecken herum lag das steinerne Rathaus mit dem gemütlichen, oft besuchten Ratskeller! (Gab es schon.)
Und dort lag sein Haus. Es hatte Glasfenster, im Erdgeschoß durch Eisengitter geschützt, und das schönste Hofgärtchen, das man sich vorstellen konnte. Arkadengewölbe gingen auf den Garten hinaus, in denen lieb Agnes viele hölzerne Käfige mit Singvögeln aufgehängt hatte, so daß es in der Frühe sich oft anhörte, als sei man mitten im Walde.
Ein schönes Haus! Hoffentlich konnte man in der mit so viel Liebe und Geld hergerichteten Schlafstube einmal sein Leben beschließen. Sie war holzgetäfelt und hatte einen hohen Ofen. Es war nicht der einzige, o nein; in dem Hause waren mehrere »Winterstuben«. Bei Schnee und Eis und bei schlechtem Wetter lebte es sich gar nicht so übel in dem Hause; kein Vergleich mit der saukalten, düsteren Burg des Herrn von Peyssenberg, dessen Jungen dann herunterkamen in die Stadt zum Spielen mit den Söhnen des Schultheiß. Denn das Haus unseres Ur-Ur-Ur-Großvaters hatte eine weitläufige »Innenlaube«, einen gewölbten, platzartigen Korridor, in dem die Kinder toben konnten.
Auch das kleine Fräulein von Peyssenberg kam manchmal. Sie war 15 Jahre alt, und es kutzelte unseren Ur-Ur-Ur-Großvater bei ihrem Anblick oft. Es war ein Zufall fast, daß es zu nichts kam. Es rettete ihm vielleicht das Leben, denn das arme Mädchen nannte später auf der Folter in ihrer Qual sinnlos den Namen eines Mannes, dem sie sich einmal hingegeben hatte.
Als unser Ur-Ur-Ur-Großvater die gute Stube betrat, fand er einen lieben Gast wartend vor. Es war mein Ur-Ur-Ur-Großvetter, soeben von Geschäftsreisen nach dem Norden und Süden zurückgekehrt.
Er erzählte den ganzen Sonntag über die herrlichsten Neuigkeiten. In Kopenhagen hatte man den großen Wasserwall, der schon viermal gebrochen war, nun endlich mit Gottes Hilfe gefestigt. Vetter Gert war dabeigewesen, als der Wall in einer Sturmnacht wieder

brach und nimmer halten wollte, bis man endlich in das neue Fundament ein unschuldiges kleines Mädchen lebendig einmauerte. Es war noch so klein und ängstlich, daß man ihm Kuchen und eine Puppe mitgab. Nun hielt der Wall, gottlob!

»Ja, so ist das«, fuhr der Ur-Vetter fort. »Daß Papst Johann nach der Anklage auf dem Konzil in Konstanz bei Nacht und Nebel geflohen ist, habt Ihr ja sicher schon gehört?«

Unser Ur-Ur-Ur-Großvater nickte.

»1500 Huren sind übrigens in Konstanz eingetroffen. Ich habe unsere Marei gesprochen, – du kennst sie?«

Vater nickte wieder.

»Sie hat sich schon 800 Goldgulden verdient.«

»Nicht möglich!« staunte unser Ur-Ur-Ur-Großvater. »Welche Summe in Pfennig für Pfennig! Ich habe mir bei Meister Konrad von Soest in Dortmund ein Bild der heiligen Barbara bestellt, die er so trefflich zu malen versteht –«

»Nicht so wie Meister Nikolaus Francke in Hamburg, du kennst meine Ansicht. Sie sind wonniglich in ihrer Nacktheit.«

»Schon gut. Streiten wir uns nicht. Ich wollte sagen, ich habe für das Bild genau ein Zehntel bezahlt! 80 Gulden, 16000 Pfennige.«

Der Vetter lachte. Während unsere Ur-Ur-Ur-Großmutter ins Zimmer trat und sich hinzusetzte, sagte er:

»Konrad von Soest kann man alle zehn Jahre nur einmal kaufen, sonst laufen die Stuben über. Aber die schwarze Marei kann man siebenmal in einer Woche vertragen; ist's nicht so? Was sagt Ihr, Base Agnes?«

»Na, na«, lachte unsere Ur-Ur-Ur-Großmutter, »Ihr nehmt den Mund aber voll mit 55 Jahren!«

Unser Ur-Vetter sprang auf:

»Ein gesunder Mann nimmt seine Lendenkraft mit ins Grab, Frau Agnes! Kennt Ihr nicht den Spruch, den schon unsere Eltern sagten: Einmal ist ein Versprechen, zweimal ist der Herren Weise, dreimal ist des Edelmannes Pflicht, viermal heißt der Frauen Recht!«

»Aber«, warf unser Ur-Ur-Ur-Großvater ein, »der alte Grieche

Solon hat gesagt, dreimal im Monat sei der Ehepflicht genügend.«
»Ja«, lachte der Vetter, »der Ehepflicht! Der alte Sodomit der! Aber selbst Martin Luther hat sich mit der Frage beschäftigt und gesagt: ›Die Woche zwier, der Weiber Gebühr, schadet weder mir noch dir, machts Jahr hundertundvier‹!«
»Aber ich bitte Euch!« schrie unsere Ur-Ur-Ur-Großmutter, »Luther ist ja noch gar nicht geboren!«
»Tatsächlich, Donnerwetter! Aber sein Ausspruch paßt hier so gut herein. – Nun, egal. Base, schaut mich einmal gut an!« Er baute sich vor ihr auf.
»Na, glaubt Ihr nun? Ich brauche nicht zu Doktor Heinrich nach Straßburg zu gehen wie unser Graf Hans von Habsburg.«
»Was ist mit ihm?«
»Das wißt Ihr nicht? Graf Johann hat doch mit Edelfräulein Herzland von Rappoltstein damals fast ein halbes Jahr lang Probelager zu halten versucht, erinnert Ihr Euch?«
»Ich erinnere mich gut«, lächelte Agnes in Gedanken daran, daß das Edelfräulein den unfähigen Herrn dann hinausgeworfen hatte.
»Voilà! Graf Hans ist jetzt zu Doktor Heinrich nach Straßburg gegangen, und der Doktor und seine Gesellen ›hiengent ihm an sin Ding ettwie viel Bliges (Blei) wol fünfzig Pfunt schwer und verfing alles nüt, daß sü machen konnten, daß er verfengklich sei für Frowen‹!«
»Der Arme«, lachte unsere Ur-Ur-Ur-Großmutter, »und nichts hilft?«
Der Vetter machte eine geheimnisvolle Miene, zog ein ledernes Schächtelchen aus der Manteltasche und sagte: »Ich wüßte wohl, was hilft. Dies hier ist das Neueste. Ich habe es aus Konstanz mitgebracht. Ein Pülverchen, teuer, aber gut. Es ist ein getrockneter Blasenkäfer, zu Pulver verrieben, die Ärzte nennen ihn Lytta vesicatoria, wir sagen unter der Hand ›Spanische Fliege‹. Ich hab's von einer Spanierin. Es ist ein wahres Teufelsmittel, das aus einem Gänseblümchen eine Eiche macht. Aber später, das sage ich dir, hörst du die Engel im Himmel singen.«

»Unglaublich! Was du nicht alles Neues weißt!« staunte das Agnesl.
»Ja«, nickte unser Ur-Vetter vergnügt, »was hat man sonst vom Leben! Dies ist das Wahre! Und der christliche Glaube natürlich. Übrigens, was gibt es denn heute bei Euch zu Mittag?«
»Gänsebraten.«
»Famos. Kennst du die neueste Geschichte mit der Gans und der Klosterfrau? Das ist zu Hapstal geschehen. Die Klosterfrauen von Hapstal wollten wieder mal Gänsebraten essen und dachten darüber nach, wie sie umsonst eine Gans bekommen konnten. Da kamen zwei Herren, der Hanns Wolfen und der Jacob Gremlichen, zu Besuch, und die eine Nonne schloß mit ihnen eine Wette ab, sie ›wolle in ain klainen silbernin Becher pinkle, das kain dröplin neben ab gehen soll. Ist auch darauf in ir aller Beisein und Insehen uf ain Disch gestanden und es verricht und die Gans gewonnen‹.«
Unser Ur-Ur-Ur-Großvater fand die Geschichte köstlich. Er schnalzte. Dann sagte er:
»Weißt du was: Diese Geschichten mußt du meinen Freunden erzählen. Ich schlage vor, wir treffen uns alle im nächsten Kapitel beim Baden.«

Im neunten Kapitel *bereitet uns das 15. Jahrhundert eine merkwürdige Überraschung. Die Badewut bricht aus. Ganz Deutschland bringt die Hälfte seiner Tage in Bottichen und Bassins zu. Man scheint das Gefühl zu haben, daß das Wasser zumindest vor einem schütze: vor Verbrennen. Das stimmt. Vor anderem wiederum schützt es nicht, im Gegenteil, kaum eine Meerjungfrau bleibt mehr Jungfrau.*

Das war etwa das gleiche, als würde man heute sagen: Treffen wir uns doch morgen im Café Kranzler. Da sehen wir Hans Albers und Gina Lollobrigida, Picasso, Peter und Anni, Notar Vogt und Professor Heisenberg, Onkel Toni und Dior, die ganze Stadtverwaltung, unsere Schulkameraden und Corpsbrüder und die neuesten Filmsternchen. Da gibt es einen guten Mokka, einen herrlichen kalten Spargel Vinaigrette, der Ober weiß alle Neuigkeiten, und jeder kann Bridge und Schach. Also: sagen wir von neun bis halb eins.

Das etwa war es, was unser Ur-Ur-Ur-Großvater meinte.

Das mittelalterliche Badewesen war eine ganz seltsame Erscheinung. Baden hatte ja schon den Germanen viel Freude gemacht. Das lag nicht nur an ihrem Reinlichkeitsbedürfnis. Es war für sie mehr als ein Samstagabend-Abschrubben; Fluß und See waren ein Bestandteil, eine Ergänzung ihres Sportplatzes, ihrer Vogelwiese, ihrer Dorflinde. Der Unrat witternde Bonifatius hatte dem ein Ende gemacht.

Es vergingen mehrere hundert Jahre, ehe die Badelust wieder aufflammte. Die Kreuzritter waren es, die das Baden als feine modische Sitte aus dem Orient, peinlicherweise ausgerechnet von den verachteten Heiden, mitbrachten. Das Minne-Zeitalter, in das dieser Import fiel, war wie geschaffen dafür, und es dauerte nicht lange, da plätscherte es in allen Höfen, Burgen und Bürgerhäusern in Zubern, Wannen und Bottichen. Soweit ist noch alles erklärlich. Unerklärlich aber ist es bis heute geblieben, wie im 14. Jahrhundert das Baden plötzlich eine derartige Leidenschaft werden konnte, daß weder Verelendung noch Inquisitionsschrecken daran irgend etwas ändern konnten. Im 14. Jahrhundert stand das Baden bereits in voller Blüte, im 15. Jahrhundert nahm es dann Formen an, die geradezu unvorstellbar sind. Es gibt einen alten Kupferstich von Aldegrever »Was man zur Erhaltung der Lebensfreude tun muß«. Er stellt eine Gartenszene dar, in der zehn Personen zu sehen sind. Ein Paar ißt und trinkt, ein anderes Paar flirtet miteinander, ein Spaßmacher mit Narrenkappe erheitert die Gesellschaft, ein anderer Mann bläst die Querflöte und befriedigt damit den schönen Drang zum Höheren, ein Arzt ist auch da und betrachtet gerade ein Harnglas. Groß im Vordergrund aber steht ein Badebottich. Eine nackte Frau, vor sich ein Brett mit Blumenvase, sitzt im Wasser und harret des Mannes, der, ebenfalls bereits splitternackt, sogleich zu ihr ins Bad steigen wird.

Wenn man heute ein solches Bild malen würde, so müßte natürlich, um den rechten Begriff zu geben, vorn ganz groß eine Zigarette zu sehen sein. Die Popularität der Zigarette – die hatte damals das Bad. Im 15. Jahrhundert hätte man am liebsten zehnmal am Tage gebadet. Leider war das weder zeitlich noch geldlich zu erschwingen. Anfang des 14. Jahrhunderts klagt ein Ritter einmal, daß seine Einkünfte bedauerlicherweise zu gering seien, um ihm täglich zwei Besuche des Stadtbades zu erlauben.

Große Höfe und Burgen wohlhabender Ritter besaßen eigene Badestuben. Aber lediglich, weil es zum guten Ton gehörte; amüsant war es nicht. Amüsant waren die öffentlichen Bäder. Basel besaß schon Anfang des 14. Jahrhunderts fünfzehn. Die Zahlen stiegen dann rapide an; im 15. Jahrhundert hatte auch die kleinste Stadt ein öffentliches Badehaus. Es waren oft große, stattliche Gebäude. Zur ebenen Erde lagen Flure mit Ankleideräumen und das Bassin oder ein großer Raum mit Bottichen, Liegebänken, Öfen mit heißem Wasser, Kübeln, Reisigruten, Wedeln und Bürsten zum Massieren; in der Höhe des ersten Stocks pflegte eine Galerie um den Saal zu laufen, die man von außen betreten konnte und die für Zuschauer und Besucher gedacht war.

Dann gab es Etagen, in denen Kabinen eingebaut waren, Verschläge mit doppelsitzigen Wannen, längs der langen Korridore.

Ein »séparée« konnte man auch im großen Baderaum bestellen; dann errichtete der Bader über dem Holzzuber ein Spitzzelt, den sogenannten Baderof. Er verhinderte das Entweichen des Dampfes und war also als eine Art Schwitzbad gedacht. Ein alter Holzschnitt zeigt uns, daß er aber sehr bald nichts anderes als ein Chambre séparée war.
In den obersten Stockwerken wohnte der städtische Bader mit seinen Gesellen und Mägden. Dort war auch die Küche, denn jeder Bader betrieb eine schwunghafte Ökonomie.
Morgens in aller Frühe wurde gefegt, geschrubbert, geheizt, wurden Speisen und Getränke hergerichtet, Frühstücksportionen zurechtgemacht, und dann gingen die Gesellen durch die Straßen und riefen laut aus, daß das Haus bereit sei.
Im 15. Jahrhundert bot sich nun folgendes Bild: Zwischen den schon arbeitenden Knechten und Mägden, zwischen Planwagen, die beladen wurden, und stampfenden Rossen rannten als erste die Kinder, die Mädchen und Buben der wohlhabenderen Bürger, ins Bad. Den Morgenapfel oder Wecken noch in der Hand, so, wie sie aus dem Bett gesprungen waren, liefen sie die Gassen herunter. Sie hatten nur ihre Hemdchen an oder die Hose; in der Hochblüte der Bademode rannten sogar vierzehn- und fünfzehnjährige Mädchen nackend über die Straße ins Bad. Aus Tirol wird es uns noch aus dem 17. Jahrhundert berichtet.
Der Jugend folgten gemessenereren Schrittes die Erwachsenen, die Damen auch nur sehr leicht bekleidet, die Herren anscheinend korrekter, denn sie werden wohl vorher einen Sprung ins Kontor gemacht haben.
In den Vorräumen zog man sich aus. Dann betraten Männer und Frauen nackend (zu einigen Zeiten mit einer dünnen Schamverhüllung) die Badestuben. Am liebsten badete man paarweise in einer Wanne sitzend. Der Bader legte ein Brett über den Rand und fragte nach den Wünschen. Er servierte das Frühstück auf dem Brett, schmückte es eventuell mit Blumen, schlug auf Wunsch den Baderof auf, füllte warmes Wasser nach und berichtete, wer schon alles da sei. Er vermittelte Bekanntschaften, flüsterte heimliche

Grüße, Wünsche, Verabredungen, zeigte obszöne Bildchen und erzählte die letzten Neuigkeiten der Stadt.
Man aß und trank, planschte herum, ließ Hand und Finger spielen, recht ungeniert, plauderte mit dem Nebenpaar oder begrüßte Bekannte, die sich zu einer kurzen Morgenvisite als Zuschauer auf der Galerie eingefunden hatten. Dann, oft nach Stunden, stieg man aus dem Wasser, machte es sich auf den Bänken bequem und ließ sich von einem Knecht oder einer Bademagd duschen, abreiben und massieren, »zwagen«. Mütter aus einfacheren Bürgerkreisen beschäftigten sich mit der Reinigung ihrer kleinen Bälger, die in Schüsseln saßen; die Papas ließen sich inzwischen vom Bader, der nur mit einem schlecht sitzenden Lendenschurz bekleidet war, die Haare schneiden und rasieren. Manche Damen machten ein Schwätzchen mit einem Bekannten, der von der Freitreppe durch das Fenster schaute, während der Gemahl mit dem Oberbürgermeister Bauch an Bauch saß und Schach, Dame oder Karten spielte. Inzwischen trieb Klein-Kuno eingehende Vorstudien, und seine fünf Jahre ältere Schwester kaufte unter der Hand vom Bader die ersten »Mittelchen«. Alleinstehende ältere Damen baten den schweißglänzenden Badergesellen Fritz für ein Viertelstündchen exklusiv zu sich in die Kabine, und auch die Mägde verdienten sich manches gute Geld nebenher.

»Der bader und sin gesind
gern huoren und buoben sind«,

lautet ein Spruch aus der Zeit. Der Bader galt mitsamt seiner Familie und allen Mägden und Knechten als »unehrlich«, das heißt, er stand auf einer Stufe mit dem Henker und dem Bordellwirt. Aber reich ist er geworden.

In einem solchen Stadtbad lernte 1428 in Augsburg der junge Herzogssohn Albrecht von Bayern Agnes Bernauer, das Töchterchen des Baders, kennen und lieben. Sie ließ sich von ihm heiraten und büßte diese Kühnheit mit dem Tode. Albrechts Vater ließ die »Bademagd« in die Donau stürzen.

Auch die Naturheilbäder erlebten in dieser Zeit eine große Blüte: Wildbad im Schwarzwald, Baden-Baden, Baden im Aargau vor allem; später Pyrmont. Wir haben viele eingehende Schilderungen. Da strömten vom Frühjahr bis zum Herbst jahraus, jahrein von weither die Menschen herbei, mieteten sich in den zahlreichen Herbergen und Gasthöfen ein und blieben, solange es ihre Zeit und ihr Geld erlaubten, Ratsherren und Ritter, Junker, Gelehrte, Grafen, Handelsherren, Krämer, Domherren, Handwerksmeister, Priester, Mönche, Nonnen, Damen des Adels und des städtischen Patriziats, Verheiratete, Alleinstehende, junge und alte. Die Äbtissin des Frauenmünsters von Zürich verkaufte 1415 ihren Meierhof, um sich das Geld für ihre Reisen nach Baden zu beschaffen. Ganze Klöster erkauften sich Generallizenz und reisten los.

Man wohnte, in Baden zum Beispiel, entweder in den dreißig feinen Gasthöfen oder in den einfachen Herbergen. Die Gasthöfe besaßen eigene Badesäle mit Quellwasser; für die anderen »Kurgäste« waren zwei große Bassins im Freien da. Es gab zwar eine Männer- und eine Frauenabteilung, aber sie waren nur flüchtig getrennt. Man stieg in den Freibädern vor aller Augen nackt ins Wasser. Man war gewissermaßen nackter als nackt: es galt als fein und anständig, keine Schamhaare zu haben. Man rasierte sie.

Etwas »konventioneller« sollte es in den dreißig Badesälen zugehen: »Item soll ein jeder Badender, sei es Manns- oder Weibsperson, ihre Heimlichkeiten zudecken.« Das ist aber oft ein frommer Wunsch geblieben. (Auf einem Holzschnitt von Beham sind *alle* Badenden und Schmausenden des säulengeschmückten vornehmen Heilbades splitternackt.)

Denn inzwischen war der Geist der italienischen Renaissance nach Deutschland heraufgekommen, und jedermann hatte ganz offen das größte Vergnügen an den körperlichen Preziosen. Der Liebesgenuß war gar nicht anstößig, und mit Zärtlichkeit gedachte man daher der Dinge, die ihn ermöglichten.

Dieser »Dinge« gab es nun die Hülle und Fülle zu sehen und zu fühlen: beim Tummeln im Wasser zu zweit oder im Reigen, beim Spielen, beim Zechen, beim Tänzchen auf der »Matte« (Wiese) des

Freibads. Von der traditionellen Galerie der Badehallen warfen die Zuschauer nicht nur Scherzworte hinunter, sondern auch Blumensträußchen, wenn man eine Bekannte sah, oder scherzweise kleine Münzen, wenn einem ein Mädchen gefiel und es so aussah, als könne man sich das erlauben.
Gewöhnlich konnte man es sich erlauben, denn in den Heilbädern wimmelte es zur Hochsaison von »gelüstigen Fräuleins«. Ich erinnere daran, daß die schwarze Marei in Konstanz allein 800 Gulden verdient hatte! Die gefälligen jungen Damen, meist besonders gut gewachsen, hoben dann ihr geschlitztes Hemdchen aus hauchdünnem Flor (*sie* trugen natürlich eins) hoch, um die Münzen aufzufangen, was gar hübsch anzusehen war.
»Da leben auch Äbte, Mönche, Brüder und Priester«, heißt es in einem zeitgenössischen Brief, »in größter Freiheit, baden mit den Frauen und schmücken die Haare mit Kränzen, alle Religion beiseite lassend.«
Das ist charmant gesagt.
»Eine unzählige Menge von Adeligen und Bürgerlichen kommt hier zusammen. Zweihundert Meilen weit oft, nicht eben allein wegen der Gesundheit, sondern der Lust wegen, alles Liebhaber, alles Freier, alle, denen an einem genußreichen Leben gelegen ist. So sieht man unzählige schöne Frauen, auch ohne Männer, ohne Verwandte, aber mit zwei Dienerinnen oder einem Knecht oder alten Magd, die leichter zur Täuschung sind.«
Uns ist ein Gespräch zwischen einer Mutter und ihrer sechzehnjährigen Tochter überliefert; die Mama, stöhnend über die Begleitung ihres Kinder (die Tochter stöhnte über die Begleitung der Mutter), hat das Töchterchen mit einem Mann erwischt und macht ihr Vorwürfe – nicht prinzipiell, nur weil sie noch zu jung sei. Darauf antwortet das Mädchen: »I, Ihr habt ja Eure Jungfernschaft schon als Zwölfjährige verloren.«
»Du freches Ding! Nun gut, tu's also meinetwegen.«
»Ja, das tät ich gern, aber Ihr fischt mir ja die Männer vor der Nase weg! Pfui, daß Euch der Teufel hole! Ihr habt doch einen Mann, was braucht Ihr noch andere?«

»Töchterchen«, sagte die Mama, »schweig still! Tu es, so viel du willst, ich will nichts mehr dazu sagen, auch wenn du ein Kindlein wiegen müßtest. Aber das sage ich dir: Sei auch du verschwiegen, wenn du mich der Minne nachgehen siehst.«

Sicher standen die Bäder damals mit gutem Grund in dem Ruf, die Fruchtbarkeit zu fördern, aber es wird, wie sich ein Historiker einmal ausdrückte, nicht am Wasser gelegen haben.

Auch Kaiser waren oft »Kur«-Gäste.

Die Offenheit, mit der die Kaiser überhaupt ihr nächtliches Leben damals vor dem Volke ausbreiteten, ist verblüffend. Von König Wenzel ab (1378) bis zu Maximilian, dem »letzten Ritter« (1519), waren die Kaiser und Könige geradezu die Paradepferde der Bordelle ihrer geliebten Reichsstädte. Es hätte nicht viel gefehlt, und sie würden die Approbation »by appointment of the king« oder »Hoflieferant« mit Hauswappen verliehen haben. Heutzutage sind die offziellen Würdenträger, die ja meistens über 70 sind, zurückhaltender geworden, wenn es auch noch nicht lange her ist, daß zum Beispiel die erste Frage des italienischen Außenministers Ciano bei der Ankunft auf dem Bahnhof in Berlin einmal lautete: »Wie steht es mit Frauen? Oder ist heute abend etwa was anderes vorgesehen? Fahren wir doch gleich in die Giesebrechtstraße!« Womit er sich auf das berühmte, sehr kultivierte Freudenhaus am Kurfürstendamm bezog, das damals eine Vereinbarung mit dem Auswärtigen Amt besaß und dessen Gästen auf Staatskosten zur Verfügung stand.

Was für eine geschamige Bagatelle gegen das 15. Jahrhundert! Besuchte damals der Kaiser eine Stadt, so gehörte der feierliche Einzug in das städtische »Freudenhaus« mit dem gesamten Gefolge zum Protokoll. Der Magistrat inspizierte vorher die »gelüstigen Fräulein« (die er sowieso genau kannte) und besorgte eventuell noch einige Spitzenkönnerinnen von außerhalb. Die Hamburger halfen den Bremern aus, die Mainzer den Frankfurtern, die Augsburger den Ulmern. Man muß sich überhaupt vorstellen, daß ein reges Gewoge dieser Damen herrschte (nur nicht aus der gleichen Stadt durften sie sein und nicht verheiratet), man importierte aus

Skandinavien und London und exportierte nach Venedig. Schwäbische und sächsische Mädchen notierten am höchsten. »Mädle aus dem Schwarzen Wald . . .« besingen wir noch heute.
Die hübschen Damen wurden dann für den kaiserlichen Besuch vom Stadtrat neu eingekleidet zu dem einzigen Zweck, sich wieder auskleiden zu lassen. Wien ließ ihnen 1435 aus solchem Anlaß Samtkleider schneidern.
In Ulm veranstaltete man auf dem Wege von der kaiserlichen Unterkunft zum »Frauenhaus« eine Festbeleuchtung. »Ehrenjungfrauen«, eine Garde jüngster, unschuldigst blickender Frauenhaus-Insassinnen, empfingen die Könige mit Blumen schon am Stadttor. Oder man bekränzte den hohen Herrn mit griechischem Lorbeer, drückte ihm einen rotbäckigen Apfel in die Hand und ließ ihn inmitten der Volksmenge vor den drei schönsten, völlig nackten Mädchen der Stadt das Paris-Urteil verkünden. Oder im Brunnen-Bassin vor dem Rathaus schwammen ihm stramme deutsche Nixen einen Willkommens-Salut. Selbstverständlich sah die ganze Stadt zu, auch die Kinderschar mit Klein-Kuno an der Spitze, der sich wieder einmal informierte; und nur die Frauen und Töchter der distinguierten Familien pflegten darauf zu verzichten, weil es nicht ungefährlich war, die Aufmerksamkeit des Kaisers, vor allem Wenzels oder Sigismunds, zu erregen. Mutter und Töchterchen standen dann, wie es Hauffs »Lichtenstein« so traulich beschreibt, im Erker und lugten hinter den Butzenscheiben hervor.
In dieser Nacht wußte also jedermann: Jetzt sind der Kaiser und die hohen Herren protokollgemäß fleißig, und wie es gewesen war, wird man morgen von den gelüstigen Fräulein und dem »Ruffian«, ihrem Chef, erfahren. Auch der Bader würde es wissen. Das war sehr spannend und gab unerschöpflichen Gesprächsstoff.
Die Frauenhäuser der Reichsstädte waren alles andere als trübselige, schmuddlige Stätten, und die gelüstigen Fräulein nicht zu vergleichen mit den niederen »fahrenden Frauen«. Die gelüstigen Fräulein sind oft für würdig befunden worden, gemalt und gezeichnet zu werden. Auch Albrecht Dürer hat es getan.
Der Kaiser schloß in den Dank an die Stadt stets einen besonderen

Dank für den Besuch des Freudenhauses ein. In Bern, wo er 1414 mitsamt seinen 800 begleitenden Rittern das Haus dreimal besucht hatte, ließ er sein Kompliment vom Balkon herunter dem Volk verkünden; mitunter tat er es sogar persönlich. Dann lauschten die Ratsherren und Bürger verträumt, und nur der Stadtkämmerer dachte mit Entsetzen an die Rechnung. Denn die Summe macht's.
Das gelüstige Fräulein bekam nicht viel. In dem Haushaltsbuch eines Straßburger Beamten, der die städtischen Abgaben in den Freudenhäusern zu kassieren hatte, findet sich nach einem Dienstgang die Notiz: »Hab a gebickt, thut 30 Pfennig.«
Der Pfennig war damals nicht mehr das wert, was er noch 100 Jahre vorher gegolten hatte. Für 30 Pfennig wird man etwa drei Pfund Rindfleisch bekommen haben.
Von diesen 30 Pfennigen mußte das Mädchen gewöhnlich 3 bis 4 Pfennige »Schlaffgeld« an den Wirt abführen und 6 Pfennige für die Beköstigung zahlen. Der Stadtrat trug Sorge dafür, daß Ordnung und Sauberkeit herrschten, daß von Zeit zu Zeit ein Arzt das Haus inspizierte und daß das Essen, das der Ruffian den Mädchen zu liefern hatte, gut war. In der Ulmer Hausordnung heißt es: »Er soll ainer jeden Frauen in seinem Haus wohnend das Mahl umb 6 Pfennig geben und sie damit höher nit staigern, ihr aber jedes mal, so man Fleisch essen soll, auch solches geben, suppen und fleisch und rüben, oder Kraut und fleisch, welches er dann nach Gelegenheit der Zeit am besten haben mag, und aber am Sonntag, am Afftermontag und am Donnerstag zu Nacht, so man also Fleisch isset, ein gebratenes oder gebackenes davon.«
Für Angehörige des Frauenhauses gab es keinen »Schuldturm«; kein Mädchen durfte, falls es verarmte oder einmal die Abgaben nicht zahlen konnte, ausgewiesen oder am Austritt verhindert werden. Wenn man sich auf der anderen Seite das primitive, armselige und schwere Leben der niedrigsten Stände vorstellt, so versteht man, daß sich viele Mädchen zu den Frauenhäusern drängten. Die berufliche Seite der Geschichte erschreckte damals kaum jemand von den Mädchen aus dem ärmsten Teil des Volkes. Man sah das Geschlechtliche und damit auch das Frauenhaus als Ein-

richtung für so selbstverständlich an, wie heute die Blechhäuschen an den Straßenecken für alle die, die »mal müssen«. Mehr war es für das einfache Volk damals auch nicht. Uns ist mehr als ein Fall überliefert, wo ein Mann auf dem Feld oder im Wald einer fremden Bauersfrau begegnete, sie grüßte, ansprach, ihr sagte, daß er es »so sehr nötig« hätte, und in der nächsten Minute aus einfacher Gefälligkeit seinen Wunsch erfüllt bekam.

Die patrizischen Familien sahen in der Einrichtung der Frauenhäuser einen Schutz gegen Belästigungen ihrer eigenen Frauen, denn die ganze Luft war damals geschwängert mit Erotik und voll Körpergeruch. Manche Stadt war daher so liebenswürdig und tolerant gegen die gelüstigen Fräulein, daß sie ihnen Bürgerrechte verlieh »umb ihrer Aufopferung für das gemeyne Beste willen«. Fast genossen sie den Schutz einer Zunft.

Wenn ein Kneipwirt heimlich in seinen Hinterzimmern ein Bordell einrichtete und sich Mädchen hielt, so wurden die gelüstigen Fräulein des städtischen Frauenhauses fuchsteufelswild. 1482 richteten sie in Nürnberg eine Bittschrift an den Rat, den unlauteren Wettbewerb abzustellen und die schuldigen Wirte »umb Gottes und der Gerechtigkeit willen zu strafen und solches hinfüro nicht mehr zu gestatten, denn wo solches hinfüro anders als bisher gehalten werden sollte, müßten wir Armen Hunger und Kummer leiden«. Nachdem sie mehrere erfolglose Petitionen eingereicht hatten, erhielten sie vom Rat der Stadt insgeheim die Erlaubnis, das Lasterhaus zu stürmen. Sie taten es. Am folgenden Abend öffneten sich die Tore des Frauenhauses, und eine Prozession von hundert gelüstigen Fräulein, angetan mit ihren vorgeschriebenen Berufsabzeichen (grüne Röcke in Nürnberg, in Leipzig gelbe Mäntel, in Augsburg grüne Schleier, in Zürich rote Mützen), bewegte sich auf die Vorstadtschenke zu, rannte die Türen ein, demolierte das Haus und verprügelte, was sich vorfand. Nicht nur die Polizei sah mit gekreuzten Armen zu, sondern die halbe Stadt, es war ein herrliches Fest.

Man verfolgte also, über das Frequentieren hinaus, das Wohlergehen des gastlichen Frauenhauses auch theoretisch mit heiterem

Interesse. Es ersetzte den modernen Club. Und wie heute hat es auch damals *inaktive* Clubmitglieder gegeben, die dort des Abends jene anstrengende Tätigkeit fortsetzten, die sie tagsüber auf der Galerie des Stadtbades getrieben hatten: Freunde zu besuchen, herumzustehen und zu schwatzen. Die Städte waren reich geworden, die Herren Söhne der wohlhabenden Familien standen mit der Arbeit nur auf flüchtigem Grußfuß. Man wußte ja, wie es einst der Adel und die Ritterschaft gehalten hatten, und fühlte sich als ihr Erbe.

In den Frauenhäusern wurde sehr gut gegessen und getrunken; es gab große Gelage mit hohen Glücksspielen, es gab aber auch stille »englische« Clubabende, wo man die Beine auf den Kastentisch legen und sich in Muße die Badezeichnungen von Seebald Beham oder die entzückend gemalten Hexen von Hans Baldung Grien ansehen konnte.

Ich weiß nicht, ob der Ehemann zu Hause nach dem Abendbrot so gegen 8 Uhr 30 gesagt haben wird: »Gertrude, Liebling, ich gehe jetzt noch mal auf einen Sprung – entschuldige den Doppelsinn des Wortes – auf einen Sprung ins Frauenhaus.« Ich weiß nicht; vielleicht ist es sans façon so gewesen. Es war eine Zeit kolossaler Sinnlichkeit. Mit dieser schrankenlosen Lust verdrängte der Lebensinstinkt die Gefahr des Kapitulierens. Die Freudenhäuser waren wahre Festungen.

Verheiratete, Geistliche und Juden sollten an sich ein Frauenhaus nicht betreten; tatsächlich aber war es nur den Juden bei Todesstrafe verboten. Ehemänner, die zu allen Zeiten mehr Geld zu haben pflegen als ihre unverheirateten Söhne, waren die Stützen, die Säulen dieser Häuser. Und Geistliche waren Stammgäste. In Nördlingen erregte es Aufsehen, als der Rat im Jahre 1472 wagte, den Mönchen wenigstens den Verbleib über die ganze Nacht zu verbieten.

Sie waren nicht gern gesehen, die frommen Herren; sie hatten meistens kein Geld. Der Ruffian sah am liebsten seriöse Bürger. Die gelüstigen Fräulein aber, oft überarbeitet und der Poltriane müde, fanden am einfachsten und daher gesündesten die Kinder.

Die jüngste Jugend, zwölf- und dreizehnjährige Kaufmannssöhne besuchten unauffällig, aber tüchtig den Tattersall der Liebe. In Ulm erließ der Stadtrat erst im Jahre 1527 den Befehl, alle Buben unter 14 Jahren »mit Ruten hinauszujagen«. Zu jener Zeit hatten aber die Frauenhäuser, wie wir noch sehen werden, sowieso schon ausgespielt. Daß man Kinder nicht allzufrüh darin sehen wollte, hatte, fürchte ich, weniger moralische als ökonomische Gründe. Spare in der Zeit, so hast du in der Not. Es gibt einen urkomischen Briefwechsel über dieses Thema:

»Ihr wollt uns doch verständigen, ob der allmächtige Gott Euch einen Erben beschert habe, denn wo solches nicht geschehen, müssen wir es Eurer Faulheit oder daß *der gute Zwirn hiervor in die bösen Säcke vernäht* worden, schuld geben.«

An Stelle des Ehemannes schrieb die Gattin dem Freunde persönlich zurück:

»Wir sind zu Gott getroster Hoffnung, da wir unserem Gemahl, der sein Werkzeug gleich als der Zimmermann weidlich braucht und nicht feiert, gar keine Schuld zu geben wissen.«

Badewesen und Frauenhäuser erlebten ein fast 400jähriges Alter. Das Ende ihrer Blütezeit jedoch, nach der sie sich eigentlich nur noch bescheiden und verrottet hinschleppten, kündigte kurz nach 1500 ein jäher Paukenschlag des Schicksals an.

Ein Ereignis trat ein, das für das gesamte Liebesleben eine größere Umwälzung zur Folge hatte als irgendein anderes Ereignis seitdem: Die Syphilis brach über Europa herein.

Das war das erste Geschenk des neuentdeckten Kontinents Amerika.

Im zehnten Kapitel *kehrt Christoph Columbus aus Amerika heim. Seine Schiffe schleppen eine neue Seuche, die Syphilis, ein. Es ist mit einem Schlage vorbei mit der sorglosen Liebe und bleibt nun 400 Jahre so. Die Menschen brauchen eine Generation, bis sie den größten Schrecken überwinden.*

Der Schreck war furchtbar.
Die heimkehrenden Schiffe des Christoph Columbus hatten die Krankheit nach Spanien gebracht. Von dort schlich sie sich zunächst nach Frankreich ein. 1495 trat sie bei der Belagerung Neapels durch französische Heere zum erstenmal als Epidemie auf. Sie forderte Tausende von Opfern. Damals wirkte sie auf den Organismus der europäischen Menschen, den sie biologisch völlig unvorbereitet traf, oft in kürzester Zeit tödlich.
Schlimmer als die Pest lief sie über alle Grenzen. Kurz nach 1500 stürzte die Flutwelle über Deutschland.
Mit einem Schlage hörte das Baden auf. Die Heilquellen verödeten, die Badehäuser schlossen. Aber die Seuche nahm nicht ab. Da erst verdichtete sich der Verdacht, daß die neue Krankheit durch die intime körperliche Berührung übertragen würde. Der erste Gedanke war: die Frauenhäuser! Entsetzt starrte man auf die vertrauten Fassaden und Fenster, hinter denen man mit den gelüstigen Fräulein so viele heitere Stunden verbracht hatte. Jetzt waren es Schreckenshäuser.
Die Ärzte drängten auf Niederbrennen. Es geschah. Zumindest wurden die Häuser aufgelöst. Die Insassinnen verliefen sich verängstigt in alle Winde. Jede von ihnen möglicherweise ein Todesengel.
Aber es war zu spät. Die Syphilis hatte längst in alle Kreise Eingang gefunden. Niemand war sicher vor dem anderen, der Geliebte fürchtete die Geliebte, der Mann seine Frau, die Braut den Bräutigam, die Schwester den Kuß des Bruders. Unfaßlich schien den Menschen, daß nun die Liebesumarmung Krankheit und Tod bringen sollte. Jetzt erst ahnten sie, daß sie zuvor wie im Paradiese geliebt hatten, ohne Angst, ohne Furcht.

Alle fühlten sich schuldlos, und alle vereinigten sich und schlossen sich zur Phalanx gegen die Gottesgeißel zusammen. Das soll heißen: Man sprach, man debattierte darüber, man klagte offen sein Leid, man erhielt Mitgefühl. Erst im 18. Jahrhundert begann man, das »Malheur« zu verschleiern und erst im 19. Jahrhundert war es gesellschaftlich endgültig verpönt, das Thema auch nur anzudeuten; von da ab roch es nach Sünde.
Anfang des 16. Jahrhunderts aber, zu der Zeit, als auch ein Ulrich von Hutten an Syphilis zugrunde ging, war die »Franzosenkrankheit« nichts als ein gemeinsamer, offener Feind vor den Toren der Stadt.
Aber ach! Er stand nicht mehr vor den Toren, er war mitten unter ihnen. Er verbarg sich hinter dem himmlisch-schönen Antlitz der Margarethe von Beckerath und hinter den kühnen ritterlichen Zügen Huttens. Er konnte überall lauern.
Wo war er *nicht*?
Die Frage ist keine rein theoretische. Wir werden sehen, daß sie auf die seltsamste Weise einen Fall heraufbeschwor, der das Zeug hatte, ein bis heute andauernder Skandal zu werden. Der Fall war folgender:
Landgraf Philipp von Hessen, den die Nachwelt aus unerfindlichen Gründen magnanimus, »den charaktervollen«, nannte, war frühzeitig als Halbwaise Landgraf unter der Vormundschaft seiner Mama geworden, hatte eine Jugend in Heidihusassa verlebt, mit 19 Jahren eine ältere sächsische Prinzessin geheiratet und war 1526 offiziell mit seinem Land zum protestantischen Glauben übergetreten. Ein um die Reformation verdienter, aber ausschweifender, sinnlicher Renaissance-Typ, eitel, gewalttätig, abergläubisch.
Um diese Zeit war er bereits syphilitisch. Irgendeine seiner zahllos mißbrauchten Landestöchter war der Todesengel gewesen. Der Herr Landgraf erschraken zutiefst.
Es wurde zuerst herumgequacksalbert, dann gebetet. Seine Routine-Sinnlichkeit geriet sogleich in quälenden Widerstreit mit seiner Reue und verängstigten Bußfertigkeit. So ist es zu verstehen, daß sein Geist (magnanimus) der mytisch-abergläubischen Vor-

stellung verfiel, von der Sünde, die er mit dem befleckten Engel begangen hatte, nur durch die Umarmung eines reinen Engels erlöst werden zu können.
Hier also ist die Antwort auf die Frage, wo noch Frieden, Sorglosigkeit und paradiesische Liebe war: bei den unschuldigen, kindlichen Jungfrauen!
Die abergläubische Vorstellung von der Erlösung durch eine reine Jungfrau klang den Menschen des 16. Jahrhunderts wunderbar und einleuchtend. Sie erinnerte an die Jungfrau Maria, und zugleich knüpfte sie wieder an die Sinnlichkeit an. Mit einem Wort: Es war eine Medizin, die nicht nur homöopathisch, sondern auch sympathisch war.
Philipp (magnanimus) warf sein luetisches Auge auf ein blutjunges Mädchen, Margarethe von der Saal. Das Kind wurde von der Mutter streng und erfolgreich bewacht, einer Mutter, die wir uns hochbusig und dragonerhaft vorstellen müssen, denn sie hatte alle Züge einer klassischen Kupplerin. Sobald sie merkte, welche Vorstellungen ihr Landesherr mit seiner Werbung verband, wurde sie christlich-dramatisch und erklärte, daß ihr Kind nur mit dem geheiligten Ehering am Finger dem Landgrafen gehören könnte.
Philipp erfuhr sehr bald, daß es Mutters heiliger Ernst war. Es wird nicht an Stimmen gefehlt haben, die den Landgrafen darauf aufmerksam machten, daß sich in Hessen noch weitere Jungfrauen dieses Alters befäden, aber Philipp war Ratschlägen nicht mehr zugänglich.
Er versuchte eine Scheidung von seiner Frau zu erreichen. Die Prinzessin, von dieser Eröffnung tief getroffen, lehnte ab. Ihre Gefühle schlugen in Haß und Rache um.
In dieser Situation verfiel Philipp auf den einzigen Ausweg, auf eine Idee, die fast unglaublich ist: er beschloß, Bigamie einzugehen. Auf Bigamie stand Todesstrafe und Kirchenbann. Da er Protestant war, wandte er sich in seinem Zustand, den man im wohlwollendsten Falle »Gewissenskonflikt« nennen könnte, an den Papst der Protestanten, an den einzigen, der ihm berechtigt schien,

sein Ja oder Nein zu diesem Schritt zu sprechen, an den einzigen, der es wissen mußte: an Martin Luther.

Luthers Schreck über den Mann, der zwei Frauen heiraten und zu diesem Verbrechen seinen Segen haben wollte, war nicht gering. Ausgerechnet der Vorkämpfer der Reformation, der Streiter für Luthers Gott, sein Beschützer, sein Landesfürst.

Philipp drohte, sich sonst an den Papst zu wenden.

In Wittenberg begann ein fieberhaftes Beraten Luthers mit Melanchthon und dem Reformator Butzer. Am 10. Dezember 1539 schrieb Luther die denkwürdige Antwort, die unter dem Namen »Geheimer Beichtrat« in die Geschichte eingegangen ist. In jenem Brief gab Luther sein Einverständnis zur Bigamie. Der Text lautet (Auszug):

»Gottes Gnad durch unseren Herrn Jesum Christum.

Durchlauchtigster Fürst und Herr!

. . . Gott hat die Ehe also eingesetzt, daß es allein zweyer Personen Gesellschaft seyn soll. Das will der Spruch: Es sollen zwey ein Fleisch seyn . . . Aber hernach hat Lamech das Exempel eingeführt, mehr Weiber sämptlich zu halten und ist wahr, daß hernach solches im Gesetze Moses nachgelassen, wie der Text sagt.

Dieweil nun ein ander Ding ist, ein Gesetz einzuführen, ein anderes, eine Dispensation zu brauchen, so bitten wir unterthänigst, Euer Fürstliche Gnaden wollen bedenken: erstlich, daß in alle Wege zu verhüten, daß diese Sach nicht in die Welt zu bringen sey, etwa als ein Gesetz, dem jeglicher zu folgen Macht habe, . . . dieweil es kein Gesetz seyn soll, sondern allein eine Dispensation . . .

Wir haben große Bekümmerniss deshalben lange Zeit gehabt, daß wir vernommen, daß Euer Fürstliche Gnaden also mit Hurerey und Ehebruch beladen, daraus dann Gottes Straff und große Fährlichkeit folgen möchte . . . Wir haben auch gern vernommen, daß Euer Fürstliche Gnaden so ernstlich darüber klaget und solcher Sünden halber Schmerzen und Reue haben . . . So Euer Fürstliche Gnaden darauf beschließen, noch ein Eheweib zu haben: so bedenken wir, daß ein solches heimlich zu halten sey, wie von der Dispensation droben gesagt . . .

Was vom Ehestand zugelassen im Gesetz Mosis, ist nicht im Evangelium verboten, so es die verderbliche Natur wieder zurechtbringt. Also hat Euer Fürstliche Gnaden nicht allein unser Gezeugnis im Fall der Nothdurft, sondern auch unsere Erinnerung ... Euer Fürstliche Gnaden willige und unterthänige Diener Martinus Luther – Philippus Melanchthon – Martinus Bucer.«

Was für ein Brief!

Der Landgraf heiratete Margarethe. Mit dem Ring am Finger bestieg das Kind das Bett und empfing von Philipp (magnanimus) die tödliche Stafette. Das Schicksal hatte ein merkwürdiges Einsehen mit dem Kerl; er wurde 63 Jahre alt und überlebte sie alle.

Über Luthers Ja-Wort, das selbstredend schnell publik wurde, kam es zu politischen Folgen, die die Reformatoren mit Mühe und Not noch einmal auffangen konnten.

Die ungeheure Sinnlichkeit des spätmittelalterlichen Menschen erfuhr durch die Schrecken der Syphilis, wie aus allen Quellen hervorgeht, keine Unterbrechung. Nur *ein* Fazit ist deutlich erkennbar: Das Ausleben der Sinnlichkeit geschah von nun an nicht mehr arglos und wahllos. Es verzog sich von der Straße in die sicheren vier Wände; es wurde in die private Sphäre gedrängt.

Überhaupt waren Gedanken und Redensarten jetzt schneller als die Tat. Das Mißtrauen – etwas bisher im Erotischen nicht Gekanntes – war aufgestanden! Die Lust, öffentlich darüber zu sprechen, war geblieben, aber die Tat selbst war intimer geworden. Fremde wurden gemieden; die Fahrenden, die Soldaten, die ziehenden Studenten, die reisenden Vertreter waren gefürchtet. Man mußte vertrauen können. Das konnte man nur im engeren Kreise.

Jetzt setzte auf die ehrbare Hausfrau, auf die Ehefrau des anderen, auf die Nichten und Kusinen die ganze Bedrängnis ein, die bisher zu einem großen Teil die gelüstigen Fräulein, die Badebekanntschaften, die Mädchen »aus dem Volke« und die einmaligen, flüchtigen Begegnungen abgefangen hatten. Der Wert der Unberührtheit vollends, die sicherste Aktie, schnellte in die Höhe wie bei einer Börsenkrise. Die Väter bekamen sozusagen das Korn noch

»im Halm« abgekauft. Eheversprechen unter Kindern hatte es schon früher gegeben; jetzt aber mehrten sich die Fälle, wo reife Männer der Mittelstände sich Kinder, reine Kinder, als zukünftige Ehefrauen sicherten. Man ließ die Kleinen im Elternhaus, umhegte sie oft in vorher nie gekannter Weise, überstürzte nichts, sondern wartete jahrelang, nahm sie absolut als Kinder und wollte nichts weiter als diese Option.
Es gibt Briefe an solche Kinder, aufgefundene Briefe, die eine ganz neue Seite im Manne zeigen. Trevelyn/Turner zitieren einen rührenden Brief; ich kürze ihn:

»Liebe Katharina!
Der Herr Jesus mache dich zu einem braven Weib und lasse dich in Gesundheit gedeihen. Und wenn du immer deine Mahlzeiten artig aufessen würdest, damit du wächsest und bald zum Weibe werdest, so machtest du mich zum fröhlichsten Mann der Erde. Grüße auch mein Pferd schön und bitte es, dir vier von seinen Jahren abzugeben. Sage ihm, daß ich es darum bitte.

Dein getreuer Liebender

Thomas B.«

Jungfräulichkeit war übrigens im Mittelalter, so rüde und obszön es sich auch sonst betrug, immer geachtet gewesen, etwa nach der Wiener Art: »Respekt, Respekt!« Es stand jedem Mädchen frei, sich einem Manne hinzugeben, Vergewaltigung jedoch wurde hart bestraft. Auch die Jungfräulichkeit der alten Jungfern verteidigte das Gesetz genauso wie die Unberührtheit einer Sechzehnjährigen. Auf »Notnumpft« eines unberührten Mädchens stand der Tod. »Wer ain Junkfrawen nothzogt, dem sol man den Hals abschlahn.« Die Beweis-Prozedur einer Notnumpft war von verblüffender und vorbildlicher Einfachheit, ich empfehle sie der heutigen Rechtsprechung: Das Mädchen mußte sofort und stehenden Fußes »mit gesträubtem Haar« laut schreiend durch die Straßen zum Rathaus laufen und dem ersten Menschen bereits, dem es begegnete, das Verbrechen an ihrer Unschuld entgegenschreien.

Öde, verlogene Verhandlungen mit »als ich ihn damals kennenlernte . . .« und »dann hat er und dann habe ich und dann glaubte ich . . .«, diese Dinge gab es damals nicht. Mir ist aus den zeitgenössischen Quellen kein einziger Fall bekannt, wo diese Methode versagt hätte oder mißbraucht worden wäre. Zu schreien, ohne verlacht zu werden – dazu gehört ein guter Ruf!
Man kann sich also vorstellen, wie sehr sich Bärschi aus dem 8. Kapitel über diese Zugabe Metsis gefreut haben muß!
Hier nun ist eigentlich der Augenblick, überhaupt einmal eine tiefsinnige Betrachtung über die Freude an der Unberührtheit, über die Ethik solcher menschlichen Haltung anzustellen. Leider muß ich Ihnen gestehen, daß die Geschichte uns lehrt, äußerst vorsichtig in Urteilen über die Klimmzüge der menschlichen Seele zu sein. Auf den ersten Blick scheint, daß eine so hemmungslose Zeit wie das Mittelalter für ihre Empfänglichkeit gegenüber der Unberührtheit keinen anderen Grund als einen »hohen ethischen« haben konnte. Man gerät aber schon in Schwierigkeiten, wenn man sich fragt, worin eigentlich der eingebildete Wert der Unberührtheit liegen konnte, wenn die gleichen Menschen nach der Hochzeitsnacht wesentlich anders dachten und nach dem ersten Kind überhaupt »open drive« verkündeten, – wie es auf unseren Autobahnen im Kolonialdeutsch so allgemeinverständlich heißt.
Ich bin sofort bereit, einem jungen Paar eine erstklassige Ethik zu bescheinigen, das ausschließlich einander gehören will und am Ende seines Lebens dennoch gestehen muß, der Geist sei willig, aber das Fleisch bedauerlicherweise dreimal schwach gewesen.
Worin aber, sagen Sie mir, soll die besondere Ethik liegen, wenn ein Mensch bei Tisch den größten Wert darauf legt, aus seinem Glase den ersten Schluck zu tun, es ihm aber völlig gleichgültig ist, wenn sich anschließend die halbe Tafelrunde daraus delektiert?
Oder führt uns dieses Beispiel unfreiwillig auf die Spur, es handele sich hier gar nicht um Ethik, sondern ganz einfach um männliche Eitelkeit? Um die Ehre des ersten Schlucks? Sozusagen um die Ehrenrunde zur Eröffnung des allgemeinen Tanzes?
Ich fürchte, das ist wirklich das ganze Geheimnis.

Wenn ich nun fortfahre und sage: aber selbst die Entstehung *dieser* Regung ist unerklärlich, so werden Sie mir sagen: Nun, Meister, laßt's genug sein des grausamen Spiels; ein unberührtes Mädchen zu bekommen, hat zu allen Zeiten die Männer gefreut.
Sehen Sie, das wollte ich hören! Gerade diese Vorstellung ist nämlich falsch!
Bei den etruskischen Volsiniern herrschte der Brauch, die jungen Mädchen vor der Hochzeit deflorieren zu lassen, und zwar, da man diesen Vorgang als eine entwürdigende, unangenehme Arbeit empfand, von irgendeinem Sklaven oder Knecht. Den Herren Volsinii war also die Eitelkeit in diesem Punkt keineswegs geweckt. Ferner gab es, wie Erasmus Franciscus berichtet, in Indien eine lange mittelalterliche Periode, wo man zur Defloration der Bräute die Priester verpflichtete. Das geschah nicht (wie etwa in der hellenischen Frühzeit), weil man es als Ehre betrachtete oder weil man die Vorstellung hatte, der Priester vertrete Gott, sondern der Priester sollte die Erziehung und »Fertigstellung« des Mädchens zur Frau vollenden und das Gebäude sozusagen schlüsselfertig übergeben. Dafür wurde er gemietet und bezahlt. Arme Leute, die sich das nicht leisten konnten, taten einem damals in Indien leid.
Es war also nicht immer und überall so wie im Abendland. Hier wurde im 16. Jahrhundert der Wert der Unberührtheit geradezu ein kommerzieller. Die Folge war das ganz neuartige Gewerbe der »Hymen-Reparierer«. Beim einfachen Stadtvolke zogen Quacksalber herum, die die vorzeitig verlorene Ehre und damit den Börsenkurs der Tochter wieder herzustellen versprachen. Sie handelten mit Kräutern, Essenzen und Alaunstein und verdienten an der Angst, die die Töchter vor dem Rücktritt von einem günstigen Eheversprechen hatten, viel, viel Geld.
Die Vorstellung von einer besonderen Ehre der ersten Nacht spielt wahrscheinlich auch bei dem seltsamen und von der Geschichtsforschung heiß umstrittenen Brauch des »Jus primae noctis« eine entscheidende Rolle. Die Überlieferung, daß es ihn im Mittelalter einmal gegeben hat, ist alt. Man hat ihn aus einem unerklärlichen Grund immer wieder bezweifelt und im 19. Jahrhundert sogar als

reine Fama, als böswillige antifeudale Verleumdung bezeichnet. Man schlug sich auf die duodezfürstlichen Brustkästen und wies für sich und die gesamte Ahnenreihe einen solchen Verdacht weit zurück.

Das viel zitierte »Jus primae noctis« ist das Recht auf die erste Nacht, das damals dem Feudal- oder Grundherrn bei einer Hochzeit seiner leibeigenen Bauern gesetzlich oder gewohnheitsrechtlich zugestanden haben soll. Daß die Leibeigenen nur mit Erlaubnis ihres Herrn heiraten konnten, ist belegt; daß aber der Herr zugleich das Recht hatte, die erste Nacht mit der Braut zu verbringen, das galt es nachzuweisen.

Es ist heute bewiesen.

Es war falsch und vergeblich, in den Reichsgesetzen zu suchen. Als man in den Regionalchroniken nachforschte, fand man die Beweise sofort. Wir besitzen ein Dokument von 1419, eins von 1496, und eins von 1538 und eins von 1543. Alle sagen klipp und klar: ». . . der soll den Herrn oder seinen Vogt bei seinem Weibe liegen lassen die erste Nacht.«

Natürlich ist von diesem Gewohnheitsrecht Ende des 15. Jahrhunderts kaum noch Gebrauch gemacht worden. Vom 16. Jahrhundert wissen wir ganz sicher, daß die hörigen Bauern diese Pflicht durch eine Abgabe an den Herrn ablösten. Im Lagerbuch des schwäbischen Klosters Adelberg steht die Notiz, der Bräutigam habe ein Klafter Holz abzuführen und die Braut einen Kochtopf oder eine Pfanne, so groß, »daß sie mit dem Hintern darein sitzen mag«. Auch mit Geld konnten die geplagten jungen Leute ihre Ruhe erkaufen. Der Volksmund hat dieser Abgabe viele drastische Namen gegeben: Bettmund, Hemdschilling, Jungfernzins, Vogthemd, Stechgroschen, Schürzenzins und Bunzengroschen.

Daß in jener Periode, in der man durch das erste Auftreten der Syphilis verschreckt war, die Grundherren besonders gern auf ihr Recht verzichteten, ist wahrscheinlich. Übrigens pflegten die jungen Bauernbräute, die zum Traualtar schritten, alles andere als Jungfrauen zu sein. Da kam der Herr auf jeden Fall zu spät.

Denn verheißungsvoll kann ich Ihnen versichern: Reformation

und Humanismus, in denen wir nun mitten drin stehen, hatten an der Alltagsmoral der Menschen und der bodenlosen Sinnlichkeit des einfachen Volkes so gut wie gar nichts geändert.
Der Einbruch der Syphilis lag jetzt eine Generation zurück, und der Mensch gewöhnt sich bekanntlich an alles. Man reagierte so, wie die Wiener bei Kriegsausbruch 1914 auf das preußische Telegramm »Die Lage ist ernst, aber nicht hoffnungslos« mit der Antwort: Die Lage ist hoffnungslos, aber nicht ernst.

Im elften Kapitel *steht Deutschland mitten in der Hochrenaissance. Das 16. Jahrhundert schäumt über von Lebenslust und Sinnenfreude. Hans Sachs dichtet seine Fastnachtsspiele, Lucas Cranach malt die Venusbilder, und das Volk singt: »Nur her, mein liebstes Vögelein, wir wollen nicht die faulsten sein!«*

Es erhebt sich nun überhaupt die Frage: Wo bleibt denn die Neuzeit? (Das frage ich mich *heute* noch.)
Damals jedenfalls war sie nicht einmal zu ahnen. Wir dürfen Reformation und Humanismus des 16. Jahrhunderts nicht überschätzen. Immer noch brannten die Scheiterhaufen, auch in protestantischen Landen; die Folterkammern der lutherischen Städte gaben denen der katholischen nichts nach, Luther glaubte an Incubus und Succubus, Melanchthon hielt die Lehre des Kopernikus für Ketzerei, und die lutherische Kurfürstin Anna von Sachsen wünschte in einem Brief an ihre calvinisch verheiratete Tochter dem Enkelkind den Tod, »damit es nicht vom Irrglauben befleckt werde«. Selbst der große Arzt Paracelsus war noch voller Aberglauben.
Und der Humanismus, der Griechenland und das alte Rom als Ideal geistiger Freiheit und weltlich-künstlerischer Lebensform entdeckte, er hat ebensowenig etwas daran geändert, daß Raubritter Kunz weiter die Planwagen überfiel, um Würste, Stoffe und Gewürze herauszunehmen und die Kisten mit den Dürer-Holzschnitten in die Regnitz zu werfen; Jörg und Xaver trugen weiter den roten Hosenlatz und stopften ihn mit zwei Pfund Werg aus, und Annerl und Jungfer Bertha hoben weiter bei jeder Gelegenheit statt Antwort rücklings ihren Rock hoch und trugen dabei keine Dessous.
Inzwischen glänzte zwar Pirkheimer, unterhielt der junge Scheuerl einen geistigen Salon und nörgelte Erasmus von Rotterdam moral-literarisch herum; mühten sich zwar Wissenschaftler und empfanden einige Finanzmagnaten es als aristokratisch, sich klassich zu veredeln und den Humanismus nachdenklich zu benicken.

Auf sie hat er auch tatsächlich Einfluß gehabt. Aber Sache des Volkes oder Herzensangelegenheit aller Gebildeten wurde der Humanismus nicht. Sosehr es dem deutschen Wesen entsprach, aus der italienischen Renaissance, diesem knallenden Liebesausbruch für die Antike, etwas ödes »Grundsätzliches« zu machen, sosehr entsprach es andererseits auch dem Wesen des deutschen Volkes, weiter gänzlich naiv und stur zu bleiben.
Die ätherischen Erasmusse waren für viele Kreise geradezu abschreckend. Temperamente wie Luther leisteten nicht nur aus religiösen Gründen Widerstand gegen diesen Geist, sondern aus gefühlsmäßiger Abneigung. Je dünkelhafter sich die gelehrten Humanisten benahmen, desto größeren Spaß fanden die Mittelstände darin, sich derb, ungeziert und altfränkisch aufzuführen.
Griechenland, Antike! Mit der Syphilis im Blut spaziert's sich schlecht in den klassischen Gefilden. Auch die Scheiterhaufen sind keine stilechte Beleuchtung.
In den Predigten der Geistlichkeit mußte ein drastischer, einleuchtender Ton herrschen, wenn man das Herz des Volkes anrühren wollte. Daher auch die handfeste Sprache Luthers. Erasmus, den der humanistische Nebel seine finstere Herkunft hatte vergessen lassen, hätte einen Satz wie den gesagt: »Es entspricht nicht der von Gott gewollten Würde des Menschen, Drohungen und Bedrohungen mutlos nachzugeben.« Luther hat das wörtlich einmal so ausgedrückt: »Wer von Dräuen stirbt, den soll man mit Fürzen zu Grabe läuten.«
Das alles zeigt, daß die noch recht mittelalterlichen Menschen in Deutschland diesem Geistwechsel absichtlich ein Kontra entgegenbrachten. In sittlich-sexueller Beziehung wirkte dieses Kontra des 16. Jahrhunderts geradezu wie ein Trompetenstoß. Der ungehobelte Radau, den das 16. Jahrhundert um die Liebe machte, war nicht naiv, sondern *gewollt*!
Das ist ein Gedanke, der viel zuwenig beachtet ist. Er erklärt auch, wie ausgerechnet gleichzeitig mit dem Humanismus die burschikosesten Dichtungen, die derbsten Zeichnungen großer Maler, die obszönsten Plastiken entstehen, wie ein so kultivierter Mann wie

Professor Bebel sein unanständiges Volksbuch des Humors herausgeben konnte.
Von den mit höchster Lust gegen den humanistischen Geist gerichteten Ausfälligkeiten dieser Epoche macht man sich kaum einen Begriff, und ich ringe schon die ganze Zeit mit mir, ob ich Ihnen nicht wenigstens *ein* Beispiel anführen darf. Ich meine, ich darf. Lesen Sie es als Forscher, und denken Sie daran, daß es auch in der Botanik den Begriff Unkraut nicht gibt.
Aus Heinrich Bebels Volksbuch des Humors:

Das witzige Bauernmädchen

Edelleute ritten am Neckar entlang und kamen an Bauernweibern vorbei, die am Wasser Wäsche hielten. Das Wetter war kalt, und die Weiber hatten rote Gliedmaßen. »Wie kommt es denn, daß ihr so rote Beine habt?« fragte der eine der Edelleute. Da antwortete eine witzige Bauerndirn: »Weil wir Feuer im Leib haben!«
»So«, sprach der Reiter, »nun, dann bitte ich dich, du möchtest mir diese nette kleine Rute anzünden!« Und damit zeigte er sie. Da drehte sich die Wäscherin flugs um, hob den Rock über ihren Hintern hoch und rief: »Gern, lieber Herr. Aber erst blast mir mal das Feuer an!«

Kaiser Maximilian hat die Geschichte oft weitererzählt, Luther, Melanchthon, Reuchlin, Peutinger haben darüber gelacht, und Johann Wolfgang von Goethe hat das Buch fleißig gelesen. Man konnte es im 16. Jahrhundert jeder Dame erzählen, denn das war, so schien es den Damen, das Nette daran, daß der Verfasser »nichts hat hierher setzen wöllen, so es unschicklich oder ungebührlich vor ehrbaren Frawen oder Jungfrawen were«.
Auch unsere Ur-Ur-Ur-Großmutter wird es also gekannt haben. Wenn sie über den Domplatz ging, so fielen ihre Blicke notgedrungen auf Plastiken und Reliefs, die uns heute die Sprache verschlagen würden und im 18. Jahrhundert auch fast alle entfernt wurden. Im Straßburger Münster gab es ein Relief, auf dem Schweine im

Ornat die Messe lasen, und am Fuß der Kanzeltreppe stand die Plastik eines Mönchs, der »sich bei einer liegenden Nonne gar ungeziemender Freyheiten gebrauchet«. Dasselbe Thema war am Erfurter Dom in Stein gehauen. In Nördlingen fand sich ein Gemälde aus dem Jahre 1503, das zeigte, wie der Papst mit seinen Kardinälen in der Hölle schmort und eine Frau vom Teufel vergewaltigt wird. Regentraufen und Wasserspeier in Form von Weibern, die im hohen Bogen ihre Notdurft verrichten, gab es zu Hunderten. Manche sind heute noch erhalten.

Der Bürger im Zeitalter von Reformation und Humanismus wünschte, wie das einfache Volk, ein »Ur-Viech« zu bleiben. Er war ein glühender Verteidiger dessen, aus dem der Humanismus so gerne herauswollte: aus dem »finsteren Mittelalter«. Unser Ur-Ur-Ur-Großvater war der Meinung, daß das, was wir finster nennen, die Kirche war und nur Dinge betraf, die mit der Kirche zusammenhingen.

Nun, die Kirche hatte ausgetobt, so schien es unserem Ur-Ur-Ur-Großvater 1520, und er sah keinen Grund, jetzt griechisch zu werden oder sonst ein fremdes Licht anzustecken. Er fand das Volk prächtig, die Sinnlichkeit herrlich, die Derbheit unbezahlbar gesund; und während der düstere Kaiser Karl V. die deutsche Sprache eine Sprache für Pferdeknechte nannte, fand er sie unübertroffen und las abends unter der Talglampe unserer Ur-Ur-Ur-Großmutter, die nun den feinen Modenamen Sibylle trug, Volkslieder vor, die damals entstanden sind:

Ich hört ein Sichlein rauschen,
wohl rauschen durch das Korn,
ich hört ein fein Magd klagen,
sie hätt ihr Lieb verlorn . . .

Und zur Adventszeit, wenn der Ofen in der Stube glühte und die Äpfel im Bratrohr schmorten, saß Sibyllchen am Butzenfenster, wohlgenährt und wohlbefriedigt, und sang unberechtigt aber sehnsuchtsvoll ein ganz neues, soeben geborenes Volkslied:

»Es ist ein Schnee gefallen,
und es ist doch nit Zeit.
Man wirft mich mit den Ballen,
der Weg ist mir verschneit.
Mein Haus hat keinen Giebel
es ist mir worden alt,
zerbrochen sind die Riegel,
mein Stüblein ist mir kalt.
Ach, Lieb, laß dichs erbarmen,
daß ich so elend bin,
und schließ mich in dein Armen!
Dann fährt der Winter hin.«

Darauf drehte sich unsere Ur-Ur-Ur-Großmutter um, verscheuchte den Anflug ihrer Wehmut und begab sich, sogleich wieder heiterer Stimmung, in das Schlafzimmer, um sich für den Abendempfang bei Anton Fugger, der in der Stadt zu Besuch weilte, zurechtzumachen. Die Magd kleidete sie aus, und während vor dem runden, konvexen Brügger Spiegel, in dem man das ganze Zimmer sehen konnte, Hülle um Hülle fiel, begleitete das Mädchen jedes Auftauchen neuer rosenroter Schönheiten mit entzücktem Blick und schmeichelnden Reden, wie sie jedermann kannte. Im lächelnden Singsang summte sie, wobei sie damit zugleich das Schönheitsideal des 16. Jahrhunderts bekannte:

»Meine schöne Frau, davon ich sag,
die hat ein stolzes Haupt von Prag,
zwei Äuglein flink aus Frankenreich,
ein schwellend Mund aus Österreich,
von Köln zwei weiße feine Händen,
und von Brabant zwei schmale Lenden,
aus Niederland die Brüstlein,
aus Bayernland das Büschlein,
rund Ärschelein aus Schwaben,
das tut mein lieb Fraw haben!«

Unserer Ur-Ur-Ur-Großmutter gefiel das ausnehmend! Sie lachte und fragte das Mädchen, ob sie wüßte, welche drei harten, drei weichen, drei kurzen, drei langen, drei roten, drei weißen und drei schwarzen Dinge eine hübsche Frau haben müßte?
Nein, sie wußte es nicht, und unsere Ur-Ur-Ur-Großmutter zitierte auswendig (denn damals hatte man noch ein wunderbares Gedächtnis, unbeschwert und leicht):

»Die harten sind die zwei Brüst und der Ars,
die weichen sind die zwei Händ und der Bauch,
die kurzen sind die Nase und die zwei Füß,
die langen sind die Finger und die zwei Schenkel
die roten sind die zwei Wangen und der Mund,
die weißen sind die zwei Beine und der Nacken,
die schwarzen sind die zwei äuglein und das . . .«

Hier prustete die Magd heraus, wies mit dem Finger auf den Schoß ihrer Herrin und rief dazwischen: »Stimmt nit, stimmt nit! Ihr tragt's ja abgeschabt!«
Frau Sibylle errötete leicht, schnippte das Mädchen unter die Nase und sagte:
»Dumme Dirn! Jetzt eil dich! Flink! Wir haben nur noch drei Stunden Zeit!«
Die Magd sprang auf; denn ihre Frau herauszuputzen, daß sie die schönste war, das gefiel ihr wunderbar.
Zuerst kremte sie sie mit Fett ein. Während das Schmalz einzog, bleichte sie das Haar noch einmal kurz mit Schwefel, band dann nach der neuesten Mode einen falschen Zopf von blondem Haar kunstvoll auf und verstärkte alles mit Harz. »Man« trug das Haar nicht mehr offen oder in Flechten, o Gott, nein!
Dann setzte sie Frau Sibylle das herrliche neue Barett auf. Es war aus Seide, mit Goldfäden bestickt, und hatte als Zierde zwei spitze kleine Öhrchen, die aufrecht links und rechts hochstanden. In das Nackenhaar kam noch ein kleines Diadem; dann war der Kopf fertig. Das Fett wurde abgewischt, die Haut etwas gepudert, gerade

soviel, daß sie nicht glänzte. Immer noch stand Frau Sibylle nakkend da. Erst jetzt kamen die Kleider. Zuerst ein faltenreiches Spitzenhemd, dann ein Oberkleid mit so weiten Ärmeln wie an einer Kutte. Alles aus Seide und Samt. Um die Taille ein Gürtel vom Goldschmied, aber kein »Dusing«, das heißt ohne Schellen. Sie waren bei den oberen Zehntausend längst passé.

Ein halbes Stündchen, während unser Ur-Ur-Ur-Großvater schon vom Ratsamt heimkehrte, wurde noch gerafft und gezupft. Vor allem wurden die Brüstchen noch ein wenig mehr freigemacht und hochgepreßt, »daß man einen Lichtstock draufsetzen könnte«.

Unser Ur-Ur-Ur-Großvater, ein vernünftiger Mann, der damals schon lieber Bilder als Kleider sammelte, genau wie heute sein Enkel, fand Sibylle zwar wunderschön, die ganze Zeitmode und renaissancische Verschwendungssucht aber doch an der Grenze des Gesunden.

Er trat ins Zimmer, küßte Sibylle auf den Busen, drückte sie an sich und schimpfte auf die Weiber.

»Aber Mann, Liebster«, rief unsere Ur-Ur-Ur-Großmutter, »wir in Deutschland sind doch wahrlich vernünftig! Propst Elger erzählte mir heute nach der Kirche, in Rom gäbs Frauen, die sich vom Papst die Erlaubnis gekauft haben, in Hosen herumzugehen und Rapiere an der Seite zu tragen!«

Unser Ur-Ur-Ur-Großvater runzelte die Stirn:

»Ja, ich weiß. Es ist leider die Wahrheit. Aber nit bei uns. So weit kommts nit! Wir haben heute im Rat besprochen, ob wirs nit machen sollen wie in Zürich: Nur die unehrlichen Frauen sollen dürfen Putz tragen ohne Grenzen. Das würd helfen. In Zürich will jetzt keine ehrbare Frau mehr verwechselt werden.«

»Und wozu? Sind wir denn arm?«

»Es dreht sich nit um uns, die Geschlechter und Patrizier. Es dreht sich um das schlechte Beispiel. Schau, der Bäckermeister Veit Gundlinger hat seiner Tochter eine Hochzeit ausgerichtet mit 60 Tischen und 270 Gästen über acht Tage! Wo führt das Exempel eines so einfachen Mannes hin? Heute noch kann er es, weil er das

Geld hat. Morgen wollen andere das Geld, *damit* sie es können. Eine Schraube ohne Ende.«

»Nun gut, gut. Wir werden demnächst nackt gehen«, erwiderte Sibyllchen in ganz moderner Logik. »Und überdies bitte ich dich, Andreas, dir ein Taschentuch zu nehmen, du besitzt doch drei!«

Verdattert stand unser Ur-Ur-Ur-Großvater da. Tatsächlich, er hatte sich wieder vergessen und auf den Boden geschneuzt! Dabei besaß er wirklich und wahrhaftig drei Taschentücher, und in der Fensternische stand das neueste Benehmensbuch von Erasmus, in dem es hieß: »Aber sich in seine Mütze oder in seinen Ärmel schneuzen, ist bäurisch. Es mag den Zuckerbäckern anstehen, in die Hand zu schneuzen und sie dann wie zufällig am Anzug abzuwischen. Aber die Ausscheidungen der Nase mit einem Taschentuch aufzunehmen, indem man sich etwas von der anderen Person abwendet, ist eine hochanständige Sache. Und wenn durch Zufall etwas davon zu Boden fallen sollte, wenn man sich nämlich mit zwei Fingern schneuzt, dann muß man sofort darauf treten.«

Andreas, nach dieser gesellschaftlichen Niederlage, eilte, sich umzuziehen und ein Taschentuch zu sich zu stecken.

Wenig später schritt das Paar auf das festlich mit Kerzen erleuchtete Haus zu, in dem der reiche Anton Fugger den Empfang gab. Es lag ein paar hundert Meter vor den Toren der Stadt und war ein sogenanntes »Freßgütlein«, ein kleiner Gutssitz, den man sich für Feste und Schmausereien hielt. Als unser Ur-Ur-Ur-Großvater und Sibylle eintraten, war in der großen, teppichbelegten warmen Halle gerade die Pantomime »Von den dreyen nacketen gettinen von Troya« im Gange. Eine Welle von Rosenwasserduft, vermischt mit dem Geruch nackter Körper, schlug ihnen entgegen.

Zur gleichen Stunde war Frau Sibyllens Magd-Zofe, ihr »Erenwadel«, mit ihrer Schwester, die bei Stadtkämmerers diente, auf dem Wege zu einem Tanzvergnügen in ihrem Heimatdorf.

Als sie in die Dorfschänke eintraten, schlug ihnen auch eine Welle entgegen, aber es war kein Rosenduft. Es war der echte Duft des Landvolkes im 16. Jahrhundert. Die geräumige Stube war voll von

Tanzenden, auf der Empore fiedelten und paukten die Musiker, hinter dem Ofen kreischten Liebespaare, auf dem Gang verrichtete ein Mädchen seine Notdurft, Hunde kletterten auf die Tische und stahlen Würste und Käsestücke, Bier rann aus und lief über die Bänke, und das kleine Töchterchen des Schankwirts ging mit einem Körbchen herum und verkaufte »Gebildbrote«, Brötchen und Küchelchen, die in Form von phalli und vulvae gebacken waren. (In bayrischen Wallfahrtsorten konnte man noch im 19. Jahrhundert phallische Votivgegenstände kaufen!)

Um das Kind herum stampften die Paare, alte und junge, alle lachenden Gesichts – Lachen war eine wahre Leidenschaft des 16. Jahrhunderts –, erhitzt vom Bier und erregt von Sinnlichkeit. Manchen Frauen war die Brust aus dem zu kurzen Mieder gesprungen und tanzte mit; die Bauernburschen schwangen und drehten die Mädchen herunter zu Boden und dann rasch in die Höhe und wieder herunter, daß ihnen die Röcke über den Kopf flogen und sie einen Augenblick nackt dastanden. Das nannte man »verködern«. Die älteren Frauen und Mütter versuchten von diesem Glück auch noch einen Zipfel zu erhaschen, sie wetteiferten an Freigebigkeit mit den jungen Dirnen und waren fast neidisch. Und nur, wenn die eigene Tochter die umworbenste war, dann sagten sie zufrieden:

»Schau, Mann, es ist gar Bedrang umb meine Tochter am Tantze! Wie hat sie heut guten Markt!«

Damals kam auch das »Umbwerfen« in Mode, und viele Tänze endeten in einem Knäuel von Männern und Frauen am Boden, dem sogenannten »Fleischhaufen«.

War der Schrecken der Syphilis schon verflogen?

Je nun, man kannte sich doch im Dorf! Jeder wußte alles vom anderen, ob er die Masern oder den Keuchhusten gehabt, ob er ein großer Stier war oder nicht, ob er etwas Geld hatte oder arm war, man wußte, wie sich das unter dem jungen Volk arrangieren würde; es war nicht wie in der Stadt, man brauchte keine Sorgen zu haben.

»Rustici sunt bestiae«, hat Luther einmal gesagt. »Die Bauern sind

wie das liebe Vieh.« Ja, das waren sie; trotz Humanismus und Renaissance.
Auch in der Stadt gab es noch Inseln, die an vergangene sorglose Zeiten erinnerten; wo der Kreis eng und wohlig vertraut war: die Spinnstuben.
»Spinnstube«, das klingt wie ein Volkslied. Frau Holle geht in den Rauhnächten durch das Land und schaut in der Dämmerstunde zum Fenster herein ...
Das war einmal. Hundert Jahre früher. Jetzt waren die Spinnstuben an Winterabenden Anziehungspunkte für junge Burschen, die dort wie ehemals in den Bädern ein und aus gingen. Es wurde wohl noch ein bißchen Wolle gezupft und gesponnen, aber schnell füllte sich immer die Stube mit den Gspusis und Schätzen der jungen Handwerker- und Arbeitertöchter; das dünne Surren der Spinnräder hörte auf, es wurden derbe Geschichten erzählt, abergläubischer Liebeszauber, Pantoffelwerfen, Wahrsagerei getrieben, man setzte sich im Kreis zusammen und spielte erregende erotische Spiele. Wenn das Blut in Wallung war, kam allabendlich der Augenblick, wo man »die Lichter ausblusterte«.
Auf einem Holzschnitt aus der Mitte des 16. Jahrhunderts ist eine solche Spinnstube zu sehen. Das Bild zeigt *ein* Mädchen, das spinnt, und dreizehn Mädchen, die Unzucht treiben. Sie küssen und umschlingen die jungen Männer, lassen sich ausziehen, wälzen sich mit ihnen am Boden, und wenn mich meine scharfen Augen nicht im Stich lassen, so sehe ich auch eine echte Kohabitation.
Ein Stündchen später zog man dann vergnügt nach Hause. Man eilte ins Kämmerlein, wusch sich, behandelte sich auch vorsorglich mit Kräuterchen, denen man vertraute.

Rosmarin und Thymian
wächst in unserm Garten.
Jungfer Ännchen ist die Braut,
kann nicht länger warten.
Roter Wein und weißer Wein,
morgen soll die Hochzeit sein.

Die Kräuterbücher sind voll von solchen Sprüchen. »Roter Wein und weißer Wein« – wir wissen heute nicht mehr, was gemeint ist. Aus Rosmarin, Thymian, Petersilie und Lavendel, die in jedem Hausgarten blühten, setzten sich viele Verhütungsmittel der damaligen Zeit zusammen. Man kann sich vorstellen, daß es ein beständiges Gebade und Gesalbe war. Das gute Ännchen! Wenn es dennoch in andere Umstände kam (und es kam!), dann flog es bei unserer Ur-Ur-Ur-Großmutter hinaus! Da gab es kein Arbeitsgericht und keine Gewerkschaft. Ännchen tippelte dann mit ihren Siebensachen zu Papa und Mama zurück aufs Dorf. Dort gebar sie ein neues kleines Ännchen, wickelte es, froh der Last bar zu sein, in einen defekten Dürerstich und machte sich mit ihrem Bündel und dem Papierpaket in die Stadt auf.
Sie machte nun einen Gang, den damals jedermann kannte. Ihr Ziel war die Drehlade am Ordenshaus der Schwestern vom Heiligen Geist. In protestantischen Ländern befand sich dieses seltsame Ding an einem städtischen Hause, das die amtliche Bezeichnung »der funden kindlin hus« trug.
Auf leisen Sohlen und mit der Miene einer freundlichen Passantin pirschte sich Ännchen bei Einbruch der Dunkelheit an die Klostermauer heran. Dort befand sich in einer Nische die Drehlade. Ännchen hätte, nach der Bezeichnung dieses Instrumentes befragt, natürlich nicht Drehlade gesagt. Sie nannte es »Triller«. Es war ein Kasten, der sich auf einer Drehscheibe durch die Maueröffnung in den Klostergarten drehen ließ.
Ännchen nahm nun das Papierpaket mit seinem wimmernden Inhalt und legte es in den Kasten. Dann gab sie der Drehscheibe einen Stoß, und mit einem leisen Glockenzeichen kreiste der Kasten in das Innere des Klosters. Es war die erste Karussellfahrt Klein-Ännchens und Tausender anderer Kinder. Und während beim Ertönen des Klingelings eine Nonne eilends aus dem Haus kam, schritt die Magd fürbaß auf Frau Sibylles Haus zu, um die Arbeit wieder aufzunehmen, die sie so sehr liebte, weil Frau Sibylle eine gar so feine Frau war, der Gott nur geben wollte, daß sie nicht auf dem Scheiterhaufen endete, was immer noch – das wollen wir in allen Zeiten

von Drehladen und Sozialversicherungen nicht vergessen – was immer noch passieren konnte.
Die Drehlade war damals schon eine 400 Jahre alte italienische Erfindung, aber erst im 15. und 16. Jahrhundert verbreitete sie sich in Deutschland. Sie sollte den unehelichen Müttern, vor allem denen, die alleinstanden und arbeiten mußten, die Möglichkeit geben, unerkannt ihr Kind in die Obhut des mildtätigen Ordens auszusetzen. Die Drehlade war es wahrscheinlich, die die Kindermorde und viel Unglück verhütete, denn es ist geradezu phänomenal, daß in einer Stadt wie Nürnberg im fruchtbaren 15. Jahrhundert nicht ein einziger Kindsmord vorkam und im noch fruchtbareren 16. Jahrhundert auch nur sechs. In 100 Jahren!
Man hat heute den Eindruck, als sei die Anonymität dabei ein ganz besonders zarter Zug der Zeit gewesen. Wir verschwenden da aber unsere Hochachtung. Ännchen hätte sich damals genauso unbefangen daran gewöhnt, ihre Kinder persönlich und namentlich zu übergeben. Der Grund war ein anderer: Man wollte in sehr kluger, unauffälliger Weise jedes Band zwischen Mutter und Kind zerschneiden. Nur das Kloster sollte von nun an noch für das Kind existieren.
Und damit sind wir bei der Frage, wie die Mönche und Nonnen die vielen kleinen Würmer bewältigten. Es muß doch Zeiten gegeben haben, wo das Ordenshaus einer riesigen Wochenstube glich, denn von den städtischen »funden kindlin häusern« in Hamburg und Ulm wissen wir, daß in einem Jahr bis zu 200 Kinder abgegeben wurden! Bei den Klöstern muß es doch ähnlich gewesen sein! Also, wie ging das mit 200 Säuglingen im Kloster vor sich?
Ich muß Ihnen gestehen, ich weiß es nicht. Ich habe mich bemüht, Quellen darüber zu finden, aber vergeblich. Es muß ein kolossales Gewiege und Geschaukele, ein Stillen, Einwickeln und Auswickeln gewesen sein, ungerechnet der Vorstellung, die 200 Kinder könnten einmal geschlossen von Dysenterie befallen worden sein.
Bei dem Worte »Stillen« scheine ich mich übrigens eines Mißgriffs, einer mißzuverstehenden Ungenauigkeit schuldig gemacht zu haben. Ich scheine.

Jedoch ist hier gar nichts mißzuverstehen. Wenn ich Stillen sage, meine ich Stillen. Es gab genug Nonnen, die das Amt der Amme zu übernehmen imstande waren. In den Klöstern entbanden damals immer irgendwann irgendwo irgendwelche Klosterfrauen und waren daher bei ihrer gesunden Lebensweise und ihrer meist kräftigen Körperkonstitution sehr wohl imstande, ihrem »Liebesdienst« dadurch sozusagen die Krone aufzusetzen. Das wird Sie doch nicht überraschen? Nun denn! Dann können wir das Kapitel ja beschließen.

Das zwölfte Kapitel *berichtet von schlimmen Zeiten. Soziale Aufstände und Revolutionen kündigen den Umbruch zur Neuzeit an. Der Dreißigjährige Krieg hinterläßt Deutschland verbrannt und entvölkert. Aus ist es mit der Kraftmeierei. Nach diesem Überangebot an rauhen Sitten wollen die Menschen nichts als Ruhe, Frieden und Gartenzwerge.*

Wir hätten im alten Kapitel bleiben sollen und unsere Ur-Ur-Ur-Großeltern im 16. Jahrhundert. Aber nein, sie mußten ja ins nächste.

Es gab viele, denen Böses schwante, denn die Reformation Luthers war mißverstanden worden und hatte schon Unruhen und Kriege ausgelöst, den Bauernkrieg, die Bilderstürmer, die Wiedertäufer, die Münsterische Revolution und die sächsischen »Kommunisten«-Aufstände.

Es gärte plötzlich.

Es war die Zeit, als Luther zu Lucas Cranach einmal sagte: »Ich habe fünf Kinder, die mir herzlich lieb sind; doch wenn ich an die bösen Läufte der zukünftigen Zeit denke, darein sie auch übel geraten möchten; wenn ich in dem Gedanken stehe, so wollte ich, daß sie alle gestorben wären . . .«

Seine Ahnung war richtig. Das neue Jahrhundert kam und zugleich mit ihm der schrecklichste der Schrecken, der Dreißigjährige Krieg.

Es waren mörderische Jahre, und daß das deutsche Volk nicht ausstarb, lag daran, daß die Nacht mehr vorgesorgt hatte, als der Tag an Leben jetzt vernichten konnte.

Ein dreimal Hoch hier auf das Animalische!

Damit die Hammelherden den Bedarf der Großmarkthallen überstehen, gab Gott diesen Geschöpfen einen ebenso unermüdlichen wie dümmlichen Geschlechtstrieb, und um als deutsches Volk über die Inquisition, die Bauernaufstände und den Dreißigjährigen Krieg zu kommen, bedurfte es wahrscheinlich der vorangegangenen langen Periode der Sinnlichkeit.

Natürlich wäre es unsinnig zu sagen: Die Natur hat in diesem Falle

ahnungsvoll vorausgesehen. Unsere verschrobene menschliche Natur, die zu stumpfsinnig ist, einen strengen Winter oder auch nur den Geldbriefträger vorauszusehen, ist nachweisbar gänzlich außerstande, selbst die allernächsten Hintertreppen-Dramen unserer Politiker zu ahnen.
Nein, wir waren nur zufällig in einer glücklichen Lage. Wäre das mörderische 17. Jahrhundert unmittelbar auf die Minnezeit gefolgt, so hätte das Volk es nicht überstanden. Nun aber lagen 300 Jahre gröbster Sinnlichkeit dazwischen, in denen man mit Bienenfleiß ein gewaltiges Menschenreservoir geschaffen hatte.
Denn die Menschen des Spätmittelalters haben nicht nur mit dem höchsten Vergnügen geliebt, sie haben auch mit dem allergrößten Vergnügen Kinder empfangen, geboren und gehabt. Ein Sprichwort sagte damals: »Was die Frauen sich wünschen, ist dreierlei: Viele Kleider haben, viele Liebhaber haben, viele Kinder haben.« Ihre Sexualität war eine rustikale und keine Demimonde.
Der Mensch des Spätmittelalters liebte Kinder. Er liebte sie nicht, wie die meisten Eltern heute, als entzückende, reizende Wiederbegegnung mit der eigenen entzückenden, reizenden Person, sondern er liebte sie als Sinnbild des Weitergehens des Lebens, der Lebendigkeit, des Trubels, des Radaus, und speziell noch als Vermehrung seines sichtbaren Besitzes. Luther sagt sehr richtig und für alle Menschen jener Zeit einleuchtend in seinem Katechismus: »Ich glaube, daß mich Gott geschaffen hat . . . und noch erhält. Dazu Kleider und Schuh, Essen und Trinken, *Haus* und *Hof*, *Weib* und *Kind*, *Acker*, *Vieh* und alle Güter.«
Die Frauen hatten sogar ein verbrieftes Recht auf Empfängnis, und mit der Kohabitation allein hatte der Ehemann noch keineswegs seine Pflicht erfüllt. Martin Luther sagt sogar – und wenn er etwas schrieb, so war das damals für die Protestanten so gut wie ein Gesetz – in seiner Schrift vom ehelichen Leben:
»Wenn ein tüchtig Weib zur Ehe einen untüchtig Mann überkäme und wollte auch nicht gern wider Ehre tun, soll sie zu ihrem Mann also sagen: Siehe lieber Mann, du kannst mein nicht schuldig werden und hast mich und meinen Leib betrogen und ist vor Gott keine

Ehe zwischen uns. Vergönne mir, daß ich mit deinem Bruder oder nächsten Freund eine heimliche Ehe habe, und du den Namen habst, auf daß dein Gut nicht an fremde Erben komme.«
Besonders in Bauernkreisen scheint es häufig vorgekommen zu sein, daß den Ehefrauen ganz offiziell »geholfen« wurde. Der Mann rief seinen Freund oder Nachbarn, und wenn das nichts nützte oder verweigert wurde, so schickte er seine liebe Bäuerin, schön gekleidet, mit Wurstbroten versorgt und einem Geldbeutelchen um die Taille, auf das nächste Kirchweihfest oder den Jahrmarkt. Und, so fährt eine Chronik des Bochumer Landrechts fort, »so diess nichts nütze, so helfe ihr thausend Deüffel!« Noch heute läßt man seine Frau gern getrennt und ohne Beichte auf den Fasching gehen, um zum St.-Martins-Fest mit kavaliersmäßiger Gedächtnisschwäche einen Stammhalter zu begrüßen. Sie glauben es nicht? Sie können es glauben!
Das Spätmittelalter war im Verleihen von »Haus und Hof, Weib, Acker, Vieh und allen Gütern« nicht prüde, wenn es schöne Zinsen brachte.
Aber Aufhebung *allen* Eigentums, Vielweiberei, Promiskuität, wie es das kurze Experiment der Wiedertäufer in Münster wollte – nein, das nicht! Das ging total gegen den Besitzinstinkt der Deutschen. Das Experiment von Münster hat auf die Moralentwicklung keinen Einfluß gehabt; es ging vorüber, ohne die verblüfften Zeitgenossen zu gleichen Wünschen anzuregen. Es war eine örtliche, kurze Ausschweifung gewesen, ein Wirbel in der breiten Zeitströmung, kein sittliches, nur ein politisches Sturmzeichen.
Nach dieser Abschweifung und in gefälligem Anschluß an das Wort Sturmzeichen kehren wir zum Dreißigjährigen Krieg zurück, der die Zustände von Münster weit in den Schatten stellen sollte.
Am 23. Mai 1618 brach er aus.
Er dauerte, wie schon sein Name so richtig sagt, dreißig Jahre lang und wurde nur unterbrochen, wenn alle Parteien so erschöpft waren, daß eine Pause unvermeidlich war. Dreißig Jahre lang war nun Deutschland der Tummelplatz einer bezahlten, wüsten Soldateska.

Krieg, Brand, Mord, Vergewaltigung und Raub zogen kreuz und quer wie die Apokalyptischen Reiter durch das Land.
Der Landsknecht war der Herr des Landes. Er kam aus Deutschland, aus Schweden, Dänemark, England, Holland, Frankreich, Spanien, er kam von überall her, er war in seiner Heimat der Abschaum gewesen; hier tobte er sich aus.
Die Hauptleute und Obristen, zum Teil aus guten Familien, waren völlig machtlos. Der Typ des »Ritters« existierte nicht mehr. Das neue Schießpulver verstanden andere Typen besser zu handhaben.
Da die Heere Berufsheere waren, muß man sich vergegenwärtigen, daß fast die ganze Bevölkerung zu Hause war. Sie ging unter Angst und Bangen ihren Geschäften nach, jeden Abend ungewiß, ob nicht am nächsten Morgen die Landsknechtshaufen vor den Mauern der Stadt liegen würden. In den Chroniken wird alles übertönt von dem Schrecken über die Landsknechtsherrschaft, und es fehlen unter diesen Umständen natürlich alle Nachrichten und Dokumente, die darüber Auskunft geben könnten, ob die Menschen in den Städten und Dörfern zu dieser Zeit noch von jener nie ermüdenden rustikalen Liebeslust erfüllt waren, die sie 300 Jahre lang beherrscht hatte.
Die Straßen waren nun reingefegt von Dirnen; sie zogen zu Zehntausenden im Gefolge der Heere mit. Sie unterstanden einem »Hurenweibel«, einem Unteroffizier, der eine offizielle »Planstelle« innehatte. Man hatte einmal gehofft, die Landsknechte damit zu befriedigen und von der Bevölkerung abzuhalten. Damals schon kalkulierte man zirka 2000 Dirnen auf ein Regiment von 3000 Mann. Es nützte aber gar nichts. Der ganze Troß, der später mit einer Schar von Lagerkindern, Bettlern, Zwergen, Gauklern und homosexuellen »buoben« auf das Vierfache anwuchs, konnte nicht reizen angesichts einer Stadt, die erobert wurde, und eines Klosters, aus dessen brennenden Hallen die Nonnen flüchteten. Denn es ging ja nicht an, daß man den Lagerdirnen das antat, was man in Magdeburg oder Ulm oder Zwickau ohne weiteres tun konnte: Knaben die Glieder abreißen, Mädchen kompanienweise

zu Tode notzüchten, Ehefrauen auf den Rücken ihrer Männer binden und so vergewaltigen; die Männer dann totschlagen, Schwangeren den Bauch aufschlitzen, alten Frauen die Brüste abreißen, Greise mit Jauche vollpumpen, Nonnen rittlings auf Spieße setzen – das gab es eben nur in den Städten; dafür mußten Kaiser, Papst und Generale schon Verständnis haben.
Sie hatten.
Hinter den Heerhaufen zogen Seuchen und Wölfe her. Beide fanden nur noch wenig Betätigungsmöglichkeiten. Die Bevölkerung war in manchen Gegenden ausgestorben. Die Annalen von Khevenhiller berichten, daß es in Sachsen sogar zu Kannibalismus gekommen sei. Die Überlebenden besaßen nicht mehr einen Grashalm und aßen Menschenfleisch. Es erübrigt sich wohl zu fragen, ob diese Überlebenden noch von Lustgefühlen geplagt waren.
1648 ging der Dreißigjährige Krieg ein, wie Epidemien eingehen. Der Friede von Münster und Osnabrück, den in Wahrheit Frankreich diktierte, erreichte die absolute Vorherrschaft Frankreichs, zerstückelte Deutschland in zwei Dutzend Staaten und zeigte damit den wahren Sinn des Krieges. Er hinterließ das einst blühende Land in Schutt und Asche. Die Jugend war verwildert, Kunst und Wissenschaften, Kultur und Intellekt galten zunächst nichts mehr. Die Universitäten waren, mit wenigen Ausnahmen, ein Witz geworden. Die Studenten waren Taugenichtse, Raufbolde, Bohemiens, die kein Ziel und keine Absicht hatten. In Leipzig wurde ein »Student« mitten im Studium durch den Tod ereilt. Er hatte gerade seinen 100. Geburtstag gefeiert.
Ein Fuder Heu war mehr wert als ein Zentner Kaviar. Ein Tischler war wichtiger als alle Humanisten zusammen. Ein Akademiker, Doktor und Magister erhielt, wie uns das Haushaltungsbuch eines kursächsischen Lehns- und Gerichtsherrn überliefert, 9 Thaler Gehalt, der Hausdiener 10, die Köchin 11, der Kutscher 12. Wie anheimelnd! Wie vertraut!
Wonach man sich sehnte, war Ruhe, Ordnung, Essen, Trinken und ein Dach über dem Kopf. Der Kopf durfte hohl sein. Es war auch nicht notwendig für das Nachkriegsglück, daß er gewaschen war.

Der Krieg hatte Deutschland in hygienischer Beziehung um 300 Jahre zurückgeworfen. Es sollte gut 100 Jahre dauern, bis in Körperpflege, Sauberkeit, Luft- und Wasserbedürfnis die Kultur des Spätmittelalters wieder erreicht war. Wir waren schmutzig geworden.

In Paris, das nun in Europa den Ton angab, sah es übrigens nicht viel anders aus. Im Jahre 1666 wurde in Paris zum ersten Male eine öffentliche Straßenreinigung durchgeführt. Nachtgeschirre wurden mit dem traditionellen Warnruf »Garde l'eau« aus dem Fenster entleert. Im Schloß Louvre kehrten Diener allabendlich die menschlichen Exkremente hinter den Türen, auf den Balkonen und von den Treppen weg. In dieser glanzvollen Metropole Ludwigs des Vierzehnten sollten, wie wir gleich sehen werden, die Sonne des Dieudonné und die Morgenröte einer neuen, nicht minder komischen Epoche aufgehen.

In Deutschland, das bei Ausbruch des Dreißigjährigen Krieges etwa 20 Millionen Menschen hatte, waren nun noch 8 Millionen am Leben!

Berlin, eine Stadt von einstmals 20000 Einwohnern, besaß jetzt noch 6000. Die Pfalz zählte 1618 rund eine Million Menschen und am Ende des Krieges noch 50000. Augsburg schien wie ausgestorben, es hatte 60000 Bürger verloren.

Erschütternde Zahlen. Sie wiederholten sich nur noch einmal in der Geschichte Deutschlands.

Der Eindruck der Leere und Öde mußte 1648 viel schlimmer gewesen sein, als wir uns vorstellen können, denn man griff in manchen Orten zu Maßnahmen, die ungeheuerlich waren und auch auf uns heute noch ungeheuerlich wirken! Der fränkische Kreistag erließ am 14. Februar 1650 in Nürnberg ein Gesetz, das einmalig in unserer Geschichte ist. Es lautet:

»Auf reiffe Berathschlagung seind folgende drei Mittel vor das beyträglichste gegen das Reichs Notthurft erachtet:

1. Sollen hinfüro innerhalb der nechsten 10 Jehren Mannßpersonen, so noch unter 60 Jahrn sein, in die Klöster aufzunehmen verbotten;

2. denjenigen Priestern, Pfarrherrn, so nicht ordensleuth oder auf den Stifften, geboten ehelich zu verheyrathen;
3. Jedem Mannsperson zwei Weyber zu heyrathen erlaubt sein. Dabei jede Mannsperson ernstlich erinnert sey, auch auf den Kanzeln öffters ermanth werden sollen, sich dergestalten hierinnen zu verhalten, dass er sich gebührender Versorg befleisse, damit Er als ein Ehrlicher Mann, der ihm zwei Weyber zu nemmen getraut, beede Ehefrauen nicht allein nothwendig versorge, sondern auch allen Unwillen verhuette.«

Das Gesetz trat tatsächlich in Kraft, es war ernst gemeint. Man fürchtete für den Fortbestand des Volkes; jenes Volkes, das in diesem Punkte so fröhlich und so fleißig gewesen war. Aus diesem Gesetz leuchtet die blanke Angst.

Nun –

– aus Erfahrung hätten wir ihnen sagen können: ruhig Blut! Wir kennen das! Bald sind die Straßen wieder eingesäumt von Mercedes 300, glauben Sie uns! Denn wenn man einen Deutschen mit einer alten Konservenbüchse in den Urwald jagt, kommt er auf der anderen Seite mit einer Lokomotive wieder herausgefahren.

So geschah es auch um die Wende des Jahres 1700.

Allerdings der Zeitgeist, der Lebensstil, die Moral knüpften nicht mehr dort an, wo der Faden abgerissen war. Die spätmittelalterliche Epoche war vorbei.

Wenn wir uns nun überlegen, was bei dem ewigen und unerforschlichen Wechsel von Auf und Nieder, von Wellenberg und Wellental jetzt wohl kommen könnte, so liegt nur *eine* Antwort nahe:

Ur-Ur-Großmutter und Ur-Ur-Großvater sind eigentlich wieder einmal reif für eine Minnezeit.

Und siehe –

da ist sie schon!

Im dreizehnten Kapitel *verabschiedet sich das Mittelalter endgültig, und die Neuzeit tritt zur Tür herein. Ja, ist's denn möglich? Bonjour, Madame, bonjour, Monsieur, wir kennen uns doch!? Waren Sie nicht schon einmal vor 500 Jahren da? Und das nennt sich Neuzeit? Na, wenn das mal stimmt.*

Mit dem Glockenschlag 1715 setzte das Rokoko ein, wie jedermann im Meyerschen Lexikon unter R nachlesen kann. Ludwig der Vierzehnte, der, ohne Kosten und Kriege zu scheuen, alles in die Wege geleitet hatte, war tot; Ludwig der Fünfzehnte fünf Jahre alt – der neue König von Frankreich und Herr des demolierten Deutschland, unser neuer Dior, Knigge und van de Velde.

Als das kleine Männchen an jenem 1. September 1715 an der Hand seines strammen Großonkels auf dem Balkon von Versailles vor das Volk trat, hinter ihm Tanten, Nichten, Vettern und Minister, unter ihm die winkende und jubelnde Menge von Finanzbeamten, Zuckerbäckern, Schustern, Coiffeurs, Journalisten und Mamsells, da erinnerte die Szene in nichts mehr an das letzte Bild, das noch vor unseren Augen steht.

Verschwunden waren die Hosenlätze, die Pluderhosen, die Schnabelschuhe, die Stulpenstiefel, die Pelzkragen, die weiten Mäntel, die Kappen und Hauben, die Faltenkragen, die Zopfnetze, das wallende Haar, die Hornbrillen, die Ledergurte, die Wirtschaftstasche.

Die da oben auf dem Balkon rochen nicht mehr nach Haut und Seife, nach Dampfbad und rohem Holz. Sie rochen auch, aber anders. Sie standen nicht mehr breitbeinig und fest da und hatten nicht mehr die Hände in den Manteltaschen. Sie hatten keine luftgebräunten, großporigen Gesichter, niemand trug einen Bart.

Der kleine Louis sah in seinem irisierend seidenen Kavalierskostüm aus wie ein Porzellan-Liliputaner. Die Herren hinter ihm, alle in schimmernden Seidenhöschen, Seidenstrümpfen, Lackschuhen, mit zierlichen Pikse-Pikse-Degen an der Seite, trippelten von einem Fuß auf den anderen, als drückten die Schuhe. Es war aber bloß Seelenhaltung.

Auf ihrem spiegelglatt rasierten Gesicht lagen Puder und Rouge, sie trugen weiße Perücken mit Damastschleifen im Nacken, und wenn sie kurzsichtig waren, hoben sie ein gülden Binokel am Stiel auf die Nase, aus deren zwei Löchern die schnupftabakverrußten Härchen heraushingen wie schwarze Brummerbeine.
Hinter den hohen Herren standen die hohen Damen, und zwar standen sie (anscheinend genauso gedrückt) auf Atlasschuhen, die nur mit der äußersten Spitze und dem hohen Stelzchen den Boden berührten. Darüber wölbte sich mit gewaltigem Durchmesser ein Krinolinenrock, den man sinnigerweise »Cache bastards« nannte, auf knarrendem Drahtgestell, über und über mit Fältchen, Spitzchen, Röschen und Schleifchen geschmückt.
Ein Engpaß von unglaublicher Dünne führte zum oberen Stockwerk der Damen. Es gab Taillen zu sehen, die mit zwei Händen umspannt werden konnten und auch wurden. Diese Taillen verdankten die Damen einem Panzer, der jedoch nicht wie früher bei den Rittern zum Schutz gedacht war, denn er saß dazu an ganz ungewöhnlicher Stelle. Nein, das Fischbein-Korsett war endlich erfunden! Nach oben verbreiterte es sich unwesentlich, um plötzlich und überraschend früh zu enden. Dort blickten daher zwei oft entzückende Halbbrüstchen heraus, rund, weiß, pudrig, ja, wer genauer hinschaute, ahnte auch noch den rosa Ansatz. Kostbar besetzte Ärmel reichten bis zum Ellenbogen, während ihnen die Unterarme herauf lange, dünne Handschuhe entgegenkamen. Den Kopf krönte ein mit Edelsteinen, Federn, Schleifchen verzierter weißer Haarberg, der eine Generation später ins Gigantische wuchs und nicht unähnlich wurde einem harten Termitenhaufen, auch bezüglich des regen Lebens, das unsichtbar darin herrschte.
Und über allen, Damen wie Herren, lag eine dichte Wolke von Parfüm, bei dessen Geruch wir uns heute sagen würden: »Soir de Paris, ganz klar; aber was ist das, was da noch mitriecht? Irgend etwas ist da mit Mühe und Not überdeckt.«
Nun, ja . . .
Welch ein Wandel des Bildes!

Genauso standen einen oder zwei Tage später – die Post ging langsam – auch die hohen Herrschaften in Potsdam, in Köln, in Dresden, in Würzburg, in Stuttgart, in München zu Ehren des fernen (im Augenblick allerdings noch ganz kleinen) Gottes, dessen Brot die Deutschen neuerdings aßen und dessen Lied sie infolgedessen sangen, wie etwa wir heute zweigeteilt den Yankee-doodle und den Stjenka rasin. Sie glichen den Parisern wie ein faules Ei dem anderen.

Es gab jetzt zwei Dutzend kleine Versailles in Deutschland, zwei Dutzend kleine Balkons, auf denen, wenn auch tief im Hintergrund, anitzt unser Ur-Ur-Großvater und unsere Ur-Ur-Großmutter standen, »pardon« statt »hoppla« sagten und von einem Fuß auf den anderen trippelten, als müßten sie mal.

Das erste, was einem angesichts dessen in den Sinn kommt, ist zweifellos die Feststellung: Das ist die Erscheinung untüchtiger Menschen. Ein dergestalt herausstaffiertes Geschöpf konnte unmöglich arbeiten!

Diese Absicht hatte man damals auch nicht, und genau das wollte man zum Ausdruck bringen. So wird die Kleidung nicht nur als unerklärliche Laune, sondern als Demonstration der gehobenen Stände verständlich. Schon infolge der Kleidung ging ein scharfer Trennungsstrich durch das Volk, ein Schnitt in Geisteshaltung, Lebensstil, Zeitauffassung, Ethik und Moral. Das Rokoko ist eine *höfische* Epoche!

Schon einmal in der Geschichte gab es eine höfische Epoche, mit Kavalieren, Galanterie, Verniedlichung des Lebens, Koketterie der Frauen und Exaltiertheit der Herren, und genau wie im Rokoko ging auch bei ihr der scharfe Trennungsstrich durch das Volk: in der Minnezeit. Wer sie kennt, kennt das Rokoko. Wieder war nun Frankreich das Geburtsland, wieder kam der Umbruch plötzlich, und wieder wanderte dieser neue Zeitgeist von Westen nach Osten.

Dem Rokoko hingen – genau wie der Minne – anfangs noch die Eierschalen der gröberen, aber vernünftigeren alten Epoche an. Liselotte von der Pfalz, diese pausbäckige Prinzessin mit dem kerngesunden Menschenverstand, konnte noch in einem Brief nach Hause schreiben: »Ich kann nicht leiden, daß man mich an den Hintern rührt. Ich hätte dem Herrn Dauphin schier eine Maulschelle gegeben, denn er hatte die schlimme Gewohnheit, aus Possen, wenn man sich setzte, einem die Faust mit ausgestrecktem Daumen unter den Hintern zu stellen.«

Das war noch ein Rest des vergangenen Jahrhunderts. Zwanzig Jahre später war er verschwunden. Die Entwicklung ging pfeilgerade auf Ulrich von Lichtenstein zu, jene Figur, die sich ganz folgerichtig im Rokoko wiederholte, nämlich in Casanova. In Casanova, der sich für die Damen unter den Bleidächern einkerkern läßt, der sich quer durch Europa duelliert und zum Schluß auch seine Memoiren schreibt.

Deutschland muß damals eine neue Art von Freude erfaßt haben: das Entzücken. Fuggersche Feste waren rauschend gewesen, Maximiliansche prunkvoll, Pirkheimersche schön; jetzt aber waren die Feste entzückend. In dem Wort ist der gespitzte Mund drin, die Goldredoute, der Park, die Amorette, der Salon. Gartenpartien und Abendgesellschaften der reicheren Bürgerkreise und des Adels (es gab eine Inflation von Neuadel!) müssen tatsächlich eine Augenweide gewesen sein. Ein Schwingen war in den Bauten, in den Gesimsen, den Verkleidungen, Leisten und Schnitzereien der blitzenden Säle, ein Schwingen in den zierlichen Sesselchen, Tischchen, weißgoldenen Konsolen und Spiegeln, im ganzen Mobiliar, in den hohen, hellen Fenstern, in der Rampe, in den Parks mit ihren amourösen Figuren, den versteckreichen Bosketts, den Bänken und Springbrunnen, hinter deren Fontänen Feuerwerke abgebrannt und vor deren Schaumkulisse Schäferspiele gezeigt wurden.

»Das Volk« arbeitete dafür im Schweiße seines Angesichtes gern, das läßt sich für die ersten Jahrzehnte nicht bestreiten. Es liebte die Schauspiele, die sich über den Zaun hinweg und am Straßenrand boten. Es war Kulissenschieber dieser Ausstattungsoperette, aber sich dessen noch nicht schmerzlich bewußt. Es sah überall, daß es eine Brücke gab, über die jedermann schreiten konnte: den

Charme. So wie bei Napoleon jeder gute Soldat den Marschallstab im Tornister trug, so besaß jede Frau in ihrer Schönheit und ihrem Charme einen Paß, der alle Türen öffnete. Das Volk, das da gaffte, hatte das tausendmal erlebt, und das war versöhnlich. Alle Frauen, alle Mädchen begriffen, daß sie in einer entzückenden Lotterie mitspielten; Väter fühlten sich geschmeichelt und hofften, Karriere zu machen; Mütter, brave Handwerkersfrauen, sahen in ihren Töchterchen die Trägerin einer vielleicht ungeahnten Zukunft und hielten es eifrig an, nur recht unschuldig-entzückend zu sein. Ach ja, die heitere Fortuna, das große Glück ging täglich singend über die Straße. Leben lernen! Das war der Stein der Weisen den man endlich gefunden hatte. War die Welt, nach so viel Krieg und Zerstörung, nicht reizend?
Ein Brief aus Frankfurt:
»Wie nun alles in unserer Stadt nach großen Herren riechet und schmecket, so muß man hiebey am ersten die Artigkeit und gute Lebenslust unserer Bürgerinnen bewundern. Diese wissen sich unvergleich in die Hofmanieren zu schicken. Und was sind die Herren nicht artig und galant! Wir lernen leben! Frankfurt wird noch ein sehr artiger Ort!«
Ein Brief aus Dresden:
»Dresden scheint ein bezauberndes Land, welches sogar die Träume der alten Poeten noch übertrifft. Man konnte hier wohl nicht ernsthaft sein, man wurde mit in die Lustbarkeiten hineingezogen. Es ist zu verwundern, daß die Geschäfte nicht leiden, da es nicht anders schien, als ob die Menschen bloß lebten, um lustig zu sein. Aber am anderen Morgen sah man jedermann wieder auf seinem Posten, den Kaufmann in seinem Gewölbe, den Soldaten auf seiner Parade, die Rechtsgelehrten in ihren Gerichtsstuben. Man sieht zu, spielt mit und man wird selbst gespielt.«
Ein Brief aus Wien:
»Aus Wien kommen fleißig Besucher nach dem benachbarten Baden wohl wegen der warmen Heilbäder und Gesellschaften, als wegen anderer Ergetzlichkeit. Man gehet im Wasser paarweise spazieren, disscutieret und traktieret auch bisweilen mit Konfekt.«

Watteau, Boucher, Lancret, Fragonard, Tiepolo waren die gefeierten Schöpfer entzückender Malereien, in denen sie die Verspieltheit des Lebens, den Charme der Welt, die ästhetische Köstlichkeit des Frauenkörpers verherrlichten; Italiener, Franzosen, Deutsche wetteiferten in Operetten-, Ballett- und Menuettmusik, die Spinette und Cembali klirrten aus jedem guten Hause; und die Dichtkunst gar, die Dichtkunst schien in Fleisch und Blut übergegangen zu sein, wie einst in der Minnezeit. Der Mann von Welt glitt zierlich auf den Rand des Sofas nieder, streckte ein Bein weg und den Kopf vor und zitierte beispielsweise:

»Du holder Gott der süßesten Lust auf Erden,
der schönsten Göttin schönster Sohn!
Komm, lehre mich die Kunst, geliebt zu werden;
die leichte Kunst, zu lieben, weiß ich schon.«

Dann, nach so schönen Versen, pflegte der Fächer der jungen Dame rauschend auseinanderzuklappen und zu flirren, die Augen glänzten, und die »mouche«, das kleine schwarze Schönheitspflästerchen im Mundwinkel (es verdeckte einen Pickel) vibrierte. Hundert Meter abseits dieser ganz feinen Welt, in einer Gartenlaube der Feldgasse 14a, saß der junge Coiffeur nicht minder zierlich auf die Steinbank gehockt und zitierte der entzückenden Jungfer Fränzi seines Meisters das beliebte Gedicht für die minderbemittelte Klasse:

»Amande, liebstes Kind,
du Brustlatz kalter Herzen,
der Liebe Zunder du,
Goldschachtel edler Zier,
der Seufzer Blasebalg,
des Trauerns Löschpapier,
Sandbüchse meiner Pein
und Baumöl meiner Schmerzen.«

Der Coiffeur beugte sich vor. Fränzi ließ es geschehen, – nur auf eines achtete sie: auf die Erhaltung des Beweises ihrer Keuschheit. Sie war entzückend, aber auch eisern. Sie gehörte zu der großen Gruppe der »Demi-vierges«, der damals weitverbreiteten Halbjungfrauen, die zu keiner Zeit die Prüfung des Arztes zu scheuen brauchten.

Als sich beide echauffiert erhoben, beschloß Fränzi, ihren Grundsatz zu opfern, falls es der alte Baron morgen wahrmachen und sie öffentlich zur Redoute, dem großen Maskenball des Garde du Corps, mitnehmen würde. Sie dachte an die berühmte Ninon de Lenclos, an die Pompadour, an die Dubarry, an die Königsmarck in Dresden, an die Auersperg in Wien, an die Grävenitz in Stuttgart, an sie alle, die aus dem Nichts emporgestiegen waren. L'amour rend tout permis, vor der Liebe fallen alle Schranken. Sie dachte an die 354 Kinder des Herrn Kurfürsten August des Starken und lächelte. Mon dieu! sie war gerüstet; ihre Mama hatte sie bis ins Geheimste aufgeklärt.

Jene Namen, die Fränzi innerlich repetierte, kannte damals jedes Kind. Es gab natürlich noch tausend andere, aber diese waren die ganz großen Sonnen, die stellae novae erster Ordnung, die maitresses en titre, die Staatsmaitressen. Das Wort maitresse ist eine genaue Übersetzung des mittelalterlichen Minne-»Herrin«.

Die ganze Zeit war dem unerklärlichen Wahn verfallen, Anbeter sammeln oder eine Minneherrin besitzen zu müssen. Es war wieder die Troubadour-Hysterie ohne jeden Grund. (Die Maintenon war in Wahrheit genauso langweilig und flach wie die Minneherrin.) Dabei muß man sich vergegenwärtigen, daß es, wie zu allen Zeiten, Männer gegeben hat, denen diese Mode weder geistig noch körperlich lag; die sie gleichgültig ließ; die ihnen vielleicht sogar eine Qual war, ein Alptraum. Aber ein ebenso großer Alptraum war die Sorge um das gesellschaftliche Ansehen.

»Eine Frau, die keinen Liebhaber hatte, galt nicht etwa für tugendhaft, sondern für reizlos, und ein Ehemann, der sich keine Maitresse hielt, für impotent oder ruiniert« (L. Reiners). Kürzer kann man das Rokoko nicht apostrophieren. Alle deutschen Fürsten,

Grafen, Reichsfreiherren, Großkaufleute, Patrizier, mit wenigen Ausnahmen, waren von der vorgeschriebenen Salonerotik erfaßt, viele haben sich innerhalb einer Generation dafür finanziell ruiniert. Friedrich I. von Preußen verbrauchte jährlich über 800000 Taler, eine unvorstellbare Summe für die damalige Zeit. Sachsen war am Rande des Ruins. In Württemberg wurden phantastische Gelder verpraßt; die Grävenitz warf für ein einziges Fest 100000 Taler Staatsgelder zum Fenster hinaus. In Wien jagte ein Ball den anderen, Balletts, »Karussells« mit 2000 Gästen – während die ausnahmsweise hausbackene Maria Theresia zu Hause Karten spielte. Franz und die Staatsmaitresse Auersperg streuten, wie Götter einer Operette, das Gold unter die Leute. In Hamburger Konkursakten kann man nachlesen, daß ein Bürger 25000 Goldmark jährlich verbrauchte; fast 2000 Mark betrugen das »Spielgeld« seiner Frau und die Kosten für galante Aufmerksamkeiten.
Die Zahl der Neureichs, der Parvenüs, schoß hoch. Mesalliancen gehörten zur Tagesordnung, um sich zu sanieren. Putzmachertöchter wurden Gräfinnen, Töchter von Kärrnern Herzoginnen. Das Volk hatte die große, zweigeteilte Chance, die lange Zeit allen den Mund verschloß: für die Damen der Aufstieg, für die Männer das Geldverdienen.
Dieses Geld wünschten die Souveräne aus dem Schlund der Großverdiener, der Lieferanten, der Künstler, der Importeure und Fabrikanten natürlich möglichst wieder herauszuziehen. Die Duodezfürsten verfielen auf die ausgefallensten Ideen. Es wurde alles mögliche mit Geldstrafen belegt. »Marcipane und Konfecturen werden durchgehends bei 30 Thaler Straffe, wer solche auff Hochzeiten hierfüro auftragen lässet, verbohten.« Man zahlte. Ein Finanzminister dachte sich eine hohe Strafe für Fluchen aus. Sein Fürst war klüger: »Die Strafen«, schrieb er, »müssen niedriger werden, damit mehr geflucht wird!«
Der Landgraf von Hessen verkaufte seine Soldaten nach Amerika.
In Wien erbohrte man eine neue Geldquelle, man erfand einen guten Bekannten der heutigen Zeit: das Lotto! Es gehörte dem Staat. Er nahm Jahr für Jahr $1^1/_4$ Millionen Gulden ein. Das war eine

astronomische Ziffer! Davon verpulverte Franz für seine Lustbarkeiten jährlich zusätzlich 300000 Gulden für Maskenbälle, Schäferspiele, Balletts, für Schlittenfahrten auf künstlichem Schnee, für Feuerwerke, für Präsente, für –

»Hab a gebickt, thut 30 Pfennige« – erinnern Sie sich noch? Das war lange, lange her. Wenn man eine Liste der Kurtisanen-Honorare zusammenstellen will, so ist das jetzt der richtige Augenblick. Wir befinden uns auf dem absoluten Höhepunkt.

Ein einfaches käufliches Mädchen bekam im alten Griechenland etwa 25 Pfennige.

Die berühmte Hetäre Lais forderte von Demosthenes für die erste Nacht 10000 Drachmen. Das entspricht etwa zehntausend Mark.

Eine Römerin aus der bekannten Via sacra erhielt 100 Sesterzen. Das wären heute vielleicht 15 Mark.

In der Renaissance forderte die schöne und sehr gefeierte Venezianerin Veronica Vranco für einen Kuß 6 Scudi (25 Mark), für eine Nacht das Zehnfache.

Eine femme de qualité erhielt im Rokoko 50 bis 100 Pistolen, also etwa 750 Mark.

Im englischen Rokoko zahlte man für das Delikateste, was sich die britsche Mentalität vorstellen konnte, nämlich für die Defloration eines schönen Mädchens aus ehrbarem Hause, 20 Pfund. 400 Goldmark. Nach heutiger Kaufkraft aber mindestens das Fünffache.

Ludwig XV. zahlte allein als Vermittlungsgebühr für eine vierge de qualité 1000 Taler. Ins Riesenhafte, ins nicht mehr Vergleichbare aber stieg die Ziffer, wenn ein nicht favorisierter Mann, ein »Passant«, eine der weltberühmten Maitressen besitzen wollte. Kardinal Richelieu bot Ninon de Lenclos, der Maitresse des Königs, für eine Nacht 50000 Taler!

Es ist nun an der Zeit, an das Rokoko handfest unsere Gretchenfrage zu richten. Die Antwort kann eigentlich nicht überraschen. Die derbe Sinnlichkeit des Spätmittelalters war einer eitlen erotischen Verspieltheit gewichen. Zu lieben war nicht mehr Bedürfnis

und Trieb, sondern Mode. In weiten Kreisen gehörte es lediglich zum guten Ton und zum gesellschaftlichen Ansehen. Eine *heimliche* Liebschaft zum Beispiel war wertlos. Man hätte gefragt: wozu dann überhaupt Liebschaft?
Das Emblem der Männlichkeit und die geometrische Mitte des weiblichen Körpers, auf die sich noch 100 Jahre zuvor die ganze Aufmerksamkeit ungeniert gerichtet hatte, wurden jetzt zweitrangig gegenüber den Augen, dem Mund, dem Busen und den Händen. Aus dem Rokoko stammen die ersten Nachrichten über Schuhfetischismus, über Strumpfbanderotik und Handschuhdiebstähle. Die Umarmung selbst wurde zwar als Ziel immer wieder forsch genannt, aber sie durfte ruhig in einiger Ferne bleiben. Geschah sie, so erfolgte sie offenbar rasch, kurz und überhitzt. Mir ist aufgefallen, wie viele Berichte, Romane und Anekdoten unfreiwillig Zeugnis davon ablegen, daß die Herren der Schöpfung, sobald sie ans Ziel gelangt waren, totale Herren der Erschöpfung wurden. Ich lese fortwährend, daß sie danach »taumeln« und »wanken« und am Zusammenbrechen sind. Wäre das unserem Ur-Ur-Ur-Großvater passiert? Nie! Der Grund wird zum Teil in der auffallend schwächlichen Körperkonstitution der Rokoko-Menschen gelegen haben; zum anderen Teil wahrscheinlich in der Gewöhnung an jene Halbintimitäten, mit denen auch die heutige amerikanische Jugend sich befriedigt und sich zugleich dem späteren normalen Verkehr immer weiter entfremdet.
Die Liebe zu den Händen, zu schönen Fingern, zu dem schwellenden Mund – es paßt dazu. Die Demi-vierge war typisch für das Rokoko.
»Mein Sohn«, schrieb Liselotte von der Pfalz, »ist incapable, recht zu lieben. Er ißt und trinkt gern mit seinen maitresses, singt und macht sich lustig mit ihnen . . .«
Der Arme! Wie gerne hätte er vielleicht Skat gespielt statt zu flirten.
Aber nicht verliebt zu sein, hieß lebendig tot sein. Es wäre unverzeihlich gewesen, lebendig tot zu sein oder auch nur eine Sekunde lang ein Leid an sich herankommen zu lassen; es war alles so ent-

zückend. Es war verpönt, von Leiden zu sprechen. Leiden war unästhetisch. Und das war ein schrecklicher Vorwurf.
Der Begriff der Ästhetik wurde im Rokoko gefunden.
Nun – er wurde gefunden, aber man hat den Eindruck, daß ihn der Finder sogleich im Fundbüro deponierte. Der Liebesakt selbst, der wahrscheinlich selten ganz nackt stattgefunden hat, denn nackt war als »grob« verpönt, wird zwar einer Prüfung auf seine Ästhetik hin standgehalten haben. Ich fürchte, das lag nur an seiner possierlichen Kürze. Ansonsten aber ist jene Zeit in ihren Taten und Handlungen so sehr ästhetisch nicht gewesen.
Zunächst einmal: es stank. Die Städte stanken, die Dörfer stanken, auch die Menschen rochen nicht sonderlich gut. Parfüm vermag viel, aber nicht alles. Das Mittelalter hatte sich da mit Waschen geholfen. Das Rokoko vermied solche Exzesse. Wir besitzen seitenlange Beschreibungen der Morgentoilette, wo vom Haarpudern bis zum Schuhzubinden nichts fehlt, nur das Waschen. Hier übte man größte Zurückhaltung; man wusch die Hände, der Rest wurde gepudert.
Auch die Tatsache, daß es in Deutschland schon einmal Wasserspülklosetts gegeben hatte, war aus der Erinnerung aller weltberühmten Baumeister entschwunden. Man benutzte Geräte, die man heute nur noch sehr alten oder kranken Menschen zubilligt. Man benützte sie mitten im Zimmer, und Diener trugen diese thronartigen Sessel den hohen Herrschaften von Saal zu Saal hinterher.
Liselotte von der Pfalz, diese nimmermüde Chronistin ihrer Zeit, berichtet in einem Brief, dessen Kraftausdrücke wahre Donnerschläge für unsere Ohren sind:
»Mr. Law wollte den Damen keine Audienz geben, weil ihm gar Noth zu pissen war. Wie er es den Damen endlich sagte, antworteten sie ›cela ne fait rien, pissez et écoutez nous‹, also blieben sie so lange bei ihm.«
»Der Dauphin hatte gern, daß man ihn auf dem Kackstuhle entretenierte, aber es ging gar modest zu, denn man sprach mit ihm und wandte ihm den Rücken zu; ich habe ihn oft entretenieret, in sei-

ner Gemahlin Kabinett, die lachte von Herzen darüber, schickte mich allzeit hin, ihren Herrn zu entretenieren.«

Ach, bitte – lesen Sie die letzten beiden Zeilen noch einmal! In ihnen verrät sich nämlich noch eine andere Seite der Rokoko-Sexualität: ein tief im Innern versteckter, gedanklicher Sadismus. Er ist nicht schwer zu erklären, er war die Reaktion auf das dauernde Katz-und-Maus-Spiel und die ewige Geziertheit. Marquis de Sade wurde 1740 geboren!

Dieser Rokoko-Zug kommt bei anderen Gelegenheiten noch viel deutlicher heraus! Die Deflorationslust, vor allem in England, hat sadistische Züge. Aus der gleichen Wurzel kam das Vergnügen am Inzest, an der blutschänderischen Liebe, übrigens ein Merkmal aller Rokoko-Epochen. Ninon de Lenclos verführte mit teuflischem Vergnügen den jungen Grafen de Villiers, der keine Ahnung hatte, daß Ninon seine Mutter war. August der Starke nahm eine seiner natürlichen Töchter zur Geliebten. Herzog Leopold Eberhard von Mömpelgard verheiratete aus sexuellem Sadismus seine dreizehn Söhne und Töcher, die ihm die Maitressen geboren hatten, untereinander. Er selbst war mit drei Geliebten gleichzeitig offiziell verheiratet. Hier steckt nichts mehr von dem Philipp-Motiv drin, kein Aberglaube und keine Angst. Dies ist nur noch reine Gefahrenpikanterie einer dekadenten Zeit, Sadismus und Machtkitzel gegenüber dem »Weibe«.

Oder dem Manne. Die Herzogin von Mecklenburg ließ sich von ihrem hohen Urwaldgast Zar Peter von Rußland vor den Augen ihres Gemahls auf asiatisch vergewaltigen.

Ein besonderer Kitzel für die Standesherren war es, ihren Höflingen zu befehlen, die abgelegten Fürstenmaitressen zu heiraten. Dabei ist ernstlich zu erwägen, auf wessen Seite die größere sadistische Lust war.

Mir ekelt vor diesem Säkulum!

Der hohe Lichtfunke ist ausgebrannt, dafür hat man jetzt Theaterfeuer, das keine Pfeife Tabak anzündet. Da krabbeln sie nun wie die Ratten auf der Keule des Herkules und studieren, was das für ein Ding sei, das er in seinen Hoden geführt hat. Ein schwindsüchtiger Professor hält sich bei jedem Wort ein Fläschchen Salmiakgeist vor die Nase und liest ein Kollegium über die Kraft. Kerls, die in Ohnmacht fallen, wenn sie ein Kind gemacht haben, kritteln über die Taktik des Hannibal. Fallen in Ohnmacht, wenn sie eine Gans bluten sehen, aber klatschen in die Hände, wenn ihr Nebenbuhler kaputtgeht. Stellt mich vor ein Heer Kerle wie ich, und aus Deutschland soll eine Republik werden, gegen die Rom und Sparta Nonnenklöster sein sollen . . .

Das war Friedrich Schiller!
Richtig! Es lebte ja schon Schiller!
Jawohl. Er schrieb diesen Wutausbruch 1778.
Seine Zeitgenossen hatten es nach drei Generationen satt. Ihnen schien, die Herrschaften hatten allesamt den Bogen überspannt. Die zweigeteilte Lotterie reizte das einfache Volk nicht mehr; es zahlte sich nicht aus, die Länder waren nämlich pleite.
Mit einem Knall zerplatzte als erstes in Frankreich die bunte Seifenblase. Plötzlich wollte es jedermann gewußt haben, daß alles falsch gewesen war. Die Massen erhoben sich. Am 21. Januar 1793 schlugen sie dem König den Kopf ab.
Wir in Deutschland aber machten das ganz, ganz anders! Wir nahmen die Perücken ab, versteckten sie auf dem Dachboden und schrieben uns gegenseitig Bescheinigungen aus, daß wir nie dabeigewesen waren.
Und dann abonnierten die hohen Herrschaften den »Ami du peuple«. Allerdings nur für ein Vierteljahr.

Das vierzehnte Kapitel *oder: von Friedrich Schiller zu Leberecht Hühnchen. Oder: vom Sturm und Drang zum Biedermeier. Oder: das also war des Pudels Kern. Oder: es kann der Beste nicht in Rage leben, wenn es dem müden Nachbarn nicht gefällt.*

Daß es in Deutschland zu keiner Explosion kam, verdanken wir just jenem »Heer von Kerlen wie ich«, von dem Schiller sprach. Das klingt paradox und kühn, ist aber ein einfacher, klarer Gedanke.

Jene Kerle, wie die jungen Schiller, Goethe, Herder, Klopstock, Lessing, Lenz, Wieland, Hamann waren es, die in den letzten Jahrzehnten des Rokoko bereits ein neues Fundament in Deutschland legten, ehe das alte zusammenkrachte. Sie mauerten geräuschvoll und lärmend (Schiller: »Wie kommt es, Mylady, daß Ihr vielgepriesenes Glück so gern das Elend um Neid und Bewunderung anbettelt? Habt Ihr's so nötig?« Hamann: »Man muß wieder Gottes Leutseligkeit in den Geschöpfen sehen, schmecken, schauen und mit Händen greifen.«), – sie mauerten mit großem Wortgetöse, aber mit der Kelle, nicht mit Pistolen. Als die höfische Rokoko-Gesellschaft mit ihrem zierlichen, wurmstichigen Tanzboden durchbrach, fielen die Herrschaften in Deutschland nicht auf die aufgepflanzten Bajonette des Pöbels, sondern auf ein stabiles bürgerliches Geistesfundament. Denn die Wut, die 1789 in Frankreich ausbrach, war bei uns längst verraucht und abgeklärt; man hatte »Nathan der Weise«, »Kabale und Liebe« und »Egmont« gelesen, Friedrich den Großen und Josef II. erlebt.

Sagen Sie es niemals einem Franzosen oder Engländer: Deutschland war damals viel dichter an der Neuzeit als irgendein anderes Land, es hatte eine größere Nähe zur *heutigen* Zeit als zur Vergangenheit.

Unsere Revolution hieß nicht Robespierre, sondern Goethe! Das ist nun wirklich ein kühnes Wort und soll belegt werden. Wenn Sie »Dichtung und Wahrheit« gelesen haben, so werden Sie sich eines Fräuleins von Klettenberg erinnern?

»Sie war«, schreibt Goethe, »zart gebaut, von mittlerer Größe; ein herzliches, natürliches Betragen war durch Welt- und Hofart noch gefälliger geworden. Heiterkeit und Gemütsruhe verließen sie niemals. Sie betrachtete ihre Krankheit als einen notwendigen Bestandteil ihres vorübergehenden irdischen Seins; sie litt mit der größten Geduld, und in schmerzlosen Intervallen war sie lebhaft und gesprächig. Ihre liebste Unterhaltung waren die sittlichen Erfahrungen, die der Mensch, der sich beobachtet, an sich selbst machen kann.«

Meine Damen und Herren: Dieses liebe, kleine, alte Fräulein war es, das das Aufpflanzen der Bajonette verhinderte und das Trojanische Pferd mit dem »Heer von Kerlen« im Bauch in die Mauern des Rokoko zog. Natürlich nicht das liebe, alte Fräulein allein, sondern zehntausend Susannchens von Klettenberg. Ich meine jene bürgerliche, aus dem protestantischen Pietismus kommende Frömmigkeit, deren hervorstechendster Zug damals in Deutschland ein ungemein liebenswerter war: die Schamhaftigkeit.

Diese Schamhaftigkeit des Herzens war es, die die bürgerliche, unter der glatten Oberfläche des Rokoko existierende Schicht zum Todfeind des Zeitgeistes machte. Es ist eine Fama, daß die »Aufklärung«, die etwa um die gleiche Zeit von England zu uns kam, in Deutschland diese Rolle gespielt habe; Aufklärung und Rokoko hackten einander kein Auge aus.

Nein, das Herz der Susannchens von Klettenberg, die aus angeborener Schamhaftigkeit nicht mitmachen konnten und beim Anblick jedes leichtfertigen Festes und jeder brillierenden und umschwärmten Rokokodame einen bitteren Schmerz und einen Stich im Herzen fühlten – das *Herz* war es, nicht das Gehirn, das sehnsüchtig auf etwas Neues wartete.

In diesen Kreisen waren sich die Mädchen und Frauen, während um sie herum das Hoch-Rokoko sich auslebte, ihrer bescheidenen Grenzen bewußt, ihrer natürlichen Stellung im Leben und der Aufgabe, ein geduldiger, anspruchsloser, heiterer und ausgleichender Kontrapunkt zu einem achtbaren, ernsten, verantwortungsvollen, treuen Manne zu sein. In Städten, die fern von Residenzen lagen und pietistische Strömungen aufwiesen, gingen Frauen allein nicht zu Festen, besuchten junge Mädchen kein Theater, keine Geselligkeit ohne Begleitung, ja sogar zu Spaziergängen in den Anlagen und Straßen wurden eine Zofe oder ein »Kammermensch« mitgenommen. Es war eine altfränkisch anmutende Ehrbarkeit vorhanden, die den höfischen Zeitgenossen ganz kolossal komisch erschien und ihnen nur erklärlich war durch die törichte, rückschrittliche Dummheit dieser Frauen.

Nun ja – dumm waren sie vielfach, aber gegen die tändelnden, »fortschrittlichen« Rokoko-Damen immer noch wahre Einsteins!

Sie waren bieder und hatten Sehnsucht.

Das war damals viel! Das wäre sogar heute viel.

Wonach sie sich sehnten?

Nach Klopstock und Goethe. Sie wußten es nur noch nicht. Es sollte sich aber sehr bald erweisen. Eine einzige Veröffentlichung eines Dichter ließ – wie später nur noch einmal in der Literaturgeschichte, nämlich bei Gerhart Hauptmanns »Vor Sonnenaufgang« – einen Quell plötzlich aufspringen. Schon Klopstocks »Messias« wurde 1748 in vielen bürgerlichen Kreisen mit Begeisterung aufgenommen. Man konnte es vielleicht auf das Konto des religiösen Themas schreiben. Aber als Goethe kam, gab es keinen Zweifel mehr: Hier wurde kein religiöses Thema, hier wurde ein höchst irdisches Herz, eine neue *Existenz* jubelnd begrüßt.

Goethes »Werther« schlug 1774 wie ein Blitz ein.

Auf den Wellen der Rührung und der Tränen der zehntausend Susannchens kam das Buch angeschwommen. Dabei hatten es die Susannes gar nicht so leicht, es zu lieben, denn es handelte immerhin von der fast rokokolichen Frage: Spannt Werther seinem Freunde die Verlobte aus oder nicht? Und es war von keinem Zukurzgekommenen geschrieben, sondern von einem ehemals rokoko-frechen Studenten, einem wilden, hinreißend stürmischen Liebhaber. Susanne erschrak also anfangs sehr wohl.

Dann aber sah sie, daß in Lotte ein ganz neuer Frauentyp dargestellt war; daß die denkbar edelsten Männer, Werther und sein Freund, kein Auge für Rokoko-Damen hatten, sondern sich nur

nach diesem stillen, innigen, treuen und natürlichen Mädchen sehnten und sich um dieses liebe Bienchen rissen.
Ach, das war Balsam für das Herz! Und die Träne der Freude und Rührung rann!
Wenn man damals durch Deutschland gegangen wäre, so hätte man auf jeden, der Tränen in den Augen hatte, deuten und sagen können: Der ist bereits nicht mehr ein Mensch des Rokoko. Die Träne der Rührung war das Erkennungszeichen des neuen Menschen. Das Rokoko weinte nicht.
Goethen selbst ist dieser Umbruch unter der Oberfläche des Rokoko aufgefallen. Er schrieb später:
»Es war anscheinend den denkenden und fühlenden Geistern ein Licht aufgefangen, daß die unmittelbare Ansicht der Natur und ein darauf gegründetes Handeln das Beste sei, was der Mensch sich wünschen könne. Es raunte jedem sehr schmeichlerisch in den Ohren, man habe genug Stoff und Gehalt in sich selbst und alles komme nur darauf an, daß man ihn gehörig entfalte.«
Das machte ihnen Goethe vor. Er schwelgte in leidenschaftlichen Gefühlen zur Natur, zu den Menschen, zum Schönen, zum Geist, zum Körper. Sie sahen ihn in Stulpenstiefeln, auf Schlittschuhen, im Sattel, auf Reisen, auf der Spitze des Straßburger Münsters und auf dem Gipfel des Rigi. Man sah ihn in stummer Verehrung vor dem schrecklichen Shakespeare versunken und sah ihn entzückt über den Marmor altgriechischer Plastiken streicheln, er sprach stürmisch für den »Naturapostel« Rousseau und grübelte zugleich über die neue befremdliche »Aufklärung« nach. Er schrieb, er zeichnete, er malte, er musizierte, er forschte und liebte, ununterbrochen liebte er leidenschaftlich. Welch ein Mann! Ja, das hieß ein Leben in Sturm und Drang!
Die »Sturm-und-Drang«-Bewegung gab der Seele wieder ihren Börsenwert. Die Wirkung ist gar nicht zu überschätzen. Verzeihen Sie mir das nüchterne Wort: Es gibt eben mehr unschöne als schöne Menschen auf der Welt, und sie alle atmeten auf. So ging diese Strömung unter der spiegelglatten Fläche des Rokoko eine Generation lang dahin.

Aber man kann nicht dauernd in Superlativen und im Genialischen leben, wenn man in Wahrheit nur ein durchschnittlicher, bürgerlicher Seelenbesitzer ist; und so lenkte der »Sturm und Drang«, noch bevor in Frankreich die Revolution kam, in Deutschland in tolerantere, ruhigere Bahnen ein. Die Dichter, die Fackelträger selbst, gaben das Beispiel. Wielands eigener Liebesroman spiegelt die ganze Entwicklung im Kleinen wider; und es ist interessant zu sehen, wie die Stürmer und Dränger in dem Augenblick, wo sie älter wurden und eine Familie gründeten, in eine bürgerliche Beschaulichkeit strebten, die schon ganz stark an das 19. Jahrhundert erinnert.

Wieland erging es folgendermaßen:

Er war siebzehn Jahre alt, als er 1750 die neunzehnjährige Sophie Gutermann kennenlernte. Sophie war die Tochter eines Augsburger Arztes, der dem Mädchen eine recht gute Erziehung und Bildung gegeben hatte. Wieland und Sophie lernten sich – wie könnte es anders sein – in einem idyllischen Pfarrhause kennen. Sie liebten sich »auf den ersten Blick« und verströmten sich in Überschwang und seelischer Empfindsamkeit. Sie lagen oft buchstäblich auf den Knien, um »der Tugend ewige Treue zu schwören und sich dann in schwärmerischer Freudigkeit zu küssen«.

Wieland mußte nach Zürich reisen, wo er ein paar flüchtige Bekanntschaften knüpfte. Dann ging er nach Bern. Dort begegnete er einer leidenschaftlichen anti-rokokolichen Seele, Julia Bondeli.

Wieland entflammte sich an Juliens Herz und Geist und bat um ihre Hand. Fräulein Bondeli zögerte. Sie erforschte in einem entscheidenden und wahrscheinlich überschwenglichen Gespräch die Festigkeit seiner Liebe, wobei Wieland die Worte herausrutschten: »Niemals würde ich eine andere lieben. Unmöglich! Indessen – ja, auf Augenblicke könnte es doch geschehen, wenn ich etwa eine schönere Frau fände als Sie, die *höchst unglücklich* und zugleich höchst tugendhaft wäre.«

Julia Bondeli sagte unter Tränen: Nein.

Wieland kehrte heim. Auf Schloß Warthausen fand er seine Jugendliebe Sophie wieder, nunmehr als Frau de la Roche. Beide setzten jetzt ihren empfindsamen Roman in Form einer überströmenden, sentimentalen Freundschaft fort. Das ging eine ganze Weile so. Wieland schrieb dort unter dem Eindruck dieser Seelenfreundschaft seine ersten bedeutenden Dichtungen.

Als Sophies Schwester auf Warthausen erschien, wurde sie, zu ihrem eigenen Entzücken natürlich, in die feurige Freundschaft eingeschlossen.

Wollen Sie einer »Sturm-und-Drang«-Szene beiwohnen? Sie ist uns wörtlich durch einen Brief Jacobis überliefert. Dabei müssen Sie sich vorstellen, daß zur gleichen Zeit sich die Karussells des Rokoko mit der trippelnden Schar von Kavalieren, Maitressen, Kokotten, Musikanten, Schauspielern rauschend in Spiegelsälen und Parks drehten.

»Wir hörten einen Wagen heranrollen und sahen zum Fenster hinaus – er, Wieland, war es selbst. Herr de la Roche lief die Treppe hinunter ihm entgegen, ich ungeduldig ihm nach, und wir empfingen unseren Freund (nach seiner langen Abwesenheit) unter der Haustüre. Wieland war bewegt. Währenddem, daß wir ihn bewillkommten, kommt die Frau de la Roche die Treppe herunter. Wieland hatte eben mit einer Art von Unruhe sich nach ihr erkundigt. Auf einmal erblickte er sie. Ich sah ihn ganz deutlich erschaudern!

Darauf kehrte er sich zur Seite, warf mit einer zitternden und zugleich heftigen Bewegung seinen Hut hinter sich auf die Erde und schwankte auf Sophie hin!

Alles dies ward von einem so außerordentlichen Ausdrucke in Wielands ganzer Person begleitet, daß ich mich in allen Nerven davon geschüttelt fühlte. Sophie ging ihrem Freunde mit ausgebreiteten Armen entgegen; er aber, anstatt die Umarmung anzunehmen, ergriff ihre Hände und bückte sich, um sein Gesicht darin zu verbergen.

Sophie neigte mit einer himmlischen Miene sich über ihn und sagte mit einem Tone, den keine Clairon und keine Dubois nachzuahmen fähig ist:

›Wieland – Wieland – o ja, Sie sind es, Sie sind noch immer mein lieber Wieland!‹

Wieland, von dieser rührenden Stimme geweckt, richtete sich etwas in die Höhe, blickte in die weinenden Augen seiner Freundin und ließ dann sein Gesicht auf ihren Arm zurücksinken. Keiner von den Umstehenden konnte sich der Tränen enthalten; mir strömten sie die Wange herunter, ich schluchzte.« –
Wieland war damals schon Ende 30.
Als er heiratete, wandte er sich jedoch von den »hochgeistigen« Frauen, die selbst Träger der Sturm-und-Drang-Bewegung und der »Empfindsamkeit« waren, ab und den Idealobjekten selbst zu: Er heiratete ein einfaches, sanftes, fröhliches Geschöpf, Dorothea von Hillenbrand, »hübsch genug für einen ehrlichen Mann, der gern eine Frau für sich selbst hat, ein gutes, angenehmes Hausweibchen und damit punktum«.
Diesen Haken schlugen sie zum Schluß alle; das ist hochinteressant.
Goethe heiratete nicht Lili oder Marianne, sondern Christianchen Vulpius.
Schiller heiratete die brave Charlotte von Lengefeld und nicht die andere Charlotte.
Klopstock heiratete die rührende, einfache Margareta Moller und nicht eine seiner Züricher Sylphiden.
Jean Paul heiratete die hausbackene Karoline Mayer. Mit Charlotte von Kalb hatte er »nur eine Pfeife im Pulvermagazin geraucht«.
Mit der verblüffenden Goetheschen Erkenntnis: »Liebe ist etwas Ideelles, Heiraten etwas Reelles; und nie verwechselt man ungestraft das Ideelle mit dem Reellen« – mit dieser Sentenz auf ihren Fahnen steuerte die anfangs so furiose anti-rokokoliche Untergrundbewegung, in welcher Sturm und Drang, Klassizismus und Rousseauismus zusammengeströmt waren, in die Bahnen des Biedermeier ein. Ohne blutige Zwischenstation und ohne Aufenthalt rutschte Deutschland gleich direkt in den Geist des 19. Jahrhunderts hinüber.
»Deutschland, ein Wintermärchen«, hat es Heinrich Heine bitter genannt. Ihm war es unbegreiflich, wie der hohe Gedankenflug so versanden konnte. Das Rokoko, sein Absolutismus und sogar Na-

poleon waren zwar 1815 überwunden, aber das »Heer von Kerlen wie ich« hatte keinen Staat, »gegen den Rom und Sparta Nonnenklöster sein sollten«, errichten können. Alle Hoffnungen des Volkes zerschlugen sich. Wer war schuld?
»Deutschland ist nur ein geographischer Begriff«, befahl Fürst Metternich und steckte dafür monatlich 75000 Dukaten Schmiergelder von Rußland und evensoviel Präsente von England ein. Und seine rechte Hand, Herr v. Gentz, schrieb in sein Tagebuch: »Was für ein lächerliches Ende die sogenannten großen Sachen zu guter Letzt nehmen! Kein Mensch auf Erden weiß von der Geschichte dieser Zeit, was ich davon weiß. Nur schade, daß es für die Nachwelt verloren ist, denn zu sprechen bin ich zu verschlossen, zu diplomatisch, zu faul, zu blasiert und zu boshaft. Ich bin unendlich alt und schlecht geworden.«
Deutschland *sollte* also in den Winterschlaf gehen. Das tat es nun für die nächste Generation. Die Tendenz dazu lag, wie wir gesehen haben, bereits im Bürgertum. Es sank nach so viel Anstrengung erschöpft in das Sofa zurück und befolgte gehorsam und selbstzufrieden den oberamtlichen Befehl »Ruhe ist die erste Bürgerpflicht«.
Sie müssen nun – wir stehen in der Zeit von 1816 bis 1848 – alle Bilder vergessen, die Sie eben noch vor Augen hatten; die Reifröcke und Perücken waren verschwunden, die goldenen Stühlchen und Veduten, die Bosketts, die Menuette, die Sänften, die Putten versunken.
Man war arm geworden. Das ist die einfache Erklärung für den neuen Biedermeier-Stil.
Das Sofa, auf dem man nun – die Herren Bürger mit einem Pfeifchen im Mund, die Damen mit einem Stickrahmen auf den Knien – saß, war ein schlichtes, honiggelb poliertes Birkenholz, mit einfachem, gestreiftem Stoff überzogen und weißen Nägelchen beschlagen. So schlicht waren auch die Stühle, die Schränke, die Tische. So nüchtern, kühl und karg die Betten. Ach, was hatten die Deutschen schon für Betten gesehen! Wenn man daran zurückdachte!

Man dachte nicht daran zurück. Man war ja kein Tier, das sich sielte, man war ein »Mensch« geworden; man sprach neuerdings sehr viel von Menschenwürde. Darunter verstand man die Steifheit eines Lebewesens, das Schläfrigkeit mit Abgeklärtheit verwechselte, einen hohen Vatermörder-Kragen trug und die Sinnlichkeit für eine Schweinerei hielt.

Auch für das Blut war Ruhe die erste Bürgerpflicht.

Die Familie war eine Firma geworden. Ihr guter Ruf begann immer wichtiger zu werden. Je weiter die Zeit ins 19. Jahrhundert vorschritt, desto größer wurde seine Bedeutung. Man mußte schon sehr genialisch sein, um in bürgerlichen Kreisen unruhig denken und fühlen zu können.

Natürlich – Herr von Brentano, der berühmte Schriftsteller, konnte eine turbulente Ehe führen und seine Frau in wehender Purpurdecke in Karriere durch die Straßen reiten lassen. Goethe, der »Olympier«, durfte Christiane Vulpius, seine einstige »Maitresse« und Mutter seines unehelichen Sohnes, heiraten. Die Musensöhne durften. Allerdings mußten sie anerkannt sein.

Sie mußten am besten im Salon irgendeiner »bedeutenden« gnädigen Frau verkehren, zum Beispiel in dem Cercle Raheel Varnhagens von Ense. Dort traf man Dichter, berühmte Maler, Weltreisende, Diplomaten, Prinzen.

War man aber nicht anerkannt von höchster Stelle und gab man etwa noch seinen Offiziersberuf zugunsten einer windigen Dichterei auf, wie Heinrich von Kleist, so verlor man das Gesicht und konnte hingehen und sich unter einer deutschen Eiche am Wannsee erschießen.

Ja, eines schickt sich nicht für alle, wird dann der Hausherr selbigen Abends unter der Petroleumlampe gesagt haben; was Oberregierungsrat Max von Schenkendorf kann, kann irgendein Herr Kleist noch lange nicht.

Im Biedermeier begannen die Künstler anrüchig zu werden. Man hatte an höchster Stelle das Gefühl, mit zuverlässigen Dichtern und Malern noch aus der vorigen Generation versorgt zu sein und auf weitere unsicher zu beurteilende Herren verzichten zu können, ohne daß der Staat zugrunde ging. Um keinen Preis, auch geschenkt nicht, hätte man sich in bürgerlichen Kreisen ein Bild von Boucher oder Fragonard offen ins Zimmer gehängt. Ein Töchterchen, das sich von Herrn Schnorr von Carolsfeld auch nur als Halbnymphe hätte malen lassen, wäre als »gefallen« betrachtet worden.

Nein, man wollte nichts mehr mit der unseriösen vergangenen Zeit zu tun haben. Ehe der Hahn einmal krähte, hatte man das Rokoko dreimal verleugnet. Nur beim Hochadel, wie etwa Ludwig I. von Bayern, fand man noch Reste davon in der Existenz von Lustschlößchen, Parkfesten und einem großen Damenflor. Aber selbst Prinz Louis Ferdinand fuhr, wenn er nach Berlin kam, brav bei Frau Varnhagen vor und trat mit einer artigen Verbeugung, die das neue Bürgertum ehren sollte, in ihren Salon ein.

Nun läßt sich beim besten Willen nicht verheimlichen, daß auch im Biedermeier die Kinder nicht in den literarischen Salons zustande kamen, nicht in den neuerblühten Geschäftskontoren und nicht im Caféhaus, dieser neuerdings so beliebten Erfindung. Darüber waren sich auch die jungen Mädchen einig. Jedoch weitgehende Unsicherheit herrschte bei den Töchtern der guten Familien über die Details. Alles schien ihnen dafür zu sprechen, daß das Bett die fragliche Stelle sei, denn dieses Möbel war unter allen Möbeln einzig geheimnisumwittert. Man sprach, sofern es sich um ein eheliches Bett handelte, ungern von ihm, und völlig wahnwitzig wäre die Vorstellung gewesen, Besucher hätten sich, wie zu Großmutters Zeiten noch, zu der entkleideten Mama auf den Bettrand setzen können.

Dieses ganze Thema harrte für die Mädchen aus seriösen Häusern erst der Lösung in der Ehe. Papa war so unendlich erhaben über solche Animalität, wenn er in seinem schönen braunen Rock, in den neuen langen Röhrl-Hosen, mit dem modernen runden Hut auf dem kurzen Haar und dem Spazierstock in der Hand aus der Pferdedroschke stieg und dem Kommerzienrat von gegenüber zuwinkte, und Mutter war so lavendel-duftend rein, daß gar nicht daran zu denken war, die Eltern zu fragen oder überhaupt ähnli-

cher Wallungen oder tierischer Unternehmen zu verdächtigen. Also wartete man auf den Bräutigam. Er würde es wissen.
Er wußte es.
Wenn er Offizier oder Student war, wußte er es aus den Kommers- und Kasino-Abenden, wo man unter sich war und dröhnend, wenn auch unpikant, schweinigelte. Es war die Geburtszeit des »Herrenabends«. Beim Herrenabend und am »Stammtisch« waren die Lavendelduftenden wieder ganz einfach »Weiber«, ausgenommen natürlich die Damen der Anwesenden, versteht sich, parole d'honneur!
Da auch die jungen Herren, die Bräutigams, von den höheren Töchtern eine ähnliche Sauberkeitsvorstellung hatten wie diese von ihren Müttern, so mußten die Herren Söhne also an andere Lehrobjekte denken.
Und hier übernahm man nun der Einfachheit halber die Gepflogenheiten des Rokoko: Gebt den Armen eine Chance!
Das ganz arme Volk (und im Biedermeier waren viele *sehr* arm), die Näherinnen, die Büglerinnen, die Laufmädchen, diese Schar von Mädchen, die angesichts der neuen bürgerlichen Seriosität und Würde eingeschüchterter waren als je zuvor, – sie erhielten die Chance, von einem Offizier beehrt zu werden oder am Arm eines Studiosus auf einem Vorstadtball einen Blick in *die* Welt zu tun, die sie für die große hielten.
Folgen wurden am einfachsten und diskretesten mit etwas Geld abgetan. Die Gesellenstücke dieser Lehrzeit verblieben bei den Fräuleins.
Nicht gerade als Meister, aber immerhin nicht unerfahren traten die Bürgersöhne nun in die Ehe ein. Dabei hatte die Aufklärungsphilosophie gerade so viel falsche Wirkung hinterlassen, daß man jetzt das Wort »vernünftig« auch in der Liebe und Ehe ununterbrochen im Munde führte. Das Biedermeier war die Zeit der »Vernunft«-Ehen. Und vernünftig sein hieß, nicht an das Herz, sondern an den Ruf, die Reputierlichkeit, die Solidität und die Firma denken.
Und warum wollte man jetzt so vernünftig sein? Lohnte es sich?

Man war überzeugt, daß es sich lohnte. Das aufstrebende Bürgertum war von wahnsinnigem Ehrgeiz besessen. Es hatte die Ahnung vom Untergang des Adels. Es hatte den Geruch der neuen Großmacht, der »öffentlichen Meinung« in der Nase. Und die war für Reputierlichkeit und für das Bürgertum.
Soviel jedoch steht, selbst bei strengstem Respekt vor der Reputierlichkeit, fest: Auch im Intimsten hat das Biedermeier noch genug geleistet, um Deutschlands Einwohnerzahl von 29 Millionen auf 40 Millionen zu erhöhen. Kein schlechtes Fazit.
Und auch die wertvollen Rezepte sowohl der Kochkunst wie der Liebe, reichte es unter der Hand – wie Hausfrauen zu tun pflegen – weiter.

DAS FÜNFZEHNTE KAPITEL *berichtet von 1848 bis 1914, jenen erstaunlichen, liebenswerten Jahrzehnten, die jeder zu kennen glaubt und wenige wirklich kennen. Es ist die letzte große Epoche, die ein einheitliches Lebensgefühl hat, die letzte, die wir geschlossen überschauen können, ehe die Zeit so nahe an uns heranrückt, daß das Bild zu flimmern beginnt.*

Wie mühselig rückt der Zeiger der großen Uhr von Generation zu Generation vor, es scheint, als wolle der endlose Weg über zwei Jahrtausende gar kein Ende nehmen, aber ehe man es sich versieht, steht man in der Zeit, die noch unsere Großmutter erlebt hat, als sie ein junges Mädchen war. Zum erstenmal können Lebende noch Zeugnis ablegen, wandeln heute weißhaarig, kopfschüttelnd und vor den Autos flüchtend unter uns, und im alten Familienalbum, ganz unten in der Schublade, liegen vergilbte Fotografien, aufgezogen auf dickem Karton mit Goldschnitt, und erzählen uns mit der »Unbestechlichkeit der Linse« (was für ein stolzes Wort war das damals!) von jener Zeit, von der Renan einmal gesagt hat, sie sei die sagenhafte »gute alte Zeit« gewesen. – War sie es?

Sie war's. Heute wissen wir es. Vor 30 Jahren haben wir es noch bestritten. Wir fanden das 19. Jahrhundert engbrüstig, verheuchelt, unfrei und vor allem »komisch«. Was verheuchelt, unfrei und komisch ist, haben wir inzwischen erlebt, und wohlwollender denn je neigen wir nun das Ohr, wenn von der »guten alten Zeit» erzählt wird.

Sie begann 1848 und endete 1914, wobei ihr Gütegehalt nicht immer gleich war.

Daß sie gut war, lag nicht daran, daß wir »einen Kaiser hatten«. Es lag vielmehr daran, daß die Menschen als neu und herrlich genossen, was heute abgegriffen und schal geworden ist. Die Leibeigenschaft war aufgehoben, Millionen atmeten tief, tief auf, Parlamente wurden gegründet, in den Naturwissenschaften feierte der freie bürgerliche Geist Triumphe, die Achtbarkeit jedes braven Bürgers wurde verkündet, Sicherheit auf allen Wegen und Schutz des Rechts garantiert, Entfernungen schmolzen zusammen, die vielbestaunten »Kunststraßen« wuchsen in zwanzig Jahren auf fast 12000 Kilometer, mechanische Dampfeisenbahnen durchzogen kreuz und quer das Land, nahmen Pakete, Briefe und Personen mit und brachten liebende Getrennte in Windeseile wieder zusammen.

Das alles empfanden die Menschen nicht wie wir heute als langweilige alte Kiste, sondern als herrliches Geschenk einer neuen Zeit, und sie fühlten sich daher in Hochstimmung. Dies wiederum brachte, abgesehen von dem üblichen Prozentsatz von Ekeln und Widerlingen, mit sich, daß sie im Herzen »kühn und stolz«, ausgeglichen und maßvoll waren und jene Mitte hatten, die heute bereits in das Forschungsgebiet der Archäologie gehört. Denn sie ist ausgestorben.

Uns dämmert heute langsam, wie ethisch, aristokratisch, klug und genial die komische gute, alte Zeit war. Wir sind gar nicht sehr großartig gegen sie. Ihr Impressionismus war der letzte einheitliche Lebensstil, ihre Relativierung der Naturgesetze ist die heute noch letzte Erkenntnis, ihr Parlamentarismus der Vater unserer modernen Regierungsform, das Rechtsprinzip jener Zeit das Fundament unseres heutigen Rechtslebens. Daß die Dame rechts und der Herr links geht und man nicht in der Nase bohrt, stammt von ihr, die Migräne, die Emanzipation der Frau, der Wiener Walzer, die Olympischen Spiele, das Fahrrad, das Auto, das Flugzeug, die Zigarre – und wir selbst.

Und wie haben sie das gemacht, könnte man fragen?

Was die letzte Bemerkung der Aufzählung anlangt, so kann man vermuten, daß ihre Technik nicht anders gewesen ist als unsere heute. Was aber die vorhergehenden Beispiele anlangt: durch Tiefaufatmen, durch Freude, durch Ehrfurcht. Ich kann mir nicht helfen, ich bewundere unseren Ur-Großvater.

Er war so ungeheuer ehrbar. So ehrbar war ein ganzes Zeitalter schon lange nicht mehr. Die »gute alte Zeit« war so ehrbar, daß das 20. Jahrhundert geradezu suchen mußte, ihr etwas anzuhängen. Man suchte und fand die Maulkorb-Politik, die Bevormundung der Presse, den Klassenzwang, die überspitzten Ehrbegriffe,

die Adelsbevorzugung, den Homosexuellen-Skandal des Fürsten Eulenburg, die Spitzbäuchigkeit der Männer, die Chambre-séparée-Erotik, die verheuchelte Prüderie.
Ach, meine Lieben! Wie klein sind die Fische, die da im Netz zappeln. Wie intakt muß das 19. Jahrhundert gewesen sein, daß man etwas ins Feld führt, was man für ein früheres und späteres Jahrhundert nicht einmal am Rande erwähnt hätte, weil es gang und gäbe war. Wer hat denn gesagt, daß diese Zeit *keine* Fehler hatte und daß es nichts zu verbessern gegeben hätte! Aber ich finde es nicht minderwertig oder tadelnswert, die Sexualität aus der Öffentlichkeit, aus den Gesprächen und Debatten zu verbannen, ich zerbreche mir den Kopf, wieso sie »reiner« und »ehrlicher«, wie es heute so schön heißt, sein soll, wenn man unausgesetzt über sie quatscht, sie vor Augen hat und auf der Straße sieht? Das ist ein effektvoller Trugschluß, weiter nichts. Nehmen Sie zwei Bilder zur Hand, das Bild eines »verschlossenen« Potsdamer Töchterchens von 1860 und das Bild eines »offenen« Kolleggirls von heute: die schönsten Liebenden, meine Freunde, zeigen es nicht. Eher kommen sie hinter Butzenscheiben hervor, als hinter Windschutzscheiben.
Das 19. Jahrhundert, mit allen seinen Fehlern, war die letzte Epoche, die Form hatte. Form ist etwas anderes als Brauch und Herkommen. Bräuche hat jede Zeit, Form leider nicht. Form haben heißt, sich selbst Gesetze schaffen, ohne Berechnung, allein aus der Schamhaftigkeit. Aus der Schamhaftigkeit über den im Menschen steckenden würdelosen Hang zum Phlegma, zum Egoismus, zum Unästhetischen, zur Bequemlichkeit. Ein Mann, der seinen Hut auch bei strömendem Regen vor einem anderen Mann zieht, hat Form. Verwechseln Sie es nicht mit Manieren. Manieren sind »Brauch«, Form ist Selbstzucht. Mit Manieren bestätigt man sich vor anderen, mit Form vor sich selbst. Von Manieren kommt manieriert, von Form kommt Format.
Das 19. Jahrhundert hatte auch Form im Lieben. Wir haben sie heute nicht mehr.
Und nun wohlan, lasset uns hiervon sprechen, denn siehe, unsere

arme Großmutter, achtzehn Jahre alt, stehet schon geschnüret da und wartet seit drei Seiten, daß ihr erster Ball beginne.
Sie heißt nun nicht mehr Hildileis oder Ute oder Agnes oder Sibylle, sondern Elisabeth-Charlotte. Sie sah reizend aus in ihrem ersten schulternackten, enganliegenden, seideraschelnden Kleid mit kurzer Schleppe, schön ihre zarte modellierte mädchenhafte Gestalt, wie sie Adolph von Menzel auf seinen Cercle-Bildern so wunderbar und rührend dargestellt hat. Menzel war auch da, denn er wohnte nur hundert Schritte von unserer Villa entfernt »Am Karlsbad«. Jetzt stand er in einer Fensternische, zeichnete heimlich einen Herrn, den er nicht kannte (es war der junge Rudolf Mosse, der soeben das »Berliner Tageblatt« gegründet hatte), und runzelte jedesmal finster die Augenbrauen, wenn in einem Duft von Rosen und Nelken reifere Damen, hochaufgerichtete dekolletierte Germanias, an ihm vorüberstrichen. Er haßte Parfüm.
Das Parkett unter dem großen Gaskronleuchter war noch leer, alle Gäste standen und saßen in den Nischen oder in den Nebenzimmern, während drei Lohndiener mit Tabletts unermüdlich umhergingen. An der Schmalseite des Salons waren fünf Musiker plaziert. Der Dirigent, Maître Vernet oder Veurel (ich kann es in dem Tagebuch nicht entziffern), wartete auf das Zeichen meines Ur-Großvaters, der, einen Finger in die Frackweste gehakt, dastand wie das Sinnbild der Dauer und Unwandelbarkeit.
Nichts erinnerte mehr an das Biedermeier. Wo denken Sie hin!, man schrieb 1873, das Reich war gegründet, die Welt des Bürgers stand fest auf Beton, Schliemann hatte Troja ausgegraben, Billroth die Kehlkopf-Exstirpation gefunden, Darwin hatte die Abstammungslehre verkündet, auf den Rigi stampfte eine Zahnradbahn, durch den Mont Cenis war ein zwölf Kilometer langer Tunnel gebrochen, der Suezkanal war fertig, Haeckel hatte die »Natürliche Schöpfungsgeschichte« geschrieben, Eduard Hartmann die »Philosophie des Unbewußten«, Marx »Das Kapital«. Man spielte Tennis, und in der Sommerfrische fuhr man Hochrad.
»Ich kann Ihnen nicht sagen, Papa«, flüsterte unsere junge Großmutter, »wie schön die Welt für mich ist!«

Unser Ur-Großvater lächelte und drückte ihre Hand.
»Ich danke Ihnen für so viel Güte, Papa. Ich bin sehr aufgeregt –«
»Man zeigt es nicht.«
»Nein, ich weiß. Aber ich bin ein schwaches Mädchen, das am liebsten niemals von Ihnen und von Mama gehen möchte. Das sage ich, Papa, weil mir heute mehr denn je ahnt, daß ich nun bald einmal vor diesem Schritt stehen werde.«
»Ach ja«, seufzte unsere Ur-Großmutter.
»Natürlich«, nickte der Vater, »das ist Naturgebot. Eines Tages wirst du einem Mann begegnen, dem du dann gehören wirst, und . . .«
»Ein schreckliches Wort, Papa.«
Der Vater warf einen strengen, fragenden Blick auf seine Frau: »Ich hoffe, Henriette, du hast mit Elisabeth über gewisse intime Dinge gesprochen?«
»Doch, doch, Mama hat«, fuhr das Mädchen schnell dazwischen und errötete, »ich glaube nur, es ist alles ziemlich schrecklich . . . das mit einem Mann . . . wenn er mit mir . . .«
»Genug, Kind, ich bin nicht schwer von Begriff, du brauchst es nicht auszusprechen. Es ist keineswegs schrecklich, wie du es zu nennen beliebst; ich denke, Mama und ich haben dir das gegenteilige Vorbild gegeben. Es ist die Erfüllung. Das sind Dinge, Elisabeth, von denen du in deinem Alter und in deiner Situation das Prinzipielle *wissen*, das Detail nicht *erforschen*, das Emotionelle nur *ahnen* solltest. Dies scheint mir eine Maxime für ein junges Weib zu sein, das noch im Elternhause ist. Wie eine Ehe verläuft, Kind, kann man sowenig wissen, wie ein Gespräch verläuft. Ein Gespräch kann jedoch nicht fehlgehen, wenn es anständig geführt wird, verstehst du, anständig; wenn es verständnisvoll, taktvoll, diskret und höflich ist. Wer ist übrigens der junge Mann dort, mit dem unser guter Fontane spricht?«
Das hätte er nicht sagen sollen. Elisabeth-Charlotte sah daraufhin den Gast zum erstenmal mit Bewußtsein, und er sah sie. Sie sahen sich pfeilgerade in die Augen. Er war in den Köpfen der Eltern gewiß nicht als mein Großvater vorgesehen, aber er wurde es.

Nachdem der Ehrentanz mit dem Vater vorüber war, landete Elisabeth-Charlotte bei den Klängen der soeben berühmt gewordenen Strauß'schen »Schönen blauen Donau« in den weißbehandschuhten Händen meines jungen Großvaters. Mein Großvater hatte einen etwas kurzen Hals, was beim Frack immer noch besser ist als ein zu langer. Aber er wirkte dadurch kleiner, als er war. Ihre Gesichter waren sich sehr nah, was meinem Großvater ausnehmend gut gefiel. Er hielt das Mädchen lose und dezent in den Armen.
»Ich bin dem Herrn Fontane«, sagte er, »sehr verbunden, daß er bei Ihrer Frau Mama meine Einladung erwirkte. Ich kenne hier in Berlin nicht viele Menschen und wollte so gern ein paar der jetzt so beliebten Hausbälle mitmachen, ehe ich wieder nach Danzig heimkehre.«
»Oh, Sie fahren wieder fort? Sie sind in Danzig, in unserem schönen Bernstein-Schmuckkästchen zu Hause?«
»Wieso Bernstein?« fragte er verwundert. »Die Bernsteinküste liegt weit weg von Danzig.«
»Tatsächlich? Nun, ich liebe Bernstein auch nicht. Aber Danzig liebe ich.«
»Wie schön, Mademoiselle. Kennen Sie es gut?«
»Gar nicht.«
»Ah!« Mein Großvater schwieg betroffen. Dann raffte er sich auf: »Aber sagen Sie mir bitte, wie man etwas lieben kann, was man nicht kennt?«
»Kann man das nicht? Dann bitte ich um Entschuldigung. Ich wollte Ihnen nur eine Freude machen.«
»Ich glaube, Sie sind sehr lieb.«
»Ich glaube nicht. Ich bin nur etwas verwirrt. Mein Vater pflegt zu sagen, daß ein Gespräch, genau wie eine Ehe, vor allem verständnisvoll und höflich geführt werden solle.«
»Sie lieben Ihren Herrn Vater sehr?«
»Ich verehre ihn.«
»Und Sie können mit ihm über derlei Dinge, über Ehe, Liebe, Erotik reden?«
»Wo denken Sie hin!«

»Eben. Ich dachte nur, hier in Berlin sei vielleicht manches üblich, was bei uns unmöglich wäre. Aber ich möchte wissen, wie es in dem Köpfchen einer so behüteten, entzückenden jungen Dame in diesem Punkte aussieht!«
Er wartete gespannt.
»Verschwommen!« sagte Elisabeth endlich. »Schauen Sie, wie ehrlich ich bin. Ist das schlimm?«
»Es ist wunderschön. Ich meine: ehrlich zu sein, ohne den Charme einzubüßen. Glauben Sie, daß ich Ihrer Frau Mama morgen meine Aufwartung machen darf?«
»Es ist so einfach: Fragen Sie sie. Gehen wir nachher zu ihr. Sie steht bei Herrn Fontane, Ihrem Freund.«
»Ach! Sie wird ihn jetzt um mein Signalement ersuchen.«
»Natürlich«, antwortete unsere Großmutter unbefangen, »das ist sehr wichtig. Man muß vernünftig sein, nicht wahr?«
»Manchmal, gnädiges Fräulein, wünschte ich, ich wäre ein Schauspieler, dann könnte ich machen, was ich wollte, und könnte kein Ansehen mehr verlieren. Verstehen Sie das?«
»Ich möchte gern ja sagen, aber ich fürchte, es wäre für mich in höchstem Maße unschicklich. Ich dürfte nie Schauspielerin werden. Ich bewundere die Wolter. Vor allem ihren Wolter-Schrei. Aber ich bitte Sie, wer schreit im Leben schon so! Bringt Schreien mehr Glück als Stillsein? Die vom Theater sind doch sichtbar unglücklicher als wir.«
»Sie lieben stärker als wir.«
»Das dürfen Sie nicht sagen«, fuhr Elisabethchen flammend auf, »dafür gibt es nicht den geringsten Beweis! Jemand sehr innig und voller Vertrauen und Bewunderung zu lieben, ist stärker, als jedes Jahr zweimal um einen anderen Mann Krakeel zu schlagen und sich schamlos aufzuführen.«
»Aber, meine Gnädigste, liebste, reizendste Elisabeth-Charlotte!« Er lachte. »Was wissen Sie denn, was Liebe ist?«
Unsere Großmutter besann sich ohne Eile, dann antwortete sie: »Ich kann noch nicht mehr wissen als eines: Für mich ist Liebe mit Vorsatz verbunden und nicht mit Begierde. Da ich den Wunsch

habe zu lieben, werde ich auch dazu kommen, zu lieben. Mein Vater würde nie erlauben, daß ich einen unwürdigen Mann heirate.«

»Aber liebes, gnädiges Fräulein, das klingt, als erwarteten Sie die Liebe erst als Folge der Heirat. Sie müssen doch den Mann schon, bevor Sie sich verloben, liebhaben? Oder? Spreche ich Ihnen zu modern und gewagt, wenn ich sage, Sie müssen ihn, ehe Sie ihn als Gatten und Ernährer achten lernen, begehren. Verstehen Sie: begehren! Mit den Sinnen!«

Das Mädchen seufzte.

»Das kenne ich aus Büchern, dieses Wort. Ihr Männer führt es im Munde und wünscht es. Nun, dann seht zu, daß es so kommt.

Mein Gott, wovon sprechen wir! Ich habe doch meinen Vater auch nicht ersehnt, und doch liebe ich ihn jetzt. Ist das töricht, was ich eben gesagt habe? Lassen Sie uns Mädchen träumen; wir versprechen auch, lieben zu *wollen*.

Ich möchte auch viele Kinder haben. Mein Vater pflegt zu sagen: *Ein* Kind ist ein Spielzeug der Eltern und verdirbt leicht. Man muß viele Kinder haben. Ich habe auch noch drei ältere Brüder. Mein Vater sagt immer: Eine Familie mit fünf Kindern ist eine Gemeinschaft, wo keine falsche Sentimentalität aufkommt und wo jedes Kind frühzeitig lernt, daß es nicht allein auf der Welt ist. Mein Vater denkt sehr sozial, müssen Sie wissen; er sagt, große Familien erziehen untereinander sozial. Verstehen Sie das?«

»O ja –«

»Ich nicht ganz. Aber das macht nichts. Wollen wir zum Büfett hinübergehen? Bitte! Ich bekomme immer Hunger, wenn ich aufgeregt bin.«

»Sind Sie's?«

»Ja. Aber ich möchte nicht, daß man es merkt. Merkt man es?«

»Keine Spur. Sie sehen entzückend aus. Wie schön, daß Sie nicht zu diesen hypermodernen emanzipierten Damen gehören!«

»Zu wem? Ah ja, ich verstehe. Das sind die Frauen, die statt jedem der vier Kinder einen Doktorhut haben, nicht wahr? Was wollen diese Damen eigentlich?«

»Gleichberechtigt sein.«
»Worin?«
»Im Beruf. In der Arbeit.«
»Das ist merkwürdig. Dann wünschen sich diese Damen eigentlich in die Lage, in der die armen, armen Arbeiterfrauen sind?«
Mein Großvater lachte:
»Ich bin ganz überrascht, wie wunderschön klar Ihre Gefühle sind. Das haben Sie fulminant gesagt! Aber die emanzipierte Frau will auch die absolute Gleichberechtigung in bezug auf Achtung!«
»Na, das verstehe ich nun überhaupt nicht! Ich hatte das Empfinden, einer Dame wurde bisher *mehr* Achtung erwiesen als einem Mann? Irgend etwas stimmt doch da nicht. Ach, ich werde alles den Männern überlassen, ich bin wirklich ein schwaches Mädchen. Essen Sie doch von diesen Brötchen, sie sind gut!«
»Unmöglich für mich, ich habe bei Kempinski lukullisch gegessen.«
»Oh! Kempinski!«
»Nun bin ich in Ihren Augen ein Lebemann? Aber ich war eingeladen. Man ißt heutzutage köstlich. Sehr kultiviert. Enorm!«
»Erzählen Sie!«
»Man versicherte mir, daß es eigentlich ein normales Sonntagsmenü der saturierten heutigen Kreise in Berlin sei. Es gab:

Reissuppe,
marinierten Hering mit Erbsen oder
Rindfleisch mit Sardellen,
Huhn mit Klößchen oder
Spickgans mit Kohl,
angeschlagenen Hasen mit Kirschsauce,
Rindsflecke mit Kohlrüben,
gezupften Karpfen mit Sauerkraut,
Mehlspeise mit Käse,
Fasanbraten,
Äpfel en gelée
und Zuckerherzchen.

Jetzt verstehe ich, warum alle älteren Herren einen Spitzb . . . pardon – Embonpoint haben.«
Elisabeth-Charlottchen lachte.
»Es sieht stattlich aus!«
Unser Großvater überlegte.
»Das ist wahr. Merkwürdig genug. Oder ist das nur eine Zwecklüge der Damen, die in Wahrheit Cäsars Ausspruch meinen: Laßt wohlbeleibte Männer um mich sein etc., sie sind leichter zu haben?«
»Aber nein, sicher nicht! Es gibt doch nichts Schöneres als einen so recht stattlichen Mann. Ah, Gott –«
Seufzend aß sie noch ein Filetstückchen und betrachtete den jungen Mann an ihrer Seite verstohlen.
»Ich rudere viel«, fiel es unserem Großvater ein zu bemerken.
»Himmel! Müssen Sie stark sein!« entrang es sich den Lippen Elisabeth-Charlottes.
Es schien ihr eine Gewähr für vieles.
Ja, so war das.
Leider war er *nicht* stark. Er starb früh. Man könnte sagen: so früh, daß er das Leben nicht genossen hat. Aber ich bin nicht sicher, ob wir damit recht haben. Wenn Glück Abwesenheit vom Leid ist, so hat er es genossen. Wenn Glück animalisch ist, hat er es *nicht* genossen. Wenn Glück Illusion ist, hat er es erlebt.
Man lebte damals in einer starken Illusion. Und wenn es heißt, 1918 seien wir aus allen Illusionen erwacht: Glauben Sie es nicht! Ich erinnere mich nicht, auch nur auf einer einzigen Seite bisher gesagt haben zu können: Hier waren die Menschen eine Minute illusionslos.
Auch die Liebe ist es nie.
In der »guten, alten Zeit«, die übrigens *vor* 1870 guter und alter war als danach, war natürlich auch nicht alles Gold, was glänzte, und Liebe, was schnaufte. Auch unseren Großvater mag es später oft beim Anblick einer Frau »gekutzelt« haben, und ich weiß auch nicht, ob nicht gewisse, sehr enge verwandtschaftliche Grade zwischen seinen Nachkommen und diesem oder jenem Unbekannten

bestehen; nie jedoch nahm irgend etwas Derartiges etwa Formen an, die den glücklichen Ruf der Ehe und ihren gesegneten Frieden angetastet hätten.
Wäre der Tatbestand anders geworden, wenn man ihn veröffentlicht hätte? Ist es geheuchelt? Ich möchte vorschlagen, es diszipliniert zu nennen.
Es ist auffallend: Das 19. Jahrhundert ist die Zeit der provozierten Skandale. Vorkommnisse, die a priori keine Skandale sind und sich in nichts von den Dingen unterscheiden, die jeder erfahrene Mensch als existierend voraussetzt, wurden damals als Waffe im politischen und sozialen Kampf ausgenutzt. Als Maximilian Harden-Witkowski in seiner Zeitschrift »Die Zukunft« den Homosexuellen-Skandal um den Fürsten Eulenburg entfesselte, tat er etwas, was jedermann damals verachtete: Er ließ sich von seinem Haß gegen die Hofkamarilla hinreißen, eines der beiden ungeschriebenen Tabus, Geldgeschichten und sexuelle Geschichten, zu verletzen. Wie eine Stichflamme zischte der Fall Eulenburg auf, Harden bekam seinen Willen, die Eulenburgsche Kofkamarilla wurde verjagt und durch eine normal veranlagte, politisch viel verhängnisvollere, ersetzt. Alle Töchter fragten ihre Freundinnen, was Homosexualität sei und was der sanfte, liebe, gute Fürst, der dem Kaiser immer so schön »Aus des Nachbars Haus trat mein Lieb heraus ...« auf dem Klavier vorspielte, eigentlich getan hatte.
Als der Fall jenes biederen, strengen Studienrates aufgedeckt wurde, der an einem Lyzeum Sittenreinheit lehrte und am Wochenende in die Nachbarstadt reiste und sich in den Freudenhäusern auslebte, sahen alle Mütter und Töchter einen Moment lang verstohlen ihren eigenen Vater an. Das war schade, weil kein Gewinn.
War er ein schlechter Lehrer gewesen? Nein. War er ein gefährlicher Mann für die Kinder gewesen? Nein. Hatte er ein Gesetz verletzt? Nein. Aber er war für bestimmte politische Kreise ein wunderbar geeignetes Objekt zur Demonstration für die »Verheuchelung des Bürgertums«. *Hatte* er geheuchelt?

Eine Bautzener Zeitung berichtete eines Tages über eine »Orgie«, die einige Leutnants der Garnison mit einem Bürgermädchen gefeiert hätten. Es kam zu einer gerichtlichen Untersuchung. Sie zeitigte als Ergebnis genau das, was der Bericht angeprangert hatte: Die Offiziere bestritten nichts, das Mädchen auch nicht. Das Landgericht verurteilte den verantwortlichen Redakteur wegen Äußerungen, die das öffentliche sittliche Empfinden beleidigten, zu sechs Monaten Gefängnis. Das Urteil empfinden wir als nicht in Ordnung. Damals war es aber gerade »in der Ordnung«, – des 19. Jahrhunderts nämlich. Es schien den Richtern sinnvoll, das heißt: voll des Sinnes, diejenigen Bürger, die unberührt und unverdorben von dem unabwendbaren Negativen bleiben wollten, vor der gewaltsamen Berührung mit diesen Dingen zu bewahren. Nach 1918 war das unmöglich: Jede Häßlichkeit trat an jeden, ob er es wollte oder nicht, öffentlich heran. Das ist der Unterschied.

In Berlin gab es um 1890 über tausend kleine Lokale »mit Damenbedienung«. Sie galten damit von vornherein als nicht anständig; man mied sie in Begleitung von Frau und Tochter, selbstverständlich. Die Frage nach dem Grad der Nichtanständigkeit brauchte infolgedessen nicht angeschnitten zu werden. So blieb den Frauen und Mädchen des Bürgertums erspart zu wissen, daß die Etablissements für alle Männer, die einmal Ferien vom Ich machen wollten, Stätten ihrer »Ausschweifung für eine Nacht« waren. Dorthin pilgerten zu Gelegenheiten wie etwa der alljährlichen »Landwirtschaftlichen Woche« die strammen Gutsbesitzer und Forsteleven, wobei die meisten absolut das Gefühl hatten, am Rande eines Abgrunds zu wandeln.

Der Mann der »guten, alten Zeit« war in Wahrheit nicht ausschweifend. Wenn es uns heute, auf Grund von »Fällen«, so scheint, so liegt, das daran, daß in einer Epoche von bedeutender Helligkeit jeder Schatten besonders schwarz wirkt, was er in einer Zeit des Grau-in-Grau nicht tut. Bernard Shaw vermutet, daß am verhältnismäßig ausschweifendsten die Ehemänner selbst, und zwar in ihrer eigenen Ehe, waren. Er schreibt (1908): »Sie sind entschlossen die Ehe als geheiligten Zufluchtsort der Lust anzuse-

hen. Man kann beobachten, daß die berüchtigten Lüstlinge (Junggesellen) sichtlich viel weniger an Unmäßigkeit leiden als viele Eheleute ... Sie betrachten samt und sonders die Heiratszeremonie als einen Ritus, der sie von den Gesetzen der Mäßigkeit lossprach, den Beginn lebenslanger Flitterwochen darstellte und ihre Lüste auf genau dieselbe Ebene hob wie ihre Gebete.«
Der »Junggeselle« Shaw irrt sich. Zumindest für Deutschland. Aus Tagebüchern, Briefen, Gesprächsaufzeichnungen kann man im Gegenteil etwas sehr Seltsames herauslesen: Ein hoher Prozentsatz der Männer war im ehelichen Schlafzimmer von einer Gehemmtheit, Unraffiniertheit, Genügsamkeit, die uns auffällt. Die Ursachen liegen sehr versteckt.
Der Hauptgrund war ein ebenso tragischer wie bewundernswerter, und die heutigen Menschen hätten dazu gar nicht mehr die Bescheidenheit: Die Partner des 19. Jahrhunderts schlossen, wenn sie über sich selbst und ihre geheimen Wünsche erschraken, nicht bequem von sich auf andere, sondern waren gewiß, daß die Menschen edler seien und nur sie selbst ein minderes, fehlerhaftes Exemplar. Dieser Generalglaube an »den Menschen« ließ sie sich über sich selbst schämen. Sie schämten sich lieber über sich selbst, als daß sie ihr Menschenbild zerstörten.
Dazu kam, daß die Geschlechter in der Jugend zuwenig voneinander wußten.
Die jungen Mädchen waren vor der Hochzeit streng behütet. Sie waren den ungezwungenen geselligen Umgang mit Männern nicht gewohnt, viele hatten nicht einmal Brüder. Aber sie hatten Freundinnen. Alles, was die Schicklichkeit sonst verbot, war zwischen Freundinnen erlaubt. Sie konnten dauernd beisammen sein, sie durften allein miteinander im Zimmer bleiben, ja, sie konnten sogar, die eine als Gast bei der anderen, zusammen schlafen. Es ist nicht einmal notwendig zu behaupten, daß die ersten Erfahrungen immer halb lesbisch gewesen sein müssen; es genügt, sich vorzustellen, wie sehr sich zwei Freundinnen in einem typischen Männerjahrhundert aneinander klammerten und wie eindrucksvoll die ersten ausgetauschten weichen Zärtlichkeiten gewesen sein müs-

sen in einer Welt, in der ihnen der Mann als Rocher de bronce oder teutonischer Polterer begegnete.
Die Männer nun, sofern sie umgekehrt keinen gesellschaftlichen und kameradschaftlichen Verkehr mit jungen Mädchen gewohnt waren, befanden sich in anderer Gefahr: Sie glaubten sich verpflichtet, die Haltung, die sie im Wohnzimmer und auf der Promenade zeigen mußten, auch im Schlafzimmer beizubehalten, andernfalls sie »die ganze Achtung« einbüßen würden. Diese jungen Stehkragen-Honoratioren wären nie auf den Gedanken gekommen, daß das Laszive zwischen echt Liebenden verzeihlich wird und daß die Frau es sich vielleicht sehnlichst wünschen könnte. Der Irrtum dieser Männer bestand darin, ihren Frauen nichts zuzutrauen. Sie kamen zu diesem Fehlurteil, weil sie sich nicht vorstellen konnten, daß eine »anständige« Frau »sowas« täte; daß sie nicht a priori »reiner« sei; daß ihr Urteil bei Entdeckung dieser männlichen Lust nicht niederschmetternd sein müsse.
So kam der Mann zu seiner Vorstellung, nur bei »nicht-anständigen« Mädchen sich loslassen und ausleben zu können. Er war dort so, wie er es hätte hier sein sollen. Die junge Ehefrau sah immer nur den »Herrn«, den korrekten schnauzbärtigen Erhalter und Ernährer vor sich. Sie wurde die Erinnerung an die allererste Freundinnen-Zärtlichkeit nicht los, und so kam es nun auf ihrer Seite ebenfalls zu einer Verdrängung und zu einem Fehlwunsch: sie sehnte sich nach dem »großen Jungen« oder dem »Künstler«. Aber wie viele hatten den Mut zu diesem Schritt?
Wie sagt Ibsen? »So etwas tut man doch nicht!«
So wurde die berühmte »unverstandene Frau« geboren. Da ist sie!
Sie ist in dieser psychologisch sonst so leicht durchschaubaren Epoche die einzige komplizierte Erscheinung. Die Rolle, die sie gespielt hat, verdankt sie der Aufmerksamkeit, die sie erregte, nicht ihrer Häufigkeit. Im Porträt des 19. Jahrhunderts blieb sie ein unbedeutender Zug.
Von ihrer eigenen Zeit wurde sie halb tragisch, halb komisch empfunden. Da man die echten Gründe nicht sah oder nicht sehen

wollte, schob man den Komplex auf das geistige Gleis ab, auf Emanzipation und Geltungsbedürfnis. Aber die Ärzte wußten besser, was da vorlag, und nannten die seelischen Folgen: Hysterie. Das Wort kommt von hystéra..

Dieses seelische Phänomen des späten 19. Jahrhunderts, die unverstandene Frau, hatte es in der langen Geschichte der Liebe bisher noch nicht gegeben!

Es sollte sich in dieser Form auch nicht mehr wiederholen.

Ab 1890 ging eine schwerwiegende soziale Umschichtung in Deutschland vor sich. Und 1914 kam der Weltkrieg.

Vier Jahre später hatten die Trompeten von Armstrong-Vickers die Mauern von Jericho umgelegt. Siehe Josua 6, Vers 1–27.

Der Fortschritt strömte herein.

Zweifellos: Die Welle wirkte befruchtend wie eine Nilüberschwemmung.

Aber wer einmal eine Nilüberschwemmung gesehen hat, weiß, wie das Land zunächst aussieht.

Im sechzehnten Kapitel *vollzieht sich unser großes Umsteigen in das 20. Jahrhundert, in dem andere Völker längst sind. Und es bewahrheitet sich der Spruch »Aufspringen während der Fahrt lebensgefährlich«. Der Schwindel erfaßt die Menschen in des Wortes doppelter Bedeutung. Zehn Jahre lang fiebert die Zeit, dann endlich hat sie wieder 36,9.*

Seit die Schweden im Dreißigjährigen Krieg ihren berühmten Schwedentrunk erfunden und die Wallensteinschen Soldaten, laut Schiller, gesungen haben: Man wirbt nicht lange, man zeigt nicht Gold, im Sturm erringt man den Minnesold, seitdem gilt der Krieg als der Vater aller Wirtinnenverse und der Sündenbock für nachfolgende Sittenverderbnis.
Diese These gefällt den Menschen, denn sie ist bequem. Sie ist verdächtig bequem.
Ich sage nicht, daß sich *während* eines Krieges die Moral nicht stets gelockert hätte. »Morgenrot, leuchtest mir zum frühen Tod« von einer rauhen Kriegerbrust gesungen, ist schon imstande, bei einem Mädchen fünf gerade gehen zu lassen; und das Bewußtsein, nicht nur einen potentiellen Helden, sondern noch viel potentieller ein wehrloses Schlachtopfer zum letztenmal zu küssen, hat zu allen Zeiten Scham und Furcht vieler Frauen besiegt. Keuscheste Mädchen fühlten mit reinem Gewissen, eine Ehe vor Gott vollzogen zu haben, wenn sie, tiefverschleiert, am Portier des Hotels Continental vorbei hinaushuschten und von der dunklen Straße noch einmal hinaufwinkten zu dem Fenster, hinter dem undeutlich sich eine Hand zum letzten Gruße hob.
. . . leuchtest mir zum frühen Tod – das ist ein schreckliches Wort, vor dem viele Schranken fallen dürfen. Eine andere Kriegserscheinung ist die Not der vereinsamten Soldatenfrauen in der Heimat. Nach vielen Monaten der Trennung ist es dann leicht soweit, daß man in einem anderen uniformierten Mann den eigenen zu empfangen sich vorspiegelt und verzeiht.
Dies alles – dazu die Not der Abstinenz an der Front mit dem Gefolge der abscheulichen Häuser, die die Oberste Heeresleitung

hinter den Linien einrichtete – dies alles gab es in jedem Kriege. Jedoch 1871 kehrten die Soldaten heim, und das Moralgesetz knüpfte für sie und alle wieder an, wo es 1870 abgerissen war. 1918 nicht. Warum nicht?

Die Ursache der Wende lag in dem Zusammentreffen zweier Fakten: in der Voraussetzung der totalen Niederlage, d.h. der Widerstandslosigkeit, und in der Tatsache, daß sich die Welt um uns herum längst in einem ungeheuren Umbruch befand, vor dem das abgekapselte Deutschland bisher einfach die Augen verschlossen hatte. Für uns begann das 20. Jahrhundert in Wahrheit erst bei Kriegsende, das heißt mit einer Verspätung von 18 Jahren, als es sich in Frankreich, England und Amerika bereits in voller Fahrt befand. Es ist aber ein Unterschied, ob man sich in einem Zug befindet, der sich langsam in Bewegung setzt, oder ob man während der Fahrt aufspringt. Es ist der Gesundheit abträglich.

Paris hatte schon seit Jahrzehnten die Erfahrungen einer schleichenden Morallockerung hinter sich. Deutschland stand noch in der Bismarckschen Gartenlaube-Zeit, als Baudelaire die Fleurs du Mal geschrieben hatte, als man in Frankreich offen die Gedichte des sechzehnjährigen Rimbaud zitierte und sein anomales Liebesverhältnis zu Verlaine keinen Menschen störte.

1893 (Berlin führte gerade Gerhart Hauptmann auf, worauf der Kaiser empört die Hofloge kündigte!) hatte Anatole France, bald darauf »Unsterblicher« der Academie Française, den Roman »Die Bratküche zur Königin Pedauque« geschrieben:

». . . Aufrecht, mollig, in ihrer wollüstigen Vollkommenheit stand sie da. Neugierig blickte sie mich an.

Ich habe erwähnt, daß ich vom Schlummer nach Liebe lüstern war. Ich erhob mich und stürzte mich auf sie.

›Pardon!‹ rief sie. ›Ich suche Herrn von Astarac.‹

Ich sagte: ›Madame, hier ist kein Herr von Astarac. Hier seid Ihr und ich!‹ Ich nahm sie in die Arme und bedeckte jedes Stück Fleisch, das meine Lippen am Rande der Kleider finden konnten, mit Küssen.

Sie machte sich los: ›Ihr seid verrückt!‹

›Bleibt!‹ rief ich und stieß den Türriegel vor. Ich nahm sie in meine Arme, trug sie zum Sofa, fiel mit ihr darauf und bedeckte sie mit Küssen. Ihre Nägel kratzten mich, und dieser vergebliche Widerstand stachelte mein Begehren an. Ich drückte und umschlang sie, die aufgelöst auf dem Rücken lag. Ihr weicher Körper gab nach, sie schloß die Augen, und bald fühlte ich im Triumph, wie ihre schönen Arme versöhnt mich gegen sich preßten.

Dann, ach, lösten wir uns aus dieser wonnigen Umarmung und betrachteten einander überrascht . . .

›Mademoiselle‹, sagte ich, ›könnt Ihr meiner Glut, die nicht erst nach Euren Gefühlen fragte, verzeihen?‹

›Oh, Monsieur, macht Euch nicht schuldiger, als Ihr seid!‹

Ich antwortete mit einem Kuß. Sie gab ihn mir zurück, und wie! Mein Begehren ward von neuem entfacht.

›Diesmal‹, flüsterte sie, ›denkt nicht bloß an Euch!‹

Wir tauchten erneut in den Abgrund der Wonnen. Nachher sagte Jahel zu mir: ›Habt Ihr einen Kamm? Ich sehe aus wie eine Hexe.‹ Sie richtete es ein, mir zu zeigen, daß sie schwarze Strümpfe trug, die mit Diamantschnallen befestigt waren, und dieser Anblick führte meinen Geist auf die Vorstellungen zurück, die ihr gefielen. Obendrein redete sie mir sehr listig und heiß zu, und ich bemerkte, daß sie für das Spiel zu schwärmen begann, indes ich seiner schon müde wurde. Aber ich tat, was ich konnte. Es schien mir, daß sie nicht unzufrieden mit mir war . . .«

1880 (als Wilhelm Raabe die »Krähenfelder Geschichten«, Theodor Storm die »Söhne des Senators« und Heinrich Seidel »Leberecht Hühnchen« schrieben) kam in Paris der Roman »Nana« von Emile Zola heraus. Nana ist das »goldene Tier«, das »Ungeheuer voll Unzucht«:

»Nana war ganz mit feinen Härchen bedeckt; ein goldroter Flaum verwandelte diese Haut in Samt. Kreuz und Schenkel waren geschmeidig und gestreckt wie bei einer Stute, etwas Tierisches lag in dem Schwellen des Fleisches und in den Falten, die tief dazwischen hineinschnitten; Schatten verhüllten wie ein sinnverwirrender Schleier das Geschlecht. Ihr lüsterner Mund hauchte Verlangen. Sie spitzte die Lippen und küßte sich selbst lange an der Achselhöhle . . .«

»Ihr wollt nicht gehen? Na schön! Seht her: Ich habe einen Besuch. Und mit einer brüsken Gebärde riß sie die Schlafzimmertür weit auf. Mitten in dem zerwühlten Bett sahen die beiden Männer Fontan liegen. Er war nicht darauf gefaßt, daß er so zur Schau gestellt werden sollte; er streckte die Beine in die Luft . . .«

Noch eine Generation früher, Mitte des 19. Jahrhunderts bereits, erschien in Paris der Schlüsselroman »Gamiani«, als dessen anonymer Autor der berühmte Alfred de Musset galt: Gamiani ist eine Dame der Gesellschaft, die nach einem Hausball ein siebzehnjähriges Mädchen, das sie eingeladen hatte, über Nacht bei sich behält. Die kleine unschuldige Fanny ist ahnungslos, daß Madame Gamiani lesbisch ist. Musset beschreibt, wie Gamiani das Mädchen entkleidet und dann, von ihrer Leidenschaft überwältigt, zur Tribadie verführt. Mitten in dieser Szene werden die beiden Frauen von Baron Alcide, einem anderen Gast, der aus einem Versteck heraus alles mit ansah, überrascht. Alcide wirft Gamiani zur Seite und nimmt das junge Mädchen mit Gewalt. Danach versöhnen sich alle drei unter zärtlichen Liebesspielen. Gamiani und Fanny, beide in Beichtstimmung, erzählen. Die eine von ihrem Weg zur Homosexualität, die andere von ihren erotischen Träumen. Alcide gibt ein Erlebnis mit Dirnen drauf. Dies alles erregt die drei derart, daß Musset zu stärksten Pinseln und Farben greifen muß. –

Guy de Maupassant erregte das Entzücken der Franzosen mit seiner Triangel-Novelle »Die beiden Schwestern«. Lucille Aurora Dupin nannte sich George Sand, lief in Herrenkleidern durch Paris und rauchte eine anderthalb Meter lange Pfeife. Das ereignete sich, als in Deutschland noch das Biedermeier ausklang.

In Frankreich war es also eine über zwei Generationen gehende Entwicklung. Ja, man könnte sagen, daß die Franzosen seit der großen Revolution die erhöhte Temperatur nicht mehr ganz losgeworden sind. Sie waren sich damals auch durchaus ihres infektiös-fiebrigen Moralzustandes bewußt. »Diese *Krankheit*«, analysierte ihn Alfred du Musset sehr richtig, »kommt von zwei

Ursachen. Das französische Volk, das die Revolution von 1793 durchgemacht hat, trägt zwei Herzenswunden mit sich herum: alles, was war, ist nicht mehr – alles, was sein wird, ist noch nicht.«

»Alles was war« – in Deutschland *war* es noch. Im großen und ganzen sogar noch 1918. Deutschland hatte diese Entwicklung nicht erlebt. Es erlebte nun einen *Einbruch.* Eine Infektion. Als 1918 die Dämme brachen, brachen sie nicht durch Überdruck von innen. Es strömte nichts hinaus; nur herein. Methodik und Gesetze des neuen sittlichen Denkens und erotischen Wünschens lagen »draußen« ausgereift vor. Uns warfen sie zunächst fast um.

Für die Augen der alten Generation muß der Wechsel des Bildes von 1913 zu den zwanziger Jahren in den Großstädten, vor allem in Berlin, einfach ungeheuerlich gewesen sein. Die neue Zeit schien sich im Taumel der Ungebundenheit zu überschlagen.

Schon das äußerliche Bild war nicht die Verwandlung von einem Jahr aufs andere, sondern von einem Jahrhundert auf das andere. Eine Flut von zuvor nie gesehener sexualpsychologischer und erotischer Literatur lag in den Buchläden. Von den Fassaden der Theater leuchteten die Titel der neuen Bühnenstücke herab: der entmannte »Hinkemann« von Toller, »§ 218« von Wolf, »Verbrecher« von Bruckner. An den Glastüren der Schreibwarengeschäfte der Friedrichstadt hingen wie Perlschnüre auf Fäden gezogen die Postkarten von Wäschemannequins und Aktmodellen. Über den Eingängen der neuartigen Vergnügungsstätten, genannt »Kino«, standen von Scheinwerfern angestrahlt die Stars in bunter Pappe, mit nackten Brüsten oder von Peitschenhieben umknallt oder sich in den Armen eines Orang-Utans sträubend. Der Begriff »Filmnutte« entstand. Die Dauererotik wurde eine Industrie. Nachts gab es sexuelle Aufklärungsfilme, zu denen man in schnaufenden Autos vorfuhr, rechts und links eine »Dame« im Arm, dahinter im Kielwasser eine Schar von Halbwüchsigen mit Zigaretten im Mundwinkel. Damals alles »ungeheuerlich«. Die Herren Tiller, Haller, Charell inszenierten in Hallen, die riesige Massen faßten, ausgelassene, zynische, auch heitere, hocherotische Revuen als neue Kollektiverotik. Nackttänzerinnen gelangten zu pikantem

Ruhm; sie erschienen vor Sekttischen und Smokings im Jupiterlicht und führten erotische Tänze vor. In die Nachtlokale und Bars war die Negererotik eingebrochen, der Charleston. Auf hohen Barhockern warteten die Eintänzer, die neue Berufsgruppe der Gigolos. Die Kapelle spielte

»Schöner Gigolo, armer Gigolo,
denke nicht mehr an die Zeiten,
wo du als Husar, goldbetreßt sogar,
konntest durch die Straßen reiten.
Uniform passé, Liebchen sagt' Adieu,
schöne Welt, du gingst in Fransen;
wenn das Herz dir auch bricht,
zeig ein lachendes Gesicht;
man zahlt, und du mußt tanzen.«

Im »Resi« vermittelten Tischtelefone im Dämmerlicht anonyme Bekanntschaften mit Fremden. Boulevardblätter brachten spaltenlange Anzeigen, in denen männliche und weibliche Geliebte bestimmter Typen an Sinnlichkeit, Körperbau, Alter und Haarfarbe gesucht wurden. Lesbische schrien in Annoncen nach Sapphos, Homosexuelle boten jungen Epheben Wohnung und Auto an, Ehepaare suchten »gleichgesinnte« Ehepaare. »Clubs« schossen aus dem Boden, in die man »eingeführt« wurde; dort rauchte man Marihuana, dort wurde der berühmte Sprachunterricht erteilt; die doppelten, gepolsterten Türen erstickten das Schreien der »Spanier« und das Lärmen der »Wiener«, der Sadisten und der Masochisten. In eleganten Nebenstraßen machten geschäftstüchtige Unternehmer »Pensionen« auf. Man rief vorher an und erkundigte sich, was »vorrätig« sei. So traf dort ein Vater, der sich ein zwölfjähriges Mädchen bestellt hatte, unerwartet seine Tochter wieder. *Wie* lange war die »gute, alte Zeit« her? Tausend Jahre? Wie lange der Eulenburg-Skandal, die unverstandene Frau, die Ehrenduelle, die Tragödien der kleinen Bürgermädchen? Am Märchenbrunnen im Berliner Friedrichshain boten sich Kinder für eine Kinokarte an.

In den Rotunden im Tiergarten standen in Kreideschrift allabendlich aufs neue wie Börsenzettel Preise angeschrieben; es waren die Preise, die von Jungen und Schulmädchen, die in der Nähe unauffällig herumlungerten, en detail gefordert wurden. Sittenpolizei in Zivil durchstreifte die Untergrundbahn-Schächte und hielt die Parkwege frei von Exhibitionisten. Bei jeder Streife konnte man es rechts und links durch die Büsche brechen hören; Homosexuelle, noch halb ausgezogen, flüchteten.

Hinter den hell erleuchteten Fenstern der Kurfürstendamm-Bel-Etage feierten der siebzehnjährige Sohn und die sechzehnjährige Tochter in Abwesenheit der Neureich-Eltern bei Sekt, Charleston und Opiumzigaretten mit ihren Schulfreunden, debattierten über verdrängte Komplexe, zogen sich wechselnd in das elterliche Schlafzimmer zurück, und wenn die Eifersucht zwischen zwei lesbischen Primanerinnen und einem Liebhaber aus der Obersekunda aufflammte, dann fiel um drei Uhr morgens ein Pistolenschuß. Die Zeitungen waren voll über Wahnsinnsanfälle von Kindern und über Schülertragödien. Dr. Frey und Dr. Alsberg wurden die wie Helden gefeierten Strafverteidiger. Im Saal wurden psychologische Experimente angestellt, in den Zeitungen schrieb man ausführlich über das Sexualleben der Kinder. Die Preise in den Tiergarten-Rotunden sanken; die Liste begann jetzt mit 50 Pfennig für kleine Gefälligkeiten. Ein berufsmäßiges Straßenmädchen bekam zwei Mark. Bordelle forderten zwischen 5 und 10 Mark; »Pensionen« mit Exklusivverträgen bis zu 100 Mark. 1927 gab es in Berlin 6000 registrierte und kontrollierte Prostituierte und 60000 nicht erfaßte, aber bekannte. Am 1. Oktober dieses denkwürdigen Jahres kam ein Gesetz heraus, das alle Prostituierten von der Polizeiaufsicht und Aufenthaltsbeschränkung befreite. Wieder glaubte die Humanität einen schönen Schritt vorwärts getan zu haben. Aus der bald darauf folgenden Statistik eines rheinischen Waisenhauses geht hervor, daß 33% der dort eingewiesenen Kinder an selbst erworbener Syphilis erkrankt waren. Zur gleichen Zeit gab das Rudolf-Virchow-Krankenhaus in Berlin einen Bericht seiner Infektionsabteilung heraus, in dem Hunderte von Kindern aufgeführt sind: Luise L., sieben Jahre alt, von einem »möblierten Herrn« mißbraucht und angesteckt; Erna F., elf Jahre alt, verkehrt seit langem mit dem siebzehnjährigen Bruder und ist von ihm infiziert. Erwin B., vierzehn Jahre alt, von einem 50jährigen »Herrn« angesteckt, den er in einer Rotunde kennenlernte, Hans S., dreizehn Jahre alt, infiziert von seiner fünfzehnjährigen Tante, die gegen ein Entgelt von zwanzig Pfennigen auch mit allen seinen Spielkameraden verkehrte.

Durch das Lichtermeer des Berliner Westens (Hamburgs, Leipzigs, Kölns, Frankfurts, Münchens) konnte man abends die Arbeitslosen müde wandern sehen, die entlassenen Soldaten, die nichts gelernt hatten, weil sie mit siebzehn Jahren in den Krieg gezogen, und die niemand haben wollte, weil sie mit zerschossenen Gliedmaßen heimgekehrt waren. Sie alle standen außerhalb des rauschenden Lebens; sie betrachteten die anderen als Gespenster und die anderen betrachteten *sie* als Gespenster. Sie schlurrten, noch in ihren alten Monturen, durch die Straßen und sahen sich an den Schaufenstern und Lichtreklamen satt. Sie sahen die Raffkes mit den blassen Nachtschattengewächsen im Arm, sahen die befrackten Gigolos vor der Bartür Luft schöpfen und die Mädchen mit den Köfferchen an den Straßenecken. Sie gingen wie im Traum. Die Rentner, die entlassenen kleinen Beamten, die Alten, die Verarmten standen vor den Kiosken und lasen die ausgehängten Zeitungen, soweit sie unentgeltlich von Klammer zu Klammer sichtbar waren. So erfuhren sie die Ergänzung dessen, was sie von weitem sahen: das neue Leben. Einsam gewordene Frauen – zwei Millionen Väter und Söhne waren gefallen – kehrten in ihre kalten vier Wände zurück, blickten in den Spiegel und sahen an ihrem Körper herab, als prüften sie ihn. Sie erinnerten sich, welch ein Glanz von innen Demut und Keuschheit für sie immer gewesen waren. In jeder Nacht wählten fünf bis zehn Frauen den Weg, der ihnen leichter schien: den Tod. In manchen Jahren waren es bis zu zweitausend.

Je nun, sie waren »unmodern«. Und das war fürchterlich, denn es war lächerlich.

Niemand wollte lächerlich sein in Kreisen, die die Träger des neuen Zeitgeistes waren. Die Dürer-Frau hatte tüchtig sein wollen, die Rubens-Frau lebenssprühend, das Rokoko-Fräulein süß, das Biedermeier-Mädel herzig, die Kaiserzeit-Dame ladylike. Das alles war lächerlich. Jetzt war man nekro-erotisch, fahl, dunkelgerändert wie eine Trauerkarte. Nur das Negative war erlebenswert, nur das Krankhafte interessant.

Wenn die Zeit des »Nixchens«, des frühreifen, vorbei war, hatte man sich das Air des Ausgelaugten zu geben, des Wissenden, des Alles-Überdrüssigen, des Süchtigen, des Müden. Nixchen rauchten dreißig Zigaretten, das neue Volksbetäubungsmittel, mit zungenfeuchtem Pappmundstück, das an der Zimmerdecke wie ein Stalaktit hängenblieb, wenn man es hochschnippte. Damen aber rauchten geheimnisvoll-gefährliche Zigaretten aus langen, tief verderbt wirkenden schwarzen Spitzen.

Man gab sich nicht hin – man ließ sich mißbrauchen. Das war das Feinste.

So schillerte es an der Oberfläche der Großstädte, der »modernen« Gesellschaft, der Neureichs und Treibhaus-Intellektuellen. So überschlug sich das erste Dezennium einer neuen Zeit, und der Veitstanz war deshalb so weithin sichtbar und geräuschvoll, weil die, die ihn aufführten, unendlich stolz auf ihre verbrannten Finger waren und ihren Exhibitionismus so tierisch ernst nahmen.

Eines Tages aber ...

Eines Tages gegen Ende der zwanziger Jahre geschah etwas Merkwürdiges. Hilde Hildebrand, die damals weltberühmte, sang auf der Bühne ein Chanson.

Ein Lied, weiter nichts?

Pars pro toto, weiter nichts.

»Ich bin die Dame, die in der ›Dame‹ auf jeder Seite
zu sehen ist.
Ich wechsle die Kleider,
ich wechsle die Schneider,
was gestern modern war, ist heut für mich Mist ...

Ich habe Männer, so viele Männer, an jedem Finger
hab ich zehn!
Fürsten und Grafen
wollen mit mir schlafen;
ich lasse sie alle zum Teufel gehn.
Ein Mann, der mir gefällt,
muß das Idiotischste sein, muß das Zurück-
gebliebenste sein,
muß das Blödeste sein von der Welt.
Und hab ich diesen Mann – –
dann sehe ich ihn, dann sehe ich ihn
nicht mal am Tage an!
Wissen Sie nicht mal was Neues für mich?
Was ganz Verrücktes, was ganz Perverses? . . .

Ich mach ein Wesen aus meinem Wesen,
wie man es größer nicht machen kann.
Ich hab nichts zu tun,
als nur so zu tun,
als ob ich vor Arbeit nicht arbeiten kann.
Ich habe zu nichts Zeit,
ich bin das albernste Weib, ich bin das nervöseste Weib,
wo da ist, weit und breit.
Und hab ich einmal Zeit –
vergeud ich sie, verschenk' ich sie;
Ja, was soll ich denn mit der Zeit?
Wissen Sie nicht mal was Neues für mich?
Was ganz Verrücktes, was ganz Perverses? . . .

Ich hab's! Ich laß mir einmal Zeit,
ich denke nach – nein! Das geht zu weit!
Früher hätte man mich glatt verbrannt.
Doch heut verbrennt mich keiner mehr!
Und grad das Verbrennen, und grad das Verbrennen
denk ich mir so interessant – ooooch –!«

Begreifen Sie, was geschehen war: Eine vom Kurfürstendamm vergötterte Frau, eine Avantgardistin, die Kompetenteste – hatte gelacht!
Ein Kulturhistoriker hat einmal geschrieben: »Um die dreißiger Jahre ließ das Interesse am Sex wieder nach; die Zügellosigkeit um der reinen Zügellosigkeit willen kam aus der Mode.« Er sagt nicht, warum. Aber ich will es Ihnen sagen: weil jemand gelacht hatte! Plötzlich lachte das Parkett, und mit einem Male lachte alle Welt. Das Kabarett bemächtigte sich der Figuren, Zeichner trieben ihre Witze mit ihnen, die »Berliner Illustrirte« brachte eine Preisfrage zu dem Bild eines zwittrigen Nixchens und prämiierte die Antwort: »Die hat Steinach wohl mit'n falschen Affen okuliert!«, und Erich Kästner[1] dichtete:

»Hier findet sich kein Schwein zurecht.
Die Echten sind falsch, die Falschen sind echt! . . .
Von mir aus, schlaft euch selber bei!
und schlaft mit Drossel, Fink und Star
und Brehms gesamter Vögelschar!
Mir ist es einerlei!«

Es gibt Dinge, die verdoppeln sich durch Stirnrunzeln, verdreifachen sich durch Verbote – und sterben bei einem Lachen. Der erste Lacher traf die Gesellschaft mitten ins Herz. Es war klar: Das war der Anfang vom Ende dieser Epoche. Ihr Habitus war lächerlich geworden.
Langsam senkte sich der Nebelschleier, es wurde klarer, und man konnte nun überblicken, wer oder was auf dem Schlachtfeld der Moral geblieben war.
Die Provinz, das freie Land, war nur wenig angekränkelt. Der Handwerker, der Bauer, der Arbeiter hatten keine Zeit gehabt, hatten zuviel Substanz, zuviel Vernunft und zuviel altgewohnte Individualität schon von früher her, um sich in dieses Tohuwabohu

[1] Eßt Obst, trinkt Milch, lest Kästner, und Ihr bleibt gesund!

der Moral zu stürzen. Der Bauer hatte schon 1520 gefensterlt, 1620, 1720, 1820 genauso, und tat es auch 1920. Beim Bauern wie beim echten Arbeiter war nicht erst 1920 das Wort »Ich liebe dich« lächerlich, sondern schon 1520 und 1420 und zu allen Zeiten. Der Bauer und der Arbeiter hatten nicht nötig, auf desillusioniert zu »machen«, sie besaßen immer schon Zungendürre und Herzensgeniertheit und brachten nie etwas anderes über die Lippen als »Ich mag dich« oder »Du sollst mein Schatz sein«. Sie freuten sich, wahrscheinlich oft hämisch, daß es jetzt auch in den Städten und im Großbürgertum so zuging, daß ihre eigene moralische Großzügigkeit endlich persönliche Angelegenheit und nicht mehr Skandal einer Klasse war.

Am schmerzlichsten erlebte der konservative Mittelstand die zeitweilige moralische Auflösung. Dieser Klasse nun gab ein gütiger Gott ein linderndes Mittel: den Irrtum. Unendlich viele Menschen glaubten nämlich, es handle sich um weiter nichts als um ein ganz verruchtes *politisches* Phänomen. Ihr Herz war hiermit gänzlich abgeschirmt gegen die Erkenntnis, daß es ein allgemeiner Dammbruch des Jahrhunderts war. Für sie war alles Unordnung der »Nihilisten«, beziehungsweise der »Kapitalisten« und reparabel mit dem richtigen Stimmzettel. Der gegenwärtige Zustand erregte weniger ihren moralischen als ihren politischen Zorn.

Um nun zu zeigen, daß sie da »durchaus klar« sahen und »keineswegs altmodisch« waren, betonten sie mit etwas zitterndem Mut, sie könnten »an sich sehr vieles« verstehen. Mütter verstanden also, um das zu beweisen, zunächst, daß ihre Töchter in engen Trikots zum Schwimmen in das gemeinsame Bad gingen, da sie kaum anders konnten, als für *ihre* Tochter »die Hand ins Feuer« zu legen. Sie verstanden weiter, daß die Töchter sich scharenweise um Stellung und Broterwerb umsahen. Der Masseneinbruch der jungen Mädchen in die Berufe begann. Etwas noch nie Dagewesenes! Sie bewarben sich in Fabriken, Laboratorien, Ämtern, Büros und Kontoren. Es ging nicht anders, als daß sie – das sahen die Eltern ein – sich das Hütchen aufsetzten, den Mantel anzogen und allein hingingen. Sie sprachen mit unbekannten Herren, sie legten Prüfungen ab, zogen sich die weißen, die blauen, die grauen Arbeitskittel über, nahmen zögernd die erste Zigarette an und blieben also den ganzen Tag über allein mit diesen fremden Männern. Schritt für Schritt löste sich damit auch das konservative Bürgertum von den moralischen Zwangsvorstellungen des 19. Jahrhunderts, die eben bei der neuen sozialen Lage, der Wohnungslage, der Berufslage, der politischen Lage, der Finanzlage einfach nicht mehr beizubehalten waren. Väter erlaubten betont, daß ihre Söhne Werkstudenten wurden und sich »von Mensch zu Mensch« mit allerlei Volk anfreundeten. Sie lernten es verstehen, daß der Sohn ein junges Mädchen mit ins Haus brachte und sie als seine zeitweilige »Freundin« vorstellte. Sie sahen nicht nur ein, sondern sie waren schließlich froh, daß beide nicht von Heirat sprachen, denn bei der katastrophalen wirtschaftlichen Lage des Mittelstandes konnte die Jugend zunächst überhaupt nicht an Heirat denken.

Diese Jugend ging also auf leisen Sohlen ihre bescheiden-revolutionären Wege. Während der ersten neun Monate nach dem Erlebnis einer solchen Freundin oder eines Freundes am Kaffeetisch der guten Stube mochten alle Eltern vielleicht in einiger Sorge gewesen sein; dann jedoch, da nichts »passierte«, schien es ihnen klar, daß die Jugend sich wohl nur frei gebärden wollte, im übrigen aber nichts »tat«.

Es war für den Übergang eine segensreiche Täuschung. Sie zwang die jungen Mädchen und Männer geradezu zu vollständiger Emanzipation. Sie machten es unter sich ab. Sie fühlten sich anständig, obwohl sie viel weiter gingen, als die alte Generation ahnte. Auf ministeriellen Erlaß erfolgte in den höheren Schulen schon eine offizielle sexuelle Aufklärung. Ärzte führten Schuluntersuchungen durch und besprachen behutsam, aber offen alle Fragen.

Lauter gute, gesunde Früchte des großen Dammbruchs. Die Jugend nahm alles begierig auf. Wofür verwandte sie das Wissen? Daß sie das Neosalvarsan kannte und die Kondome, die Geburtenkontrolle und die Hilfsbereitschaft der Ärzte, wofür? Für Zügellosigkeit und Laster? Fast keiner. Sie verwandten es für ihr Lieschen, für ihre schwärmerisch gebliebene Liebe. Sie haben Substanz gezeigt.

Eine ihrer größten Leistungen, eine Leistung, die in ihrer ganzen Wirkung überhaupt noch nicht überblickbar ist, war die Wiedererweckung des zweitausend Jahre vergessenen KALOS KAGATHOS, der Liebe zur Gesundheit und Freude am Spiel des Körpers. Sie haben aus den skurrilen Anfängen des Sports eine Volksbewegung gemacht, aus dem verlegenen Zeitvertrieb der Jahrhundertwende einen Hymnos.

Es war ein verblüffender Prozeß, der da vor sich ging! »Dein Körper gehört dir«, war verkündet worden, und diese jungen, tolpatschigen Hunde mißverstanden es! Um 11 Uhr 30 verkündete man ihnen, daß sie mit ihrem Körper anstellen könnten, was sie wollten, um 11 Uhr 40 hatten sie bereits die Sporthosen an. Sie benutzten den giftigen Freibrief als Eintrittskarte zum Hallenbad.

Die befreiende Wirkung des Sports griff auf alle Gebiete des Lebens über. Keiner konnte so schallend über »Die Dame, die in der ›Dame‹ auf jeder Seite zu sehen ist« lachen wie der von der Sonne Durchglühte, vom Schnee Gebeizte.

Zu dem Zeitpunkt, als gegen Ende der zwanziger Jahre das Sexualfieber der Großstädte überraschend sank und die morbide »Gesellschaft« von der Bildfläche abtrat, da hatte das breite Bürgertum fast schmerzlos eine solche Wandlung hinter sich, daß sich herausstellte: Wie bei kommunizierenden Röhren hatte sich der Pegelstand im Volke nun wenigstens ungefähr ausgeglichen. Mit einigem Wohlwollen konnte man sagen: Der deutsche Nachtexpreß fuhr wieder eingleisig. Ich muß gestehen, ich bin herzlich froh, denn nichts ist schwieriger, als mit dem Federhalter auf zwei Gleisen zu fahren, auf zwei Hochzeiten zu tanzen und in zwei Betten zu liegen. Und nichts ist verwirrender als Verwirrung.

IM SIEBZEHNTEN KAPITEL *muß die Lorelei ihren Posten auf dem Rheinfelsen wegen artfremden Verhaltens aufgeben und wird ganz gewöhnliche Verkehrspolizistin. In der Freizeit füllt sie Fragebogen aus und singt vor sich hin: »Ich weiß nicht, was soll es bedeuten, daß ich so traurig bin.«*

1929/30. Nur fünfzehn Jahre waren vergangen, seit Seine Majestät Kaiser Wilhelm II. und seine pleureusen-geschmückte Gemahlin im knatternden, kantigen Automobil durch den Berliner Tiergarten gefahren waren; seit die Damen den Blick gesenkt hatten, wenn die Zeitungsjungen das Wort »Nachtausgabe« ausriefen; seit man eine Tochter verstoßen, wenn sie ein uneheliches Kind bekam, und den Sohn enterbt hatte, wenn er eine Kabarettänzerin heiratete. Nur fünfzehn Jahre, seit es als unmöglich gegolten hatte, zu einer Frau von Geschlechtskrankheiten zu sprechen, und als verbrecherisch, es zu sein; seit es ein Schimpf gewesen war, Konkurs zu machen, und fast eine Schande, danach weiterzuleben; seit die pickelhelmigen Gendarmen, säbelbewaffnet und Hände auf dem Rücken über dem Gesäß, die Hotels garni nach »Unverheirateten« durchsucht hatten.
Welch ein Wandel! Berlin, Hamburg, Düsseldorf, Frankfurt schienen in die Wolken hineinzuwachsen. Rohrpostleitungen, Telefonnetze und Untergrundbahnen liefen unter der Erde entlang. Die Reichshauptstadt hatte 25 Fernbahnhöfe, 170 Bahnstationen, 250 Postämter, eine halbe Million Telefone mit 400 Millionen Ferngesprächen im Jahr, 2 Flugplätze, 400 Krankenhäuser, 40 Theater, 170 Varietés, 400 Kinos, 90 Zeitungen. Wissenschaften und Kunst blühten. Ulrich von Hutten hätte, da er wirtschaftlich gesichert war, ausgerufen: »Es ist eine Lust zu leben!« Vier Millionen Menschen quirlten allein in Berlin durch die Straßen, ein ewiges Gewimmel zwischen Wohnung und Büro, Straßenbahn und Fabrik, Ämtern und Lokalen. Hunderttausende von Frauen und jungen Mädchen waren, wie einst nur die Männer mit der berühmten deutschen Aktentasche unterwegs, in der sich das Leihbibliotheksbuch, die Puderquaste, der Lippenstift, der Kamm, mit-

unter ein rundes Blechschächtelchen von genau vier Zentimeter Durchmesser, das Taschentuch, die U-Bahn-Karte und zwei belegte Brote befanden. Die Frauen warfen keinen Blick mehr auf den Zeitungsjungen, der das »Magazin für Herren« ausschrie, oder auf den Polizisten, der jetzt Tschako, Gummiknüppel und Reichssportabzeichen trug. Sie warfen mißmutige oder vergnügte Blicke (je nach ihrem persönlichen ungehemmten Temperament) in die Runde, boxten sich mit Ellenbogen durch die Berufskollegen in die überfüllte Straßenbahn, oder rauschten, fern der Mutti, rechten Arm hochgestreckt und im Handgriff verankert, in der Untergrundbahn dem Büro zu.

Das Auffallendste am Straßenbild waren jetzt gegenüber der Zeit kurz nach dem Weltkrieg die hunderttausend langen, dünnen Beine. Wo früher Stoffsäulen mit unsichtbarem Beinantrieb über den Asphalt gewandelt waren, da stelzten, knickten, knackten jetzt seidenschimmernde Bein-Spargel, entblößt bis zum Ansatz des Oberschenkels. Auch die älteren Damen gingen in den Großstädten so. Die jungen Mädchen hatten sich einen Gang angewöhnt, bei dem der Rücken gar nicht mehr so stockgerade war wie einstmals. Die Gestalt wirkte flach, das Becken vorgeschoben, die Brust – wem Gott die rechte Gunst erwies – belanglos, die Arme lang, so lang wie die Beine. Der Kopf auf dem dünnen Hals wurde etwas vorgeschoben. Auf dem Pagenhaar saß ein Topfhut, ein Jäckchen ging formlos schnurstracks bis zu den Hüften hinab, ein nie endenwollender Pullover oder ein ungeheuer gerades Kleid hing lose auf den Schultern wie auf einem Bügel. Viele junge Mädchen sahen aus wie Elisabeth Bergner, ihr Idol. Sie sahen aus wie Rekonvaleszentinnen der soeben überstandenen zwanziger Jahre und als ginge es ihnen schon bedeutend besser.

Am Freitag empfingen die Damen die Lohntüte und am 30. den Gehaltsstreifen. Sie hatten einen »Haushaltstag« halbfrei und durften nicht gekündigt werden, wenn sie schwanger waren. Wenn sie ein uneheliches Kind hatten oder im selbständigen Beruf standen, hatten sie Anspruch auf die Anrede »Frau«. Sie brachten der Mutter die Lohntüte nach Hause und lobten das Abendbrot,

und selbst die konservativste und älteste Mutter fand nichts dabei, von der Tochter ein bißchen Zimmermiete und ein klein wenig Kostgeld zu nehmen. Die kampfgestählte Tochter, die vor einer halben Generation noch als eine verlorene gegolten hätte, war »ein gutes Kind, meine Tochter«.
Natürlich war sie es! Es war ja alles ganz gut geworden, Mama. Freilich war jetzt vieles anders, freilich hatten die jungen Mädchen Freunde, weil sie nicht eingesehen hätten, daß das geistige Leben mit sechs Jahren und das körperliche Leben erst mit dem Standesamt, eventuell also nie, beginnen sollte. Es gab keine »alten Jungfern« mehr. Ein blöder Witz sagte damals: Es gibt keine alten Jungfern mehr, weil es keine jungen gibt. Diesen Kalauer hat natürlich ein *Mann* aufgebracht, und sicher war er in der deutschnationalen Volkspartei.
Es *gab* noch junge, aber niemand verlangte es mehr hochmütig.
Die Mädchen trafen sich nach dem Abendessen mit einem Mann. Fast immer kam er aus ihrem Berufskreis. Sie gingen ins Kino oder Theater, sie wandelten am Landwehr-Kanal entlang, und er sagte: »Sieh mal, Kleine, hier hinein stürzten sich früher die armen Mädchen, wenn sie das taten, was wir tun, und Pech hatten. Übrigens: Ist alles in Ordnung?«
Keineswegs war dabei seine Stimme so fest, wie er tat, und keineswegs war ihr so großartig zumute, wenn sie dann mit dem Kopf nickte und »Natürlich« antwortete. Ach, hol's der Teufel, wenn doch alles bloß nicht so schwer wäre, man war noch so jung.
Ja, es war wieder so, daß man in Laubenlokalen beim flackernden Talglicht saß und zu zweit eine Weiße trank. Daß man wieder lange schwieg, ziemlich selig, und sich später im Hauseingang aneinander drückte, ohne unbedingt etwas anderes zu wollen, und zum Abschied winkte und »Ich liebe dich« sagte. Und sonnabends waren sie im Köpenicker Stadion. Sie lief Hürden, und er sprang weit. Er sah ihre famose Figur und beschloß, mit ihr morgen nach Rheinsberg, mitten in die Wälder, zu radeln. Es war wieder einmal Sommer.
Es war Sommer, und am Friedrichshain gab es immer noch ein paar

Proletarierkinder, die Pola Negri auf der Leinwand sehen wollten und sich gern sechzig Pfennige verdient hätten. Aber nun fuhren häufig Streifenwagen der Polizei rund um den Park. Es war nicht mehr, wie die ältere Schwester von früher erzählte.
Es war Sommer, und die Pensionen in den Seitenstraßen hofften auf Fremde vom Lande, die wirklich übernachten wollten. Zwar erteilte Fräulein Gerti immer noch spanischen Unterricht, aber die großen Zeiten waren vorbei; wer jetzt noch kam, war medizinisch krank.
Es war Sommer, und die Wandervogel-Gruppe Klein-Hammersdorf, dreißig junge Burschen und Mädchen, klampften sich gen Norderney, kochten mittags vor ihren Zelten unter Absingen der Zupfgeigenhansl-Lieder ab und badeten bei Mondschein nackt in der Weser. Danach träumten sie unter dem Leinendach von Fahrten nach Skandinavien, oder sie dachten an Ingrid Habermann, die treffliche Maid aus der Obersekunda des Nachbarlyzeums, oder sie folgten vielleicht auch manchmal auf der engen Doppellagerstatt schüchtern den Spuren der Tempelritter.
Es war Sommer, und Regierungsrat Dr. Brandt beschloß, sich der Sterilisation durch Bestrahlung zu unterziehen, um seine geliebte, aber an Krämpfen leidende Frau von der Angst vor der Empfängnis zu befreien. Er besprach es offen und ohne Scheu mit der Ärztin und mit seinem alten Studienfreund.
Es war Sommer, und der Huber Aloisl stellte in Oberammergau die Leiter an das Fenster der Resi, direkt unter den geschnitzten Balkon, auf dem die Jahreszahl 1603 stand.
Es war Sommer.

»Wissen Sie nicht was Neues für mich, was ganz Verrücktes, was ganz . . .«
Wollten wir wirklich schon wieder etwas Neues?
Nun gut, die Geschichte *wußte* etwas ganz Neues für uns: Hitler kam.
Er kam in Schaftstiefeln, krempelte sich die Ärmel hoch, schlug »Mein Kampf« auf, setzte den Finger auf Seite 274 (Ausgabe »Stif-

tung der Beamteneinheitsorganisation«) und sagte: »So soll es werden!«
Wie sollte es werden? Man war gespannt und schlug Seite 274 auf.
Da stand zu lesen:
»Die Ehe ist nicht Selbstzweck, sondern muß dem einen größeren Ziele der Vermehrung und Erhaltung der Art und Rasse dienen. Nur das ist ihr Sinn und ihre Aufgabe. Die erste Voraussetzung, gegen die Schmach der Menschheit, Prostitution und Syphilis anzukämpfen, ist die Ermöglichung einer frühen Verehelichung der kommenden Generationen. Eine grundsätzliche Änderung der sozialen Verhältnisse muß künftig eine frühere Verheiratung ermöglichen. In zweiter Linie hat Erziehung und Ausbildung eine ganze Reihe von Schäden auszumerzen. Der Junge, der in Sport und Turnen zu einer eisernen Abhärtung gebracht wird, unterliegt dem Bedürfnis sinnlicher Befriedigung weniger als der Stubenhocker. Das Recht der persönlichen Freiheit tritt zurück. Das Reinemachen unserer Kultur hat sich auf fast alle Gebiete zu erstrekken. Theater, Kunst, Literatur, Kino, Presse, Plakat und Auslagen sind von den Erscheinungen einer verfaulenden Welt zu säubern. Das öffentliche Leben muß von dem erstickenden Parfüm unserer modernen Erotik befreit werden.«
Wurde es?
Es war Sommer, und die Kinder vom Friedrichshain trugen HJ-Uniform und waren um zwanzig Uhr dreißig unabkömmlich, weil sie »Jungvolk«-Abend hatten. Die Pensionen in den Seitenstraßen traten in den Reichsverband des Hotelgewerbes ein. Fräulein Gerti ging als Privatsekretärin nach London.
Es war Sommer, die Wandervögel verkauften ihre Klampfen, legten sich altdeutsche Blockflöten und neudeutsche Kleinkalibergewehre zu und bekamen neue Templer-Ordensmeister.
Es war Sommer, und Regierungsrat Dr. Brandt mußte wegen seiner Bestrahlung die Konsequenz ziehen und den Staatsdienst verlassen, denn er hatte seine völkische Pflicht nicht begriffen.
Huber Aloisl bekam Ärger, denn er hatte ein loses Mundwerk und

sang Gstanzln über Christian Weber. Man sorgte auf einfache Weise dafür, daß er 1 Jahr und 2 Monate nicht mehr fensterln konnte.

Nun? Waren die Straßen nicht tadellos sauber gefegt?

Die Straßen. Aber hinter der Fassade vollzog sich wieder einmal das, was immer im Gefolge von Diktaturen, absolutistischen Systemen, Hoheitsträgern und unantastbaren Funktionären, ob weltlich oder geistlich, zu kommen pflegt: der Mißbrauch der Macht.

Von der bösen Inquisitions-Erotik in Konzentrationslagern bis zu den vielen kleinen, dürftigen Nötigungen der Betriebszellenobmänner waren alle Erscheinungen da, die die Kluft offenbarten zwischen Theorie und Praxis bei jener Schicht, die den absoluten, diskussionslosen Führungsanspruch erhob.

Wie hätte es anders sein können. Es ist lediglich zu konstatieren.

Schwieriger zu erkennen und von den Extremen zu trennen sind die veränderten Strömungen im Volk. Fröhliche Urständ feierte zunächst natürlich die Uniform-Erotik. Dabei spielte die Parteiuniform diese Rolle bis zur Wiedereinführung der Wehrmacht im Jahre 1935. Uneheliche NS-Kinder wurden »frei ab Werk« vom Staat übernommen und für alle anderen weit vorgesorgt, und es waren nicht wenige, denn siehe da: Arbeitsdienst und Gepäckmärsche hatten nicht vermocht, »das Bedürfnis sinnlicher Befriedigung« abzuschwächen. An dem gußeisernen Zaun der Kaserne in Lichterfelde spielten sich oft Szenen ab, wie sie sich höchstens die Dame, die einst in der »Dame« auf jeder Seite zu sehen war, hätte träumen lassen. Dienstmädchen der Umgebung, diessseits des Zaunes stehend, und Soldaten mit langfristigem Ausgehverbot, jenseits des Zaunes stehend, pflogen bei Einbruch der Dunkelheit akrobatisch der Liebe. Viele Ehen wurden so vom Regimentskommandeur später zwangsgestiftet.

Hitlers persönliche Ansicht über diese Dinge war ursprünglich sicher eher kleinbürgerlich streng als großzügig. Er hat sich nie geäußert. Geäußert hat er nur eine offizielle Führer-Ansicht, und die war von reiner Zweckbesessenheit. Er hat einmal wörtlich gesagt:

»Daß wir einen Überschuß an Kindern haben, wird unser Glück sein, denn das schafft Not. Und die Not zwingt, sich zu regen. Wir kommen nicht in Gefahr, in einem Zustand der Entwicklung stekken zu bleiben. Die Not zwingt uns, uns immer an der Spitze zu halten.«
Es war in der Tat verblüffend, wie diese Gedanken, obwohl sie doch so persönlichkeitsfeindlich und gegenwartsignorierend waren, in die Masse drangen. Es entstanden, seltsamerweise gerade bei intellektuellen Menschen, Pflichtkomplexe. Ältere Familienväter verloren die soziale und ästhetische Taxe und bescherten dem erstaunten und bisher einzigen, erwachsenen Sohne noch acht kleine Brüderchen. Die Kinder erhielten als Danaergeschenke so prächtige archaische Namen wie Hrodlieb, Widukind, Chlodwig und Griseldis, oder wurden andachtsvoll Adolf getauft. Mütter, die mehr als viermal geboren hatten, erhielten das »Mutterkreuz«. Sie trugen es sogar. Aus dieser Zeit stammt der auch heute noch anzutreffende Mutterdünkel. Man konnte sich auf Hitlers Wort berufen: »Ein Mädchen, das ein uneheliches Kind besitzt, ist für mich einer kinderlosen Jungfer überlegen.«
Es ist auffallend, daß nirgends von Liebe die Rede ist. Von der Liebe des Herzens. In Hitlers »Mein Kampf« findet sich keine Stelle.
Das Dritte Reich, die Zeit von 1933 bis 1945, hatte statt dessen etwas geboren, worauf man sehr stolz war und Häuser baute: die Kameradin. Die Kameradin in DIN A 4.
Die Kameradin aber ist in der Liebe das Ödeste und Trostloseste, was sich denken läßt. Das ist ein bitterböses Wort, aber ein ehrliches.
Die Kameradin ist nicht eine Variante der Germanen-Frau, sie ist eine mindere Variante der Frau des 19. Jahrhunderts. Sie ist die Frau, die sich ebensogut auch im Hause eines anderen Mannes tadellos »einrastet«; die man angenehm daheim weiß, mit der man einen »guten Blick« und einen »festen Handschlag« tauscht, ein »gutes Gespräch« noch im Bett führt und der man mit »gutem Gewissen« seine Nachkommenschaft anvertraut. Bei der Kameradin ist alles »gut«. Und das ist eben *nicht* gut.

Es fehlt die Spannung, die Elektrizität, der Jubel, der Schrecken, das Erstaunen, das Verlangen, die Begierde, der Zweifel und der neue Aufschwung.
Diese Zeitepoche, konzentriert auf äußere Spannungen, hat innere Spannungen nicht gewünscht.

Der Zweite Weltkrieg erst führte vor Augen, daß es noch echte Liebe, das heißt Liebe von elementarer Gewalt und Shakespearescher »Sinnlosigkeit« gab. Im Bombenhagel der fünf Kriegsjahre und in dem entsetzlichen Zusammenbruch von 1945 wurde sie wie nie zuvor deutlich sichbar und meßbar, und es traten die stillen Liebenden, die großen Liebenden, die auch über tausend Kilometer Unzertrennlichen hervor; und jene vielen, die zu sterben vermeinten, wenn sie getrennt würden, und auch wirklich gemeinsam starben, ehe man sie voneinanderriß – wie Romeo und Julia.
Unentwegt, nach allen Stürmen der Jahrhunderte und nach allen Epochen, die das Lieben in die Gosse zogen oder in Pleureusen kleideten oder klinisch reinigten – unentwegt und sich allen Fragen und Forschungen entziehend, blühte die wunderbare, die königliche Blume der Liebe.
Das waren Jahre, bei denen es unwichtig wird zu fragen, wie war die Umarmung, wie waren die Nächte. Diese Jahre zeigten, daß in so großer Angst und Sorge alle Moden, alle Verkleidungen, alle Symptome einer Zeit von dem Liebesritus abfallen und die Liebe plötzlich wieder als das dasteht, was sie in ihrer reinsten Form ist: *als das unentrinnbare Schicksal, noch in einem zweiten Ich zu leben und tödlich verwundbar zu sein.*

Das letzte Kapitel. »*Und wenn ich alle Geheimnisse wüßte und alle Erkenntnis, und hätte allen Glauben, also daß ich Berge versetzte, und hätte der Liebe nicht, so wäre ich nichts.« 1. Kor. 13,2.*

1945 – es war wieder einmal soweit. Ein Weltkrieg war verloren, schlimmer als 1918. Wie das Gesetz der Geschichte es befahl, brach nicht nur das Dritte Reich zusammen, sondern auch das NS-Bett des Prokrustes[1].

Es waren ja, wie unter Wilhelm II., Mauern von Jericho gewesen, die Deutschland abgeschlossen hatten. Sie fielen nun abermals, und herein strömte die Flut; vornweg als Wellenreiter kamen diesmal regelrechte »Beauftragte für die Rückerziehung des deutschen Volkes«. Einer Vorwärtserziehung; wie 1918 bedurfte es nicht. Es bedurfte bloß einer Rückerziehung, und daher war unsere Verblüffung, vor allem die der älteren Generation, nicht gar so groß. In Ost-Deutschland erzog man kulturell um zehn Jahre zurück, im Westen um zwanzig. Beachten Sie die feinen Unterschiede.

Im folgenden wird nun nur noch vom westlichen Deutschland die Rede sein.

In Literatur, Malerei, Theater, Kino, Plakat hielt die Inflationsepoche ihre Auferstehung! Die siegreiche Welt kurbelte ihre erotische Industrie in Buch, Film, Theater, Tanz mächtig an und zitierte leuchtenden Auges den alten Theodor Fontane: »Das ist ein weites Feld.« Man scheute weder Mühe noch Schweiß, und es lohnte sich geschäftlich.

Einige Zeit.

Aber, so fragt der Zeitgenosse heute, was ist los, ich sehe keine »Dame, die in der ›Dame‹ auf jeder Seite zu sehen ist«? Täusche ich mich? Bin ich schlecht informiert? Es ist, scheint mir, absolut windstill?

[1] Griechische Sagengestalt, die ihren Logiergästen, wenn sie nicht ganz genau in das Bett paßten, die Beine je nachdem entweder langzog oder abhackte.

Ach ja, meine Freunde, es gab einen schrecklichen Reinfall. Das Liebesleben der deutschen Ameise schlug eine Volte, die nun wirklich nicht vorauszusehen war. Wir wurden *nicht* verrucht! Und das hat einen furchtbar traurigen Grund.

Was immer ich Ihnen nun sagen werde, bewahren Sie mir bitte Ihr Wohlwollen. *Ich* habe es leicht, ich verachte diese Zeit; aber *Sie*, Sie lieben sie vielleicht! Ich wünschte, die Zeit wäre unmoralisch, Sie aber fürchten sich vielleicht davor. Ich schiebe sie, um sie zu sehen, weit weg von mir, denn ich bin weitsichtig. Sie aber sind vielleicht kurzsichtig . . .

»Dies soll unsere Zeit sein?« werden Sie mich dann wahrscheinlich fragen und mir antworten: »Nie und nimmer! Ich kenne im Gegenteil Menschen, die . . .«

Ich kenne auch Menschen, die. Sehen Sie, das ist die ungeheure Schwierigkeit beim Verallgemeinern der Gegenwart. Für die Vergangenheit nimmt man es als notwendige, als einzig fruchtbare Methode hin, für die Gegenwart nicht. Die Vergangenheit ist für die Menge per saldo immer eins von beiden: ein Witz oder eine Heldensage. Die Gegenwart ist immer ein »Problem«. Wir *leben*, und jeder einzelne von uns ist für alle seine Sinne »der einzige« und die Gegenwart sein kostbares Eigentum.

Ich möchte aber, daß Sie das vergessen. Denn ich kann Ihnen nicht wie bei früheren Epochen sagen, wie es heute um unser Herz, um die Liebe und das Lieben steht, wenn ich Ihnen nicht begreiflich machen kann, was für eine Verwandlung mit uns vor sich gegangen ist, und daß wir seit der Mitte dieses Jahrhunderts in einer seelischen Krise stehen, die völlig ohne Vergleiche in der Geschichte ist.

In unser Leben ist etwas getreten, was kein Jahrhundert vor uns jemals gespürt hat: die Existenzangst.

Es ist nicht die Furcht vor Gewalten, nicht die Bangigkeit vor Gott, nicht das Entsetzen vor Naturkatastrophen, nicht die Sorge vor Hunger und Not, nicht der Schrecken vor dem Feind, dem Krieg, dem gewaltsamen Ende. Das alles haben die Menschen immer gekannt. Kraft und List, Körper und Geist können es eindämmen,

besiegen, ausschalten. Immer ist das Menschengeschlecht damit fertig geworden.
Das also ist es nicht.
Die Angst, die die heutige Zeit überfallen hat, ist das Entsetzen vor der offensichtlichen Grundlosigkeit aller Existenz. Vor dem Ins-Leben-Geworfensein.
Ein noch nie dagewesenes, wahnsinniges Gefühl! Es ist kein Zweifel: Eine Zeit, der ein solches fürchterliches Bewußtsein ans Herz greift, ohne noch ein seelisches Antitoxin hervorzubringen, befindet sich in einer Mutation der ganzen Spezies Mensch. Alle spüren es. Alle flackern.
Menschen, die in einem solchen Zustand leben, gieren nach Phänomenen und haben ein Grauen vor dem Lautlosen und Unsichtbaren. Oder mit anderen Worten ausgedrückt: Das Erschrecken vor einem Flugzeugabsturz, vor einem Autounglück, vor dem Tod auf der Rennbahn ist minimal, ist nicht der Rede wert gegenüber dem Grauen vor dem einsamen, vegetativen, lautlosen Vergehen. Eine Sonntagszeitung voller Schreckensnachrichten ist nicht entfernt so niederschmetternd wie eine einzige Seite über die verdämmernden Menschen im Altersheim.
Die kleinste fact-Meldung ist besser als »Über allen Gipfeln ist Ruh«. Alles, was »Betrieb« ist, alles, was von Menschenhand ist oder was gemessen, gewogen, erkannt, besprochen, erklärt werden kann, darf so erschreckend, so quälend, ja sogar so tödlich sein, wie es will, wenn es nur nicht aus *der* Region kommt, die die Existenzangst erzeugt.
Die Menschen der Gegenwart gieren nach Phänomenen, nach dem, was mit den fünf Sinnen zu packen ist. Die Zeitschriften, die Bücher, die Dramen, die Gespräche sind voll davon. Nur bei einem Leben in Phänomenen bekommen sie die Bestätigung, daß sie nicht einsam sind.
Nur das Phänomen, das Äußerliche, erlebt man offensichtlich gemeinsam. Das »Noúmenon«, das Seelische, das Innerliche, das Unbegreifliche, erlebt man allein, und das ist angsteinjagend. Die Menschen – die Männer viel mehr als die Frauen – rennen heute

aus den Häusern, wenn das Alleinsein droht, sie drehen das Radio an, wenn die Gefahr der Lautlosigkeit besteht, sie knipsen das Neonlicht an, wenn die Welt nicht mehr gut sichtbar ist. Die Existenzangst jagt sie in die Büros, in die Kneipen, in die Ablenkung, in jedes Kollektiv und in jede Versicherung.

Sie sind dankbar für jede Stunde, die vorbei ist, und zittern zugleich bei dem Gedanken, daß ein Tag vergeht. So kommt ein *indirektes* Leben zustande. Die Fotos von einer Reise sind erregender als der Originalanblick. Wenn am Großglockner die Wolken für zehn Minuten zerreißen und den Blick auf den Ferner freigeben, so wird dieser Augenblick nicht *erlebt*. Er wird benutzt, um das Phänomen vor der ständig beängstigenden Vergänglichkeit zu retten; das Phänomen wird fotografiert, der Augenblick wird eingeweckt. Ein Aktfoto ist nicht mehr wie einst Ersatz, sondern die bessere, die selbstgeschaffene Wirklichkeit, die genußreicher betrachtet wird als der lebendige Akt. Den Augenblick im Original zu erleben, als »Jetzt«, als unwiederbringlich, wie es selbstverständlich war für alle Zeiten – das erregt Verwirrung, mehr noch: Abwehr, mehr noch: Grauen.

Denn da wäre sie ja wieder, die Erinnerung an das Ticken der Uhr, an die Existenzangst. Auch der Geschwindigkeitsrausch, die Gier nach rastloser Ortsveränderung, die Sucht nach dem mathematischen »v«, dem Körper in schneller Bewegung, ist, wie wir seit Einstein wissen, der instinktive Versuch, aus dem »Ablauf der Zeit« herauszukommen. Eine rastlose Minute ist relativ länger als eine stille Minute.

»Über allen Gipfeln ist Ruh, über allen Wipfeln spürest du kaum einen Hauch.« Gutes Flugwetter! O pardon! Goethe, natürlich.

So sehen heute die Herzen der Männer aus, die lieben sollen. Wissen sie es? Ich weiß nicht, wie weit sie es selbst wissen. Je vollständiger jemand den Typ des neuen Menschen darstellt, desto unansprechbarer ist er geworden. Kann ihm die Frau als Ruhepunkt, als Windstille noch etwas bedeuten?

Nein. Im günstigsten Falle ruft er ihr zu: Komm mit, mach mit, schließ dich mir an, komm, häng dich an mich an!

Der existenzgeängstigte Mensch unserer Zeit würde am liebsten, glauben Sie mir, im Kollektiv der Liebe nachgehen. Nicht, weil er pervers und verrucht ist, sondern weil er mit nichts allein sein kann.

Das Sexuelle zählt heute zu den an der Spitze rangierenden Requisiten rumorigen Lebens. So ist auch der ungeheure Konsum an Illustrierten mit der selbstverständlichen Aufdringlichkeit der Bilder halbnackter Mädchen zu erklären. Das steht völlig auf einer Stufe mit dem stumpfsinnigen, pausenlosen Paffen von Zigaretten. So wenig der echte Repräsentant unserer Zeit dabei das Empfinden des Besonderen hat, so wenig hat er beim Anblick dieser endlosen schablonierten Nacktheiten das Bewußtsein, etwa eine Lust zu stillen. Es ist ja hochinteressant, daß sich Frauen diese Fotos ihrer Geschlechtsgenossinnen genauso unermüdlich ansehen. Wie trostlos, daran bewiesen zu bekommen, daß dieser Konsum tatsächlich keine erste Etappe einer erotischen Befriedigung, keine Vorspeise für den sexuellen Hunger ist, sondern nur die Gier nach Phänomenen des Lebens!

In diesem Sinne ist also gar nichts dabei, sich im Kollektiv über die Illustrierte zu beugen oder ins Kino zu setzen und in Herden dieses optische »Zigarettchen« in liebenswürdig eunuchischer Gemeinsamkeit zu »rauchen«. Ja, wäre es ein gemeinsames Appetitholen, ein intimes Erlebnis, so wäre es im höchsten Maße unmoralisch. So aber ist es zum Lachen! Was waren dagegen unsere Ur-Ur-Großväter bei der Besichtigung der Badestuben doch für herrliche Schweine!

Der Mann des 20. Jahrhunderts aber, für den das monotone optische Zusichnehmen von erotischen Interna zu einer gedankenlosen Gewohnheit wird wie Atmen, befindet sich im Zustand eines verleckerten Kindes, das alle zehn Minuten ein Bonbonchen oder Schokolädchen ißt und nie in den Genuß eines starken Hungergefühls kommt. Denn reißender Hunger, den man stillen kann, *ist* ein Hochgenuß!

Genauso, wie die heutige Wirtschaft ihren Stolz darein setzt, daß das Angebot stets größer ist als die Nachfrage und wir bis zum

Überdruß mit allem zugedeckt sind, so darf es offenbar auch in der Erotik in keiner Sekunde den beängstigenden Anschein einer Verknappung geben.
Kein »vernünftiger« Mensch betrachtet heute die Liebe noch als individuelles, großes, elementares Schicksal. Der existenzgeängstigte Mensch will das Wort »Schicksal« gar nicht hören und hat die Vorstellung von »elementar« und »Nemesis« völlig aus seinem Leben verdrängt. Unsere Zeit betrachtet die Liebe, genauer gesagt: die Liebesillusion, als eine Sache, auf deren Lieferung jeder Steuerzahler Anspruch hat. Bei Nichtgefallen geht die Illusion retour. Verstehen wir uns richtig: Nicht nur die Frau oder der Mann geht retour, auch die Illusion. Wird eine Ehe geschieden, so bedeutet das: Er paßte nicht zu ihr oder sie paßte nicht zu ihm. Niemand außer ganz rückständigen Menschen, würde heute noch sagen: Sie liebten sich nicht.
Keine Spur, meine Herren, sie liebten sich! Sie liebten sich, wie *Sie*, mein Herr, bestimmt noch nie geliebt haben! Das wäre ja gelacht, einen unbescholtenen Bürger mit der Vermutung zu diskriminieren, er besitze nicht die große Liebe! Eine so große, mein Herr, haben *Sie* bestimmt noch nicht besessen! Und im übrigen wird er in vierzehn Tagen wieder heiraten; eine junge Dame, die er lieben gelernt hat.

Der Mensch unserer Zeit ist im tiefsten unglücklich. Erst heute hat er das Paradies endgültig verloren. Haben Sie es bemerkt: Das Volk singt nicht mehr. Bis zum 21. Lebensjahr pfeift es. Dann telefoniert es.
Das Liebesgedicht, das mit den Minnesängern vor 800 Jahren begann, endet; wir sind gerade dabei, es im »Schlager« zu Grabe zu tragen. Die Lyrik ist im Sterben. Das Volkslied ist tot. Die Leute sagen, der »Schlager« sei das neue Volkslied. Diese Menschen haben nicht begriffen, was das Volkslied einmal war. Ein Lied wie »In einem kühlen Grunde« hat eine Fülle von dichterischen Gesichten, die Worte rauschen und klingen, in jedem Motiv weht etwas dunkel Schicksalhaftes. Das Motiv des Schlagers, des echten modernen

Schlagers, hat nichts Schicksalhaftes mehr. Er entbindet von der den heutigen Menschen schrecklich gewordenen Beziehung zum Metaphysischen.

»Glüüüüüüück – zurüüüüüüück,
Steeeerne – Feeeerne,
fraaaaagen – saaaaagen.«

Es ist der kleinste, mit Jupiterlampen ausgeleuchtete und genormte Ausschnitt materialistischer Liebe, immer die gleichen Worte, immer der gleiche Ausschnitt, deutlich gesagt, deutlich gereimt. Konfektion. Erstarrte Gefühle. Nivellierte Temperatur.

Das höchste Glück scheint die »Klima-Anlage« zu sein. Aber sie ist es nicht. Das höchste Glück ist der kneifende Winter und der brütende Sommer. Nur wer noch schwitzen und frieren kann, kann auch wunderbar lieben.

Ich gestehe: Ich weiß nicht, wie weit auch die Frauen von dieser Entwicklung schon erfaßt sind. Fast sieht es so aus, als seien die meisten noch Leidtragende. Sie sind vegetativer. Bäume haben vielleicht weniger Gehirn als Tiere, fürchten sich dafür aber nicht vor der Dämmerung.

Psychotherapeuten und Seelenberater, die heute in der Welt ihre Buden aufgetan haben wie vor 400 Jahren die Hautärzte beim Ausbruch der Syphilis, geben ein erschreckendes Bild von der erotischen Melancholie der Frauen. Aus den Schlafzimmern weht sie der Mißmut an.

Die Frauen wissen nicht mehr, wie das ist: wenn der Liebende sie mit seinem ganzen Schicksal und seinen Sinnen umkreist. Zeugung findet noch statt. Aber Zeugung und Liebe, ja sogar Zeugung und Wollust sind endgültig voneinander getrennt. Der Fortpflanzungstrieb beschränkt sich auf das erste Kind; es wird gezeugt wie ein Ersatzreifen.

Alles, alle Beobachtungen, alle Geständnisse, alle Berichte deuten darauf hin, daß die Frau arm dran ist. *Wie* arm, das weiß sie zum Glück nicht mehr. Was hat Luther gesagt? »In der Woche zwier, macht im Jahr hundertvier?« Ach, meine Lieben! *Das* ist es doch nicht! Eine Frau, selbst wenn sie zweimal pro Woche *Zeus* empfangen würde, ist arm dran! Nicht ein Gast aus dem Olymp und nicht ein Gast aus dem Büro darf es sein, um sagen zu können: Ich bin unendlich reich.

Der Mann unserer Zeit ist Centaur: oben Mensch, unten Volkswagen. Das Gespräch des Mannes mit seinem Auto ist unvergleichlich nuancenreicher, vielseitiger und origineller als das nächtliche Liebesgeflüster mit seiner Frau.

Ich weiß nicht, ob die Nächte und Umarmungen schon so öde, so routinemäßig, so abonniert, so dümmlich, so simpel sind, wie sie Kinsey von Amerika berichtet. Ich weiß nur eins: Der Brunstschrei, den Sie in unseren Städten in allen Nächten hören, kommt nicht aus den Kemenaten. Der moderne Brunstschrei ist das Kreischen der Bremsen.

Die wunderbare Blume, die von den Tagen des Arminius an bis heute in Millionen Nächten leuchtete und der Gruß an den großen Pan war, ist am Verblühen.

Die Nacht birgt kein Geheimnis mehr.

Es gibt für die Deutschen von übermorgen nur noch drei wahrhaft populäre nächtliche Beschäftigungen: Entweder sie schlafen, oder sie saufen, oder sie fahren Auto. In diesem Sinne: Gute Nacht, meine Herren!

Wir aber, meine Freunde, wir wollen unseren Geliebten zurufen: »Komm nur, mein liebstes Vögelein, wir wollen nicht die faulsten sein . . .«

Sie werden sich erinnern, daß hier das Buch endete, als es 1958 zum erstenmal erschien.

Die, die einst 50 Jahre alt waren, sind 60, und die einst 30 waren, sind 40. Immer noch fahren die Herren im Mercedes zum Briefkasten, trinken abends ihren Vierundsechziger und halten es mit der UNO. Und ihre Frauen haben noch zwei Pelze mehr im Einbau-

schrank und Ringe an den Fingern statt Ringe unter den Augen. Friede herrscht in den Gemächern und in den seidenen Pyjamas.
Zehn Jahre sind eine kurze Zeit. Aber zehn Jahre sind zugleich lang genug, um eine neue Generation, zumindest eine halbe, heraufzubringen. Eine halbe Generation, das bedeutete bisher, daß sich in der Moralstatistik höchstens die Zahlen hinter dem Komma ein bißchen verschoben. Man erwartete also mit der bekannten Mischung von Unsicherheit und Gleichgültigkeit, die den Wohlstand kennzeichnet, die neuen Hodenträger.
Sie kamen. Als die alten Friedensfürsten eines Morgens erwachten, waren sie da.
Nicht mehr da war der Sohn, der in diesem Augenblick in wirrem Merowingerhaar, Blümchen hinter den noch nicht ganz trockenen Ohren und in ausgefransten Hosen einem großen Gammlermeeting im Süden entgegenstank. Und auch nicht mehr da war das Fräulein Tochter, das, nur mit Karl Marx und der Pille ausgerüstet, in Wien einem Sit-in beiwohnte und anschließend ihren Propheten.
Etwas Furchtbares mußte sich zusammengebraut haben, während man schlief. Vor kurzem hatte Klaus-Peter doch noch mit Murmeln gespielt, und als man ihn das letzte Mal mit Bewußtsein sah, wollte er noch Senatspräsident werden! Er ist abgefahren von dem kindlichen Ufer und an dem erwachsenen nicht angekommen. Rätselhaft. Wo ist er bloß?
Tatsächlich. Diese Generation, die eigentlich zwanzig sein sollte, den Mädchen unter die Röcke gucken und pfeifend radfahren müßte, ist rätselhaft, nicht wahr? Sie hat etwas vom Kosmonauten an sich, sie schwebt ferngesteuert im luftleeren Raum. Sie hat aber auch etwas von einem Säugling, der das freudige Ereignis des ersten Zahnes der Welt laut als einmaliges Ereignis verkündet. Es nützt nichts, daß man ihnen sagt: Sieh mal, Kleiner, wir haben sogar zweiunddreißig, gar nicht zu reden von den goldenen, und schreien auch nicht.
Es nützt nichts, sie sind auf »Sendung«, nicht auf Empfang eingestellt. Ihr tolles Erlebnis ist der erste Zahn. O Mensch! O Welt!

eine ganz merkwürdige Verquickung von weltanschaulicher Unreife und sexueller Schmierfinkelei, eine sehr minderwertige Verquickung von Weinerlichkeit und Rüdheit.

Drei, vier Jahre sind doch nicht viel – was ist denn nun wirklich passiert? Und warum geht das nicht wie in allen früheren Generationen ohne Radau vor sich?
Es ist etwas passiert, was in der Geschichte des Abendlandes seit dem Jahre 1212 nicht mehr vorgekommen ist. In jenem Jahre 1212 brach auch, wie heute, eine Krankheit explosiv aus, die schon lange geschwelt hatte und von einer überspannten, verlogenen Erwachsenenwelt anfangs absichtlich angefacht worden war; eine seelische Schizophrenie, der man, als sie unter der Jugend virulent wurde, einfach nicht mehr Herr werden konnte. Jahrelang hatten die Erwachsenen (wie heute verlottert, materialistisch und zugleich mit billigen, verschwiemelten Weltverbesserungsideen liebäugelnd) versprochen, das Reich Christi auf Erden zu errichten. Man war zu Kreuzzügen aufgebrochen, um die Welt zu »befreien«, hatte mit der rechten Hand gemordet und mit der linken humane Manifeste unterschrieben und die Idee zu einem Hohn gemacht. Mit dem Bewußtsein der eigenen Minderwertigkeit im Herzen hatte man um so tönender von »der Jugend« gesprochen mit ihrem köstlichen Elan; die verdiene, daß man ihr lausche; die die Alten beschäme; die sehr richtig einen neuen Garten Eden fordern könne; die das Heil der Welt eigentlich mal selbst in die Hand nehmen sollte. So tratschte damals die Kirche, um »modern« zu sein, und so peitschten senile »Philosophen« auf, um sich mit einem Bein noch in die Zukunft zu retten.
1212 war es soweit. Die Jugend hatte die Taxe total verloren. Der Perpendikel war ausgehängt, das Gehirn in Halleluja-Trance. Aus Frankreich, aus Deutschland, aus halb Europa machten sich die Halbwüchsigen auf, um sich in Marseille zu einem Kreuzzug, einem eigenen Kreuzzug (»Mal zeigen, was 'ne Harke ist«) zu versammeln. Sie spuckten dem Vater, nachdem er sie mit den nötigen Zechinen ausgestattet hatte, vor die Füße, gebärdeten sich unter-

wegs wie unsere modernen Retter der Menschheit, sie rüpelten die Straßen entlang, sie schnorrten, sie requirierten, sie kackten die Scheunen voll und redeten.
In Marseille waren es schließlich viele Tausende.
»Verständnisvolle« Reeder bemächtigten sich ihrer und stellten ihnen Schiffe zur Überfahrt ins Heilige Land zur Verfügung. Der stinkende Haufen segelte ab.
Das war der in der Historie so berüchtigt gewordene »Kinderkreuzzug«.
Der Blick in die Zukunft wäre unvollständig, wenn man nicht auch den Rest der Geschichte erzählen würde: Während inzwischen die Erwachsenen seelenruhig ihren Geschäften nachgingen, die Kirche, die »Journalisten« und die »Philosophen« sich aktuelleren Dingen zuwandten, landeten die Schiffe in Alexandria. Die Sarazenen nahmen die Jungens in Empfang, schlugen die Unbotmäßigen tot und führten den Rest in die Sklaverei des Ostens.

Ich werde Ihnen jetzt etwas sagen, was Sie etwas überraschen wird. Sie werden, Staatsbürger, der Sie sind und der über diese Erscheinung bereits sehr ernst nachgedacht hat, Sie werden nicht nur überrascht sein, Sie werden es auch nicht glauben. Dennoch halte ich es für wahr:
Die Anziehungskraft und das Ansteckende des heutigen Jugendirreseins liegen nicht im Politischen, dessen Vokabeln ihnen nur von ein paar Agenten geliefert werden, und nicht in der Geschichtsbewältigung, die sie ja nur vom Hörensagen kennen; das sind nur zwei »Platt«-Formen. Nicht neu. Neu dagegen ist der Umsturz im Sexuellen, mit seiner (absolut für den Halbwüchsigen reservierten) Straffreiheit. *Darin* liegt die Faszination für jedes Kind.
Es gibt kein einziges Phänomen bei den heutigen Veitstänzern und Krakeelern, das nicht mit dem Geschlechtlichen verbunden wäre: Sie treten als wilde Paare auf oder als Homosexuellengruppe oder als Promiskuitätsclan. Sie prallen die Hosen und schneiden die Röcke bis fünf Zentimeter unter der Scham. Sie haben die Verhütungspille in der Tasche wie andere die Streichhölzer; aber sie sind

nicht geil, so wenig die Verkäuferinnen des Supermarkts musikhungrig sind, bloß weil pausenlos die Musikbox läuft. Sie spüren auch keine Begierde, die sich auf ein bestimmtes Objekt richtet, man hat niemals etwas von Eifersucht gehört; sie betreiben das Sexuelle wie das Harnlassen an der nächsten Ecke. Schülerin G., 13 Jahre alt: »Wir haben im Schlafsack geschlafen. Natürlich hatten wir Verkehr. Im Schlafsack drin.« Wenn sie die Neugierstufen des Geschlechtlichen durchschritten haben, läuft es automatisch nebenher. Es steht ihnen halt zu, verstehen Sie?

Wenn sie Filme drehen – und selbstverständlich lädt die tüchtige Gesellschaft sie dazu ein und bezahlt sie–, dann zeigen diese Filme sexuelle Stoffe. Es sind Szenen, die sie, indem sie ihre Revolutionsmähnen trotzig in den Nacken werfen und ihre vom pausenlosen Quatschen lieblos gewordenen Münder verächtlich herabziehen – es sind Szenen, die sie für »Schocks« halten. Tatsächlich jedoch unterschätzen sie das Wissen ihrer Herren Papas gewaltig. Ein »erster Zahn« wird dadurch nicht imponierender, daß er bereits kariös ist.

Wenn sie in Literatur machen, dann werden es zwar oft Aufrufe, in denen sie verkünden, daß sie strikt gegen das Böse in der Welt sind – weit öfter aber werden es Geschichten, die ihre Pubertät ihnen eingegeben hat, ganz erschröckliche Sachen. Sie schreiben auch Dramen. Darin geißeln sie »die Gesellschaft«. Das sieht dann wörtlich so aus: Ein paar Jugendliche, »Studenten« natürlich, öden in einer Party vor sich hin, trinken monoton, versuchen die Langeweile und totale Gehirnleere durch neue Liebesvariationen, Folterungen und Totenspiele zu beleben und resignieren schließlich vor der Sinnlosigkeit des angeblich »heutigen« Lebens. Das Stück heißt »Affenspiele« und wurde selbstredend aufgeführt. Das Geschlechtliche beherrscht sie, nicht als Trieb, nicht als Genuß, nicht als Kunst, sondern als Bestätigung. Als Trotzköpfchens Triumph. Das Geschlechtliche, dieses gehütete Tabu, dieses äußerste Reservat der Erwachsenen, gilt als höchste Stufe, die man erklimmen kann; und ein Gigant ist der, der darüber auch noch mit ungewaschenen Füßen und gähnend hinweggeht. Nicht »geht«: latscht.

Ist Ihnen nicht schon einmal der totale Verlust der Grazie aufgefallen?; sie wissen gar nicht mehr, was das ist! So wie ihr Tanz ist auch ihre Liebe völlig frei von Charme.
Das Jahr, das am Beginn dieser Entwicklung stand, kann ich Ihnen auswendig sagen, es ist mir unvergessen, obwohl der Anlaß aus heutiger Sicht so banal ist, daß ich ihn selbst kaum noch nachempfinden kann; 1950. Damals lancierte man zum erstenmal im Film eine Halbwüchsige als erotischen Star. Sie werden sich des Namens kaum noch erinnern: Cécile Aubry. Der Schachzug der Produzenten war durchsichtig. Er lud zu Träumen ein, die eigentlich als kriminell galten. Es war die Tat Erwachsener für Erwachsene. Die Rechnung ging glatt auf. Woran man aber (zunächst) nicht gedacht hatte, war die Tatsache, daß die Jugendlichen diese Cécile Aubry für sich okkupierten in der irrigen Meinung, man habe den ganzen Komplex für sie und für ihr Alter vorgerückt. Daß das damals noch ein Irrtum von ihnen war, zeigt auch das fünf Jahre später erschienene Buch »Lolita«, vom Erwachsenen für Erwachsene geschrieben und jene Lolita eindeutig als Beute eines Erwachsenen geschildert. Und ein Jahr später kam der Film »Baby Doll«. Kein Zufall.
Die Sexualität der Kinder und Halbwüchsigen war das Thema des Tages geworden, erst in Verbindung mit Erwachsenen, und dann losgelöst für sich. Das Geschäft war ausgezeichnet, denn die Jugend hat die Taschen voller Geld. Es ist müßig, die Entwicklung weiter Schritt für Schritt zu verfolgen, es kam die Halbwüchsigen-Industrie, es kamen die Halbwüchsigen-Banden, es kamen die Halbwüchsigen-Keller, es kamen die Halbwüchsigen-Zeitschriften mit Millionenauflagen. Es wurde so fürchterlich geschrien, wie bei einer Entbindung.
Das Gebiet der Sexualität und ihre offene Zurschaustellung war nun vollständig in ihrer Hand. Kein Richter wagte mehr, etwas zu sagen.
Historisch ist, daß man 1968 einen Erwachsenen der Kuppelei anklagte, als man in seiner Wohnung einen jungen Mann und eine junge Frau bei Intimitäten durch das Fenster beobachtet zu haben glaubte (es war sein Sohn und dessen Verlobte), und historisch ist,

daß im gleichen Jahr sich eine Halbwüchsige am hellen Tag auf der Straße für einen Gag der Kleider entledigte, nackend dastand, und daß die Polizei laut offiziellem Bericht »keinen Grund zum Einschreiten« sah. Ein Schülerrat beantragte bei der Schuldirektion die Bereitstellung eines Raumes zwecks sexueller Befriedigung während der Pause. In Wien versammelten sich Jugendliche im Hörsaal I des neuen Universitätsinstituts zu einem Happening. Sie beschmierten das Podium mit Fäkalien (schon immer ein untrügliches Zeichen von Infantilität!), führten flagellantische Akte und schließlich eine Massenonanie vor. Kein Grund zum Einschreiten. »Es wäre ein Fortschritt«, äußerte einer ihrer Anführer, »wenn einmal jeder ein Stück Scheiße in die Vorstellung des Burgtheaters mitnähme.« Ja, solche tolle Burschen sind unsere Jugendlichen, da können wir mal sehen! Sie begnügen sich nicht mehr damit, die Zahlen hinter dem Komma zu sein, sie spielen im Moment in der Öffentlichkeit die Nummer 1.

Fäkalien, Onanie, Versuchskoiti, Hodentrotz – das ist die Sexualität jenes Teiles der heutigen Jugend, die sich auf ihrem »Marsch nach Marseille« befindet.

Über all dem brütet eine skrupellose Geldverdiener-Clique, die nicht gestört sein will. Keinem gibt die Wirtschaft so gern das Geld in die Hand wie den Jugendlichen; von ihnen bekommt sie es am schnellsten wieder. Annonce der Zeitschrift BRAVO: »Unsere 14--24jährigen haben Geld. Viele Milliarden DM im Jahr! Und sie geben es großzügig aus . . . in BRAVO erreichen Sie jede Woche *gezielt* Millionen junger Käufer.« Anzeige der Gasolin-Gesellschaft: »Jungsein ist die herrlichste ›Sache‹ der Welt! Mein Benzin – Gasolin.«

Na also, den richtigen Treibstoff hätten wir. Fehlen noch die Schiffe.

Wenn es soweit ist, wird die Industrie sie stellen. Keine Bange.

Sollte jedoch Frieden bleiben und diese Generation nicht verfrachtet werden, dann werden wir unsere Helden, zehn Jahre älter, am Sonntagnachmittag sehen, einen Damenknirps über den linken

Arm gehängt, mit der Rechten den Kinderwagen schiebend, etwas watschelnd, teils weil das Gewicht drückt, teils der neue Schuh, schweigend neben ihren Lebensgefährtinnen, jeder für sich in Erinnerung versunken – – nicht an die Zeit, als sie noch Goethes Zauberlehrlinge waren, sondern an das gute Schnitzel im Jägerhaus.

Denn, so schließ ich messerscharf,
zu früh gedeckt war der Bedarf.